甘肃政法大学校级科研项目资助（项目编号：GZF2022XZD02，项目类别：重点项目）、甘肃省"双一流"建设科研重点项目"黄河流域生态保护协同治理的法治保障研究"（项目编号：GSSYLXM-07）项目成果、甘肃政法大学 2020 年校级教学改革项目（重点项目）"新文科背景下《数据法学》课程教学研究与实践"（项目编号：GZJG2020-A24）项目成果

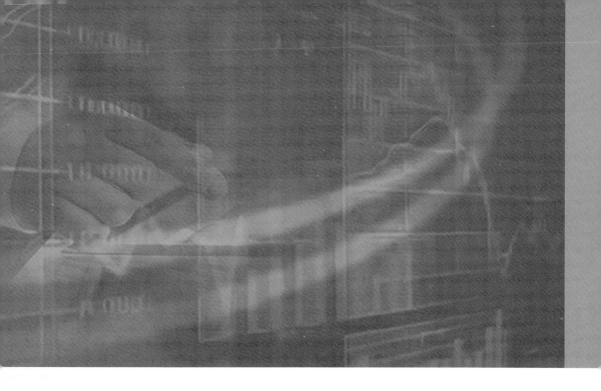

 # 论个人数据上的
权利构造

吴晓倩 ◎ 著

中国社会科学出版社

图书在版编目(CIP)数据

论个人数据上的权利构造 / 吴晓倩著 . —北京：中国社会科学出版社，2023.11
ISBN 978-7-5227-2643-4

Ⅰ.①论… Ⅱ.①吴… Ⅲ.①个人信息—法律保护—研究 Ⅳ.①D913.04

中国国家版本馆 CIP 数据核字(2023)第 191260 号

出 版 人	赵剑英
责任编辑	梁剑琴
责任校对	闫 萃
责任印制	郝美娜

出 版	中国社会科学出版社
社 址	北京鼓楼西大街甲 158 号
邮 编	100720
网 址	http：//www.csspw.cn
发 行 部	010-84083685
门 市 部	010-84029450
经 销	新华书店及其他书店

印刷装订	北京君升印刷有限公司
版 次	2023 年 11 月第 1 版
印 次	2023 年 11 月第 1 次印刷

开 本	710×1000 1/16
印 张	17.25
插 页	2
字 数	279 千字
定 价	98.00 元

凡购买中国社会科学出版社图书，如有质量问题请与本社营销中心联系调换
电话：010-84083683

序

　　信息化浪潮席卷全球。信息化的其中一个重要后果便是互联网技术引发的信息产业革命。信息处理不再是简单地保存和传递，而是采用计算机技术对信息复制、加工，通过信息数据化的技术手段使海量信息按照一定的计算机编程形成特有的存在形式并利用互联网加以传输，从而使人们能够更便捷、更宏观、更全面地把握某个方面的资讯。这二三十年间，人们已经意识到利用数据化信息的便利。计算机公司推动了信息产业的发展，它们竞相建造各自的数据库，不断提升数据库的运行效率来吸引人们关注和使用，因为这里有巨大的商业利益。

　　互联网技术创造着产业传奇，也给人类带来了信息被滥用的风险。只要人们使用过互联网，他的基本信息和行为就会或多或少被记录下来并成为数据的"原材料"。于是个人数据不仅仅是人们单纯的线上活动记录，更演变为信息产业的基础材料，这导致计算机公司期望收集更多的个人信息，直到人们在网络中"裸奔"，人的个人信息乃至隐私的保护遭到严重威胁。

　　一方面是个人信息的保护，一方面是信息产业的发展。个人信息保护正成为各国亟待解决的难题。我国高度重视个人信息保护，已经建立了一套个人信息保护的法律制度，但是这套法律制度，是否可谓最优的方法呢？将个人数据纳入隐私权或某种独立的人格权来加以保护，以设计数据控制者的个人数据保护义务为支点，对计算机公司的数据处理行为进行规范，这就是现行法的基本方法。这种保护方法类似于修建堤坝来抵挡洪水的泛滥。但这种堤坝的强韧度是否能够抵挡大数据带来的数字经济及数据资产化发展的冲击呢？很显然，大数据时代对一切数据信息的最大程度挖掘和充分高效利用，成为这个时代的根本要求，个人数据作为生产发展的新要素，其意义堪比黄金和石油，所以数据业者对数据资产化的利益需求极为强烈。个人数据已被卷入更加复杂的利益关系之中。此外，公共部门作为除数据业者外的另一重要数据控制者，在推动个人数据的公共管理价值及资源价值发挥的同时，缺乏个人数据保护意识，侵犯个人信息的行为时有发生。因此，如何增强这一堤坝的韧性乃是重中之重。

在个人信息不可避免地成为个人数据的时代背景下，如何协调好权利保护与数据业者数据资产化的利益需求之间关系的问题，已经引起了学者的普遍关注，相关研究也愈加深入。吴晓倩女士也是这个研究群体中的一份子，她近年来一直密切关注个人数据的保护问题，对个人数据的属性、权属构造等问题有着细致的分析和独到的见解。《论个人数据上的权利构造》是她在此领域研究工作的积累，它没有采用惯有的敏感个人数据和一般个人数据的分类方式，而是采用了边界更为清晰的原始个人数据和衍生个人数据、隐秘个人数据和公开个人数据的双层分类方法，并在此基础上构建数据主体及数据控制者的双重权利体系，明确各权利的限制，对个人数据的权属问题进行了有价值的探讨。

在本书付梓之际，吴晓倩邀请我为本书作序，我欣然同意。一则因为她是我指导的博士生，再则本书的见解也颇具独创性。是为序。

西南政法大学民商法学院教授　博士生导师

徐　洁

2023 年 10 月 30 日

目　　录

引　言

一　研究背景及意义

随着互联网的普及以及网络经济的出现，人们开始在网络上检索资源、购物、社交等，个人的隐私信息不断地被留存在网络之上，垃圾邮件、骚扰电话、网络诈骗等也接踵而至，人们开始担忧其个人信息被滥用，网络上个人信息的保护由此逐渐成为各国重点关注的问题之一。欧盟和美国是最早关注个人信息保护的地区和国家。《欧盟基本权利宪章》第8条增加了关于"保护个人数据"的具体条款。1995年施行的《欧洲议会和理事会1995年10月24日关于涉及个人数据处理的个人保护以及此类数据自由流动的95/46/EC指令》（以下简称《数据保护指令》）以及2018年施行的《通用数据保护条例》（*General Data Protection Regulation*，GDPR）是关于个人数据保护的专门法律，对世界各国的个人数据保护立法产生了深远影响。美国对个人数据的保护是建立在隐私权保护的基础上，虽然没有统一的保护法案，但是针对个人数据侵权敏感领域分别发布了单行法，而且实践中美国联邦贸易委员会（FTC）（美国最重要的个人数据保护机构）遵循公平信息实践原则（Fair Information Practice Principles，FIPPs），加强了对数据处理行为的规制。同时，美国还有较为完善的自律管理规则，多途径治理的思路能够较好地保护个人数据。其他国家也纷纷出台本国的个人数据保护法，例如《法国数据保护法》《英国数据保护法案》《新加坡网络安全法》《爱尔兰数据保护法案》《巴西通用数据保护法》和《印度个人数据保护法案》等。国际社会已经普遍注重保护个人数据。

我国也高度重视保护个人信息，党的十九届四中全会提出："加强数据有序共享，依法保护个人信息。"① 在《民法典》和《个人信息保护法》施行前，我国关于个人信息保护的法律规定散见于法律、行政法规、部门规章以及规范性文件之中。全国人大常委会 2012 年通过的《关于加强网络信息保护的决定》首次明确提出保护个人电子信息，并规定了多项个人信息保护的基本原则。《网络安全法》规定要加强网络运行及信息安全，其中第 22 条第 3 款、第 40—45 条等规定了用户个人信息的保护问题。《刑法修正案（七）》新增了出售、非法提供公民个人信息罪和非法获取公民个人信息罪。此外，《消费者权益保护法》规定消费者的个人信息应当受到保护；《征信管理条例》《电信和互联网用户个人信息保护规定》《邮件快件实名收寄管理办法》《公安机关指纹信息工作规定》《医疗机构病历管理规定》等行政法规、部门规章，《贵州省大数据发展应用促进条例》《北京市未成年人保护条例》《广东省计算机信息系统安全保护条例》《深圳市个人信用征信及信用评级管理办法》等地方性法规和政府规章，《信息安全技术个人信息安全影响评估指南》《信息安全技术个人信息安全规范》《信息安全技术 移动智能终端个人信息保护技术要求》等国家标准和行业标准，都对个人信息保护进行了规定。随着个人信息保护的立法和研究逐渐成熟，《民法典》最终在人格权编第六章专门规定了个人信息保护的基本规则。并且在继承和创新《民法典》个人信息保护规范的基础上，个人信息保护领域的专门法律《个人信息保护法》应运而生。

各国关于个人数据保护现有的法律架构主要是从个人角度出发，将个人数据纳入隐私权或某种独立的个人数据权益来加以保护，个人是被保护的唯一主体。以此为基，根据知情同意规则允许个人通过服务协议授权他人处理其个人数据，并辅之以一些数据处理的管理规范，以协调个人信息保护与数据利用的关系。这种法律模式建构在早期互联网活动的基础之上。一开始，互联网只是人们提高效率的工具，远未到改变经济模式和资产方式的程度，网络上的个人信息也没有表现出某种经济价值。后来随着网络经济的出现，人们开始普遍担忧其个人信息被滥用时，网络上个人信

---

① 参见《中共中央关于坚持和完善中国特色社会主义制度　推进国家治理体系和治理能力现代化若干重大问题的决定》。

息的保护问题方进入各国立法和理论研究的视野。在这种社会背景下，各国个人数据保护法主要是站在缓解用户焦虑的角度，基于个人权利保护的思维，对数据处理行为进行规范，要求互联网企业承担保护个人信息的义务。但是，随着大数据时代的到来，这种个人信息单边保护的状态遭到数据经济及数据资产化发展的冲击。[①] 由于大数据、移动互联网、云计算、物联网等信息技术的推动，个人数据的经济价值爆发，互联网企业通过挖掘个人数据的价值以优化产品或服务质量，提高市场竞争力，由此催生了互联网企业对数据资产的利益需求。个人数据不再只涉及个人权利的保护，而是卷入更加复杂的经济利益关系之中，尤其是随着数据活动的日益深入，已有个人数据保护的法律架构日益捉襟见肘，既越来越无法应对日益复杂的数据利益需求，也无法有效解决大数据引起的个人数据的保护问题。[②]

大数据时代强调对数据的最大限度挖掘和充分高效利用，个人数据成为生产发展的新要素，价值堪比黄金和石油，其使用给政府公共管理效率、企业生产方式和个人生活方式带来深刻变革。但是，机遇与风险共存，个人数据价值的暴发也给社会带来了前所未有的挑战。个人不得不置身于大数据环境中，以交出自己的个人数据、失去隐私权等基本权利和自由的代价来换取智能化、数字化的便利生活。数据业者、公共部门收集、控制着海量的个人数据，而作为个人数据的直接利益方、权益最易受侵害的个人却基本丧失了对其个人数据的控制力，个人数据的安全性和隐私性面临严峻威胁。第一，移动互联网、物联网等数字技术的应用，导致个人数据的隐蔽收集、过度收集等非法收集行为及方式日趋失控，个人对自己的数据缺乏控制力。例如，安装的智能电表能够精细显示电力消耗情况，甚至在停电的情况下也可正常工作，通过观察电力使用数据的变动状况可以分析出个人通常在家的时间、集中用电的时间、可能存在的大功率家用电器等详细信息。在公共场所，智能闭路电视系统、车牌识别、面部识别软件、GPS 和 WiFi 监控等数字技术可以普遍收集个人的身份信息、行为信息，个人被动地成为个人数据的生产者。第二，个人处于日趋精密的被

---

① 参见龙卫球《数据新型财产权构建及其体系研究》，《政法论坛》2017 年第 4 期。

② Lilian Edwards, "Privacy, Security and Data Protection in Smart Cities: A Critical EU Law Perspective", *Eur. Data Prot. L. Rev*, Vol. 2, 2016, pp. 46-49.

监视境地中，衣食住行都被记录为数据，成为大数据分析的原料，通过分析和比对，能够形成数字世界中个人的完整数字画像，隐私权遭到严重侵害。例如谷歌的"Google Buzz"服务、脸书（Facebook）的"Beacon"功能等技术为其用户跟踪其他用户提供服务，导致其他用户的个人数据在不知情的情况下被收集、公开。第三，数据业者利用数据算法，为用户量身定制服务或商品，个人难以摆脱算法自动化决策下的"数据杀熟""数据歧视"的不利处境。例如，旅游网站上同时段的同一宾馆住宿价格会因人而异；用人单位很可能会提前解雇被预测为负资产的员工；保险公司也不再愿意为被预测为不良健康状况的人提供人寿保险；公安部门可能会提前干预那些被算法预测为具有较高犯罪可能的人的行为自由。[①] 第四，在数据资产化发展的驱使下，处理个人数据的主体日益多元化，个人数据的传播方式隐蔽、复杂，个人与数据控制者之间的地位更加不平等，对个人权利的行使及保护和政府监管均构成严峻挑战。[②]《中国网民权益保护调查报告》指出，2014 年网民因各类侵权遭受的损失合计达 1434 亿元，2015 年的损失约 805 亿元，2016 年损失高达 915 亿元。由于个人数据失控的危机，导致作为数据来源者的个人因此陷入被滋扰、被设计、被利用、被监视、被侵害甚至被诈骗[③]的境地中。个人数据不再是自然人单纯的线上活动记录，而是自然人在网络中"裸奔"并被无限"商品化"的客观证明，人的自主性遭到严重威胁。个人数据保护成为各国亟待解决的难题。

数据业者利用其控制的个人数据及数字技术构建新型的数字经济生态，成为大数据时代事实上的"特权者"。个人数据被数据业者收集后成为其重要的新型资产。为了不断累积数据资产，许多数据业者不充分告知用户就"神不知鬼不觉"地收集、窃取用户的个人数据；或者利用格式

---

① 何渊：《智能社会的治理与风险法学的建构与证成》，《东方法学》2019 年第 1 期。

② 京东法律研究院：《欧盟数据宪章：〈一般数据保护条例〉GDPR 评述及实务指引》，法律出版社 2018 年版，第 3 页。

③ 据中国司法大数据研究院公开发布的司法大数据专题报告，近 20% 的网络诈骗案件是在公民不知情的情况下获取其个人信息后进行的诈骗。参见最高人民法院《司法大数据专题报告：网络犯罪特点和趋势（2016.1—2018.12）》，https：//weibo.com/ttarticle/p/show？id＝23094044-40305607770367，2019 年 11 月 19 日。

条款，强制索取或诱导用户授权，打着"获得用户同意"的幌子，大肆处理与其基本服务无关的个人数据，留待以后开发或者直接出售给第三人牟利。个人数据匿名化处理是数据业者对外提供、出售数据的正当化理由，但是随着大数据技术的发展，只要投入足够的时间、人力和物力，就很可能对匿名化的数据进行再识别，匿名化成为数据业者牟取数据利益、侵害个人权利的"遮羞布"。因此，数据业者的数据资产的积累过程很大程度上是个人基本权利和自由遭侵害的过程，个人成为数据业者数据资产化进程的附庸。数据市场的另一个特点是许多细分领域逐步形成"一家独大"的市场格局，例如美国的谷歌、脸书和亚马逊，我国的 BAT 三大巨头。这些超大型平台利用网络"雪球效应"壮大自己，控制着海量的、最新的、最优的个人数据，在相关市场形成垄断地位，客观上形成了新经营者极难跨越的新型的数据市场壁垒。而且这些数据平台的运营模式具有封闭性的特征，它们将收集的大多数个人数据作为商业秘密或战略资产进行独占，用于内部经营，极少开放给其他经营者或公众使用。其他经营者为了获得最具有价值的个人数据只能向这些巨型平台申请 API 接口，但是由于欠缺谈判的筹码和实质上的对抗力，在定价及运营模式上均无法做到真正的公平公正。① 巨型平台的数据垄断如果不加以有效规制，一旦滥用，必将形成驱逐市场竞争的不良后果，很可能由此形成极度中心化的市场格局。数据垄断的优势也促成了数据业者的政治优势。科技巨头利用数据技术和数据垄断优势建立了它们的数字王国，并向政府及其传统权威发起了挑战。② 谷歌、脸书、微软和 BAT 等巨型平台在其搭建的"再中心化"王国内，行使着国家因无力监管而赋予的审查管理权（审查管理义务）。这种具有准公权力的平台横亘在政府与市场之间，对政府干预与市场自律的传统构架带来巨大的冲击。③

公共部门在履行公共管理和服务职能过程中，收集了海量的个人数据，而且这些个人数据多是能反映个人身份属性信息的敏感数据。有统计

---

① 陈兵：《大数据的竞争法属性及规制意义》，《法学》2018 年第 8 期。

② ［美］德伯拉·L. 斯帕：《技术简史——从海盗船到黑色直升机》，倪正东译，中信出版社 2016 年版，第XII页。

③ 马长山：《智能互联网时代的法律变革》，《法学研究》2018 年第 4 期。

显示，目前我国各级政府部门掌握了 80% 以上的数据资源。① 为了激活公共部门控制的数据资源，释放数据能量，各级政府部门正在实施数据开放战略，某些个人数据也在开放之列。目前，公共部门收集个人数据的范围日益广泛，但是由于个人数据保护观念滞后，在权力行使惯性的驱使下，公共部门在处理个人数据时侵犯个人基本权利和自由的行为时有发生，尤其是在数据开放过程中，不合理的开放规则很可能会加剧对个人基本权利和自由的侵害。在欧美国家，历史经验和教训使得人们对行政权力的扩张非常敏感。而我国建立个人数据保护制度的动力主要来自外部压力，而且在引进该项制度时多是"照猫画虎"，缺乏对其内在机理的参酌研究。② 长期以来，人们对数据业者滥收、滥用等非法处理个人数据的行为较为提防，但对公共部门的个人数据处理扩张行为却不够敏感，反映在法学学术研究上就体现为学者们的研究热点及重点集中在政府数据开放规则的构建上，忽视了对公共部门个人数据处理活动中的个人权利和自由保护问题的研究。如果不对公共部门的个人数据处理行为进行约束和限制，极可能会给个人的自由、隐私等人格权益以及社会的公平、平等等长远价值带来不合理的影响。有些国家已经意识到，公共部门掌握大量个人数据的权力已经成为一种值得警惕的新兴权力。③ 在大数据环境下，如果公共部门仍着重从公权力行使角度来处理个人数据，为了公共管理的便捷化而忽视保护个人基本权利和自由的话，大数据很可能造就一个新的风险社会。④

面对个人基本权利和自由遭侵害的状况以及数据控制者对个人数据的经济价值、公共管理价值需求，已有的个人数据保护法律架构越来越捉襟见肘，无法有效地协调个人数据保护与数据利用的关系。司法实务由此在

---

① 魏清风：《破解公共数据开放瓶颈亟须顶层设计》，《民主与法制时报》2019 年 3 月 17 日第 6 版。

② 孙平：《政府巨型数据库时代的公民隐私权保护》，《法学》2007 年第 7 期。

③ Marijn Janssen, Haiko Vander Voort and Agung Wahyudi, "Factors Influencing Big Data Decision-making Quality", *Journal of Business Research*, Vol. 70, 2017, pp. 338-345. 转引自付宇程《政务大数据治理中公民权利保护的国际经验》，《哈尔滨工业大学学报》（社会科学版）2019 年第 4 期。

④ 付宇程：《政务大数据治理中公民权利保护的国际经验》，《哈尔滨工业大学学报》（社会科学版）2019 年第 4 期。

个人数据争夺案件中创设了"三重授权"规则。数据业者为收集、加工个人数据进行了实质性投入，而个人数据关涉个人的基本权利和自由，而且第三方对数据业者控制的个人数据具有强烈地使用需求，这就在个人、数据业者以及第三方之间产生了复杂的利益关系。由于我国甚至国际上对于数据的性质、权属、法律责任等都规定得不甚明确，司法实践不得不更多采取反不正当竞争法的路径来审判个人数据争夺案件。在汉涛诉百度案①、微博诉脉脉案②和淘宝诉美景案③这三起典型案件中，原告都是以反不正当竞争为诉由，法院认为百度、脉脉和美景第三方数据使用者要收集、利用平台控制的用户数据，必须获得平台的授权，否则构成不正当竞争，从而在司法中创设了"用户授权+平台授权+用户授权"的三重授权规则。该规则的基本思路是：大数据利用的前提与基础是保护个人数据，在涉及用户个人数据的情况下，用户明确、清晰的授权是绝对必要的前提；在尊重这一前提下，相关的平台服务者为处理个人数据而投入的努力，也应受到法律的保护，不允许他人搭便车，不劳而获，因此第三方需要利用平台控制的个人数据时，也须获得平台明确、清晰的授权；由于第三方处理个人数据的行为超出了平台的数据处理目的及范围，因此仍然需要就对外提供个人数据的行为再次获得用户的授权。实务中的反不正当竞争救济路径只是目前个人数据上利益关系不明状况下的补救路径，它的适用范围有限。如果不尽早解决个人数据上的权属问题，个人数据争夺纠纷就无法根本解决，最终将损害个人合法利益，也阻碍数据产业的健康持续发展。

　　数据产业发展的根本推动力在于数据业者的市场逻辑。最开始，数据业者利用法律的滞后性，疯狂地收集、争抢或以其他不正当方式获取大量个人数据失控生长；后来随着《网络安全法》以及相关个人数据刑事犯罪等数据保护法的确立和适用，获取个人数据的社会成本和风险不断增

---

①　上海市浦东新区人民法院〔2015〕浦民三（知）初字第 528 号民事判决书，上海市知识产权法院〔2016〕沪 73 民终 242 号民事判决书。

②　北京市海淀区人民法院〔2015〕海民（知）初字第 12602 号民事判决书，北京知识产权法院〔2016〕京 73 民终 588 号民事判决书。

③　杭州铁路运输法院〔2017〕浙 8601 民初 4034 号民事判决书，浙江省杭州市中级人民法院〔2018〕浙 01 民终 7312 号民事判决书。

长，数据业者开始寻求法律对其生产方式的合法性认可，其中，寻求法律认可其对控制的个人数据享有合法权益就成为数据业者的首要选择。无论数据业者的诉求是否"自私"，但权属制度确实是市场经济良性运转以及民事法律制度构建的基础。首先，个人数据上的权益明晰是建立数据市场良好交易秩序的前提条件，是激励相关主体自主挖掘数据价值的基础，也是约束数据经营行为和确定经营责任的关键。其次，个人数据上的权益制度有助于厘清个人数据保护与数据利用的边界和尺度，规范数据产业以不侵犯自然人合法利益为前提有序发展，使数据应用造福于人而非利用数据作恶。最后，个人数据上的权益明晰可以刺激数据流通，规范数据的共享和应用，从而推动数据产业生态系统的良性运转。① 因此，个人数据上的权益确定是个人数据保护与数据利用的法律逻辑起点，是平衡个人数据保护与数据利用的关系、形成良性循环的数据产业生态圈须解决的首要问题。如果法律不尽快在个人、数据控制者之间处理好数据权益配置的话，那么大数据的发展将受到制约，以大数据为基础的人工智能将有百害而无一利。公共部门是国家的公权力行使机关，是数据业者之外另一重要的数据控制者。通过界定公共部门的个人数据权力，可划定公共部门的行为边界，将数据权力关在权力的"笼子"里合法合理地处理个人数据，以协调个人数据上私人利益与公共利益的关系，协调好个人数据保护与公众知情权的关系。

二　研究综述

个人数据关涉个人的基本权利和自由，也是大数据分析和应用的主要数据源，因此，个人数据的保护问题引起了学者的普遍关注，相关研究也愈加深入。在这些研究中，关于个人数据上的权属构建是最棘手的问题。

（一）关于个人数据概念的综述

学界经常将个人数据与个人信息、个人资料、个人隐私、个人资讯等概念混用，各国或地区的立法也采用了不同的称谓，例如我国台湾地区使用"个人资料"或"个人资讯"，德国、法国等欧盟成员国使用"个人数据"，美国、加拿大主要使用"个人隐私"。我国学界最常使用的概念是

---

① 杜振华、茶洪旺：《数据产权制度的现实考量》，《重庆社会科学》2016 年第 8 期。

"个人信息"和"个人数据"，但随着《网络安全法》《民法典》等法律采用了"个人信息"的称谓后，学界也越来越多地使用"个人信息"这一称谓。

目前，个人数据识别说是界定个人数据概念的主要观点。① 例如，梅绍祖将个人数据界定为与已识别或可识别的个人相关的任何资料，包括个人的自然情况、相关的社会与政治背景和家庭基本情况等。② 张新宝也持同种观点。③ 王利明认为，个人信息资料是可识别出特定个人、反映个人特征、包含个人各方面信息的符号系统。④ 齐爱民指出，个人信息是一切可以识别个人生理、心理、智力、个体、社会、经济、文化和家庭等方面信息的总和。⑤ 保罗·M. 施瓦茨和丹尼尔·J. 沙勒夫提出了"个人可识别信息 2.0"的概念，他们将个人信息分成三类：确定可识别信息（identified information）、潜在可识别信息（identifiable information）和不可识别信息（non-identifiable information）。确定可识别信息是指确定能从其他人中唯一识别出特定个人的信息；潜在可识别信息是指这些信息有可能未来会识别出某个人，但这种可能性并不显著；不可识别信息是指基本不可能识别到特定个人的信息。⑥

大数据技术带来"可识别性"操作的困境，个人数据识别说遭质疑。保罗·欧姆对美国数据匿名的现状及再识别可能性进行调查发现，数据分析、挖掘技术可以再识别出匿名数据背后的具体个人，各种匿名形式无一幸免。再识别技术不再只是技术专家的特权，大多数参加过数据库管理或IT 工作的人都会使用计算机和广泛可用的软件重新识别出特定个人，例如 AOL 在线隐私侵权行为的成因正是一群"无所事事"的博客主。此外，

---

① 齐爱民：《大数据时代个人信息保护法国际比较研究》，法律出版社 2015 年版，第136 页。

② 梅绍祖：《个人信息保护的基础性问题研究》，《苏州大学学报》（哲学社会科学版）2005 年第 2 期。

③ 张新宝：《从隐私到个人信息：利益再衡量的理论与制度安排》，《中国法学》2015 年第3 期。

④ 王利明：《隐私权概念的再界定》，《法学家》2012 年第 1 期。

⑤ 齐爱民：《论个人信息的法律保护》，《苏州大学学报》2005 年第 2 期。

⑥ Paul M. Schwartz and Daniel J. Solove, "The PII Problem, Privacy and a New Concept of Personally Identifiable Information", *New York University Law Review*, Vol. 86, 2011, pp. 1877-1878.

推动人们再识别的经济利益驱动是巨大的，匿名化这一"超级用户的神话"注定要幻灭。① 因此，欧姆教授认为"个人可识别信息"是一个失败的法律概念，不应作为保护网络隐私的核心概念。② 王秀哲认为，个人数据权益受侵犯不以可识别性为限。③ 王融认为，在大数据时代，人们获取数据的能力大大增强，数据传输能力也得到飞跃发展，数据控制者和处理者的类型多样化，不只是政府和大型公司，个人也能够对数据进行利用分析，这一切带来的直接后果就是以"可识别性"为核心判断标准的个人数据的边界变得模糊。④ 在大数据时代，个人数据的价值通过集合效应体现出来，即便打包处理的某一组个人数据无法识别出具体个人仍可能产生侵犯个人权益的风险。因此，有学者开始从保护的角度重构个人数据内涵。王秀哲主张个人数据法律保护不宜确定僵化的客体，而应确立个人数据动态保护范围。⑤ 范为认为，数据处理行为的权益风险才是衡量机构责任的最终标准。⑥ 梅夏英、刘明将可能对个人权益产生影响的信息都纳入个人数据范畴。⑦

（二）关于个人数据属性的综述

许多学者认为个人数据具有人格属性。例如，张新宝认为，个人数据是"个人人身、行为状态的数据化表示，是个人自然痕迹和社会痕迹的记录"⑧。蔡军认为侵犯公民个人信息罪保护的法益是个人的隐私权。⑨ 翁

---

① Paul Ohm, "Broken Promises of Privacy", *UCLA Law Review*, Vol. 57, 2010, pp. 1717 - 1731.

② 李谦：《人格、隐私与数据：商业实践及其限度：兼评中国 cookie 隐私权纠纷第一案》，《中国法律评论》2017 年第 2 期。

③ 王秀哲：《大数据时代个人信息法律保护制度之重构》，《法学论坛》2018 年第 6 期。

④ 王融：《大数据时代数据保护与流动规则》，人民邮电出版社 2017 年版，第 152 页。

⑤ 王秀哲：《大数据时代个人信息法律保护制度之重构》，《法学论坛》2018 年第 6 期。

⑥ 范为：《大数据时代个人信息保护的路径重构》，《环球法律评论》2016 年第 5 期。

⑦ 梅夏英、刘明：《大数据时代下的个人信息范围界定》，载徐汉明主编《网络安全立法研究》，法律出版社 2016 年版，第 53—56 页。

⑧ 张新宝：《从隐私到个人信息：利益再衡量的理论与制度安排》，《中国法学》2015 年第 3 期。

⑨ 蔡军：《侵犯个人信息犯罪立法的理性分析——兼论对该罪立法的反思与展望》，《现代法学》2010 年第 4 期。

孙哲则将该罪保护的法益扩展至公民的人身权利。① 而周光权认为该罪保护的法益是公民个人的信息自由、安全和隐私权。② 程啸认为个人信息权益属于民事权益中的人格权益而非权益的集合,个人在个人信息处理活动中的权利属于个人信息权益的权能。③

　　个人数据的财产属性也逐渐引起学者们的重视。美国出现了个人数据商品化的思潮,许多学者强烈建议将个人数据视为商品,并且认为美国人已经参与其个人数据的商品化。西蒙·G. 戴维斯探讨了个人数据转变为商品的过程。④ 保罗·M. 施瓦茨认为可植入芯片、可穿戴设备、广告软件和间谍软件以及补偿式电话营销是个人数据商品化的典型系统和设备。⑤ 劳伦斯·莱斯格指出反对数据商品化的学者观点不能为反对个人数据财产化提供有说服力的依据,而主张个人数据财产化的学者通常认为不需要对数据交易进行法律限制而对隐私担忧又不够敏感,因此倡议适用财产权概念来保护网络隐私。⑥ 伊恩·艾尔斯和马修·芬克主张应当对接听过营销电话的用户进行补偿,他们呼吁建立一个“定价”系统,消费者可以选择他们接听的营销电话每分钟的接听价格。他们甚至预测,这种方法加强了对个人独处隐私的保护,从法律规定的无价值转变为市场估值,应该让人们更重视传统隐私的价值。因此,应允许个人自由地让与他们的隐私权,这种隐私权不再是单纯的传统隐私权。⑦ 玛格丽特·简·拉丁认为商品代表着某种社会建构,商品化的个人数据是可以被用于交换的个人数据独立包,个人数据的交易正在发展,正在步身体部位、婴儿和性服务

①　翁孙哲:《个人信息的刑法保护探析》,《犯罪研究》2012 年第 1 期。
②　周光权:《刑法各论》,中国人民大学出版社 2016 年版,第 71 页。
③　程啸:《论个人信息权益》,《华东政法大学学报》2023 年第 1 期。
④　Simon G. Davies, "ReEngineering the Right to Privacy: How Privacy Has Been Transformed from a Right to a Commodity", in Philip E. Agre and Marc Rotenberg, eds. *Technology and privacy: The new landscape*, London: The MIT Press, 1997, pp. 160-161.
⑤　Paul M. Schwartz, "Property, Privacy, and Personal Data", *Harv. L. Rev*, Vol. 117, 2003, pp. 2060-2069.
⑥　Lawrence Lessig, *Code and Other Laws of Cyberspace*, NY: Basic Books, 1999, pp. 142-163.
⑦　Ian Ayres and Matthew Funk, "Marketing Privacy", *Yale J. on Reg.*, Vol. 20, 2003, pp. 96, 110, 133-134.

等有争议的商品的后尘。① 我国学者也观察到了个人数据商业利用的新现象，但是更倾向于从人格权角度阐述个人数据的性质，因此，形成了人格权保护说和人格兼财产权保护说两种流行观点。② 刘德良认为个人数据兼具人格属性和财产属性，应对个人数据所蕴含的人格利益和财产利益分别予以人格权和财产权的保护。③ 中科院院士陆汝铃表示，数据应用是整个"大数据"的出发点和最后的归宿，"大数据"的应用，一定不要忘了它的商品属性。④ 彭诚信、史晓宇认为数字经济背景下个人信息权益是内含财产价值的人格权益。⑤

也有学者认为个人数据具有公共属性。科琳·普林斯认为，个人数据是公共领域的组成部分，可以被广泛获取和利用。⑥ 吴伟光认为，许多个人数据不是数据主体创造出来的，而是来源于他方的服务或管理系统，这种特征使得个人数据一开始便具有公共性，因此，建议应该超越私权观念而将个人数据信息作为公共物品加以保护和规制。⑦ 刘迎霜也认为应将大数据时代的个人信息视为一种公共物品。⑧ 高富平认为，个人数据"承载着人类文化传承和社会运行发展的公共元素"，不仅能够用于改善社会治理、企业管理，也能够促进科学文化艺术创新进步，社会共享的必要性决

---

① Margaret Jane Radin, *Contested Commodities*, cambridge：Harvard University Press, 1996, pp. 2-15, 131-153.

② 任龙龙：《大数据时代的个人信息民法保护》，博士学位论文，对外经贸大学，2017 年，第 62—64 页。

③ 刘德良：《民法学上权利客体与权利对象的区分及其意义》，《暨南学报》（哲学社会科学版）2014 年第 9 期。

④ 参见耿挺《"大数据"应用，不应忽视商品属性》，《上海科技报》2013 年 11 月 27 日第 1 版。

⑤ 彭诚信、史晓宇：《个人信息财产价值外化路径新解——基于公开权路径的批判与超越》，《华东政法大学学报》2022 年第 4 期。

⑥ Corien Prins, "Property and Privacy：European Perspectives and the Commodification of Our Identity", *Information Law Series*, Vol. 16, 2006, pp. 223-257.

⑦ 吴伟光：《大数据技术下个人数据信息私权保护论批判》，《政治与法律》2016 年第 7 期。

⑧ 刘迎霜：《大数据时代个人信息保护再思考——以大数据产业发展之公共福利为视角》，《社会科学》2019 年第 3 期。

定了个人数据具有公共属性。①

（三）关于个人数据上权属的综述

国内外许多学者都认为，数据主体是个人数据权益的唯一适格主体。哈尔·R. 瓦里安主张消费者的数据隐私可成为私人信息中的财产权客体，以探索让消费者能够控制其个人数据使用的可能性。② 杰西卡·利特曼指出，主张赋予个人数据信息以财产权保护的理由主要在于符合天赋人权的自然权利思想，以及由此可使数据主体在市场上依据自由意愿来进行数据交易，数据主体就可依据财产权来管理和控制自己的隐私利益。③ 薇拉·贝尔格森将数据商品化发展而形成的信息市场称为"第二市场"（secondary market），认为财产权的保护方式是最适宜规制个人信息的方式，而且在财产权范式下，相较于数据收集者，个人拥有更强的道德主张。④ 王利明认为，数据商品化现象给个人隐私、信息安全带来极大伤害，因而主张设立"数据财产权利"，而且个人享有优先的数据财产权。⑤ 张新宝认为，承认数据主体的个人数据财产权，既能恢复其在数据利用过程中丧失的数据控制力，又能有效解决个人数据商品化带来的道德风险、市场失灵风险等难题，进而主张构建"普遍免费和个别付费"的双重模式，发挥财产损害赔偿的作用，实现对数据主体的充分救济。⑥ 陈星认为，基于"人的尊严"的价值基础，赋予自然人个人信息权具有内在正当性，而且个人信息权应是一项独立人格利益。⑦ 刘德良认为应当根据个人数据体现的价值来确权，当数据主体维护其人格利益时，应给予其人格权的保护；当其

---

① 高富平：《个人信息保护：从个人控制到社会控制》，《法学研究》2018 年第 3 期。

② Hal R. Varian, "Economic Aspects of Personal Privacy", In Lehr W. and Pupillo L., eds., *Internet Policy and Economics*, Springer, Boston, MA, 2009, pp. 101–109.

③ Jessica Litman, "Information Privacy/Information Property", *Stanford Law Review*, Vol. 52, No. 5, 2000, pp. 1292–1294.

④ Vera Bergelson, "It's Personal but Is It Mine? Toward Property Rights in Personal Information", *U. C. Davis L. Rev*, Vol. 37, 2003, pp. 403–404.

⑤ 王利明：《人格权法研究》，中国人民大学出版社 2012 年第 2 版，第 283 页。

⑥ 张新宝：《"普遍免费+个别付费"：个人信息保护的一个新思维》，《比较法研究》2018 年第 5 期。

⑦ 陈星：《论个人信息权：定位纷争、权利证成与规范构造》，《江汉论坛》2022 年第 8 期。

维护财产利益时，则应给予其财产权保护。① 此外，郭明龙从有利于促进数据产出的角度，将个人数据的产权划归个人。② 谢永志认为个人是其个人数据载体的拥有者，该事实不随他人对其个人数据的获取方式、知悉程度而改变。③ 高富平认为，法律赋予个人对其数据的控制权或财产权，类似于所有权，具有绝对性、排他性。④ 王勇旗将个人数据权利性质界定为具有人格性的财产权。⑤ 而温昱则将数据主体享有的个人数据权分为个人数据人格权与个人数据财产权两类。⑥ 张宇认为数据主体在平台经济发展中应享有公民数据权，包括公民数据人格权与公民数据财产权。⑦ 申卫星在确定个人信息和个人数据的关联性基础上，认为个人信息权是同时承载信息主体的人格利益和人格要素商事化利用产生的财产利益的人格权，主张对载有个人信息的数据设置个人数据所有权，且归该个人所有，信息处理者在得到个人的授权后可获取数据用益权。⑧

　　有些学者从个人数据的集合、控制状态或加工后的价值构成角度加以审视，主张数据控制者才是个人数据权益的适格主体。例如，王玉林、高富平认为，个人数据产生的权益虽然肇始于个人，但个人数据的真正价值却是数据集聚状态下产生的，数据财产权只能是数据控制者财产的组成部分，是数据控制者的数据资产。⑨ 陈永伟经过成本收益分析后认为，相较于消费者，将数据产权划分给平台企业更有效率。⑩ 孙宪忠认为，数据获

① 刘德良：《个人信息的财产权保护》，《法学研究》2007 年第 3 期。

② 郭明龙：《个人信息权利的侵权法保护》，中国法制出版社 2012 年版，第 61 页。

③ 谢永志：《个人数据保护法立法研究》，人民法院出版社 2013 年版，第 13 页。

④ 高富平：《个人数据流通合规：现行规则检讨与建议》，http：//www．thepaper．cn/news Detail_forward_1737870，2018 年 4 月 10 日。

⑤ 王勇旗：《"5G + AI" 应用场景：个人数据保护面临的新挑战及其应对》，《图书馆》2019 年第 12 期。

⑥ 温昱：《个人数据权利体系论纲——兼论〈芝麻服务协议〉的权利空白》，《甘肃政法学院学报》2019 年第 2 期。

⑦ 张宇：《平台经济规范发展中的公民数据权——兼析 "数据公共物品"》，《江苏大学学报》（社会科学版）2022 年第 6 期。

⑧ 申卫星：《数字权利体系再造：迈向隐私、信息与数据的差序格局》，《政法论坛》2022 年第 3 期。

⑨ 王玉林、高富平：《大数据的财产属性研究》，《图书与情报》2016 年第 1 期。

⑩ 陈永伟：《数据产权应划归平台企业还是消费者？》，《财经问题研究》2018 年第 2 期。

得者对其收集的个人数据仅有占有的权利，而无所有权，同时对其获得的
个人数据负有严格保护及依法使用的义务等。① 高富平认为，在没有法律
明确赋权的情形下，数据控制者可基于对数据（包括个人数据）的事实
控制而享有数据使用权。② 周学峰将用户提供并存储在网络平台上的数据
认定为网络平台经营者的营业财产的一部分，网络平台经营者对其享有营
业权。③

　　还有学者将个人数据进行分类，并分别将其权益配置给数据主体和数
据控制者。例如，陈筱贞将数据分为单方数据和交互性数据，其中被记录
方为单方信息数据，所有权归数据被记录者；用户使用网络服务产生的交
互性数据是合同履行行为的记录，属于合同参与方共同共有。④ 郭瑜则分
别对不同财产属性的个人数据给予不同的权益保护，一般个人数据是公有
信息；他人劳动产生的个人数据属于所有者的私人财产；还有些数据构成
商业秘密的一部分；在数据库中的个人数据则可能作为数据库的一部分，
受数据库所有人的知识产权保护；但是不管个人数据属于谁所有，其财产
权都要受到数据主体对"数据处理"的财产权的限制或影响。⑤ 邢会强将
个人信息分为个人基本信息、伴生个人信息和预测个人信息，其中个人信
息的人格权均属于个人，财产权具有不同：个人基本信息的财产权完全属
于个人，伴生个人信息和预测个人信息的财产权由个人与信息企业共有，
两主体享有的财产份额有差异。⑥

　　有学者构思在个人数据之上设立相互牵连的数据权属，分别满足个人
权利保护和数据利用需要。例如，彭诚信认为个人信息具有固有的人格与
天然的财产双重价值，决定了个人信息权在本质上是包含财产利益的人格

---

① 孙宪忠：《关于尽快制定我国〈个人信息保护法〉的建议》，http://ex.cssn.cn/fx/201710/t20171016_3668348_2.shtml，2019 年 8 月 14 日。

② 高富平：《数据流通理论数据资源权利配置的基础》，《中外法学》2019 年第 6 期。

③ 周学峰：《网络平台对用户生成数据的权益性质》，《北京航空航天大学学报》（社会科学版）2021 年第 4 期。

④ 陈筱贞：《大数据权属的类型化分析——大数据产业的逻辑起点》，《法制与经济》2016年第 3 期。

⑤ 郭瑜：《个人数据保护法研究》，北京大学出版社 2012 年版，第 221 页。

⑥ 邢会强：《大数据交易背景下个人信息财产权的分配与实现机制》，《法学评论》2019 年第 6 期。

权，其中个人信息中的人格权益专属于个人，财产权益即数据财产权主要由数据生产者控制。① 王叶刚认为，企业对其企业数据所享有的权利与个人对其个人信息所享有的权利属于不同层次的问题，不宜赋予个人对企业数据享有财产权利，而应赋予企业享有绝对性和排他性的权利。② 任丹丽主张在个人数据上构建一个以数据主体的财产利益为基础、以数据控制者对个人数据的占有利益为核心的财产法益体系。③ 龙卫球区分个人信息和数据资产，分别构建自然人的个人信息权利和企业的新型数据财产权，后者包括数据资产权和数据经营权两种形态；④ 数据资产权是一种比对所有权、知识产权来设计的专有排他性财产权，其私益结构部分体现为企业对其数据在特定范围享有占有、使用、收益和处分的权利；数据经营权是企业对于数据得以经营的一种主体资格，有一般经营权和特殊经营权之分。⑤ 程啸也主张构建企业的新型数据财产权，该权利不是建立在自然人个人数据权利的基础之上，而是企业原始取得的绝对权，不仅能获得反不正当竞争法的保护，而且可获得与物权、人格权同等程度的保护。他进一步强化了企业对个人数据的支配性、排他性、绝对性的财产权利，而将个人对其数据的权利限定在非常狭窄的范围内，即在因个人数据被违法收集、使用而侵害个人既有的人格权与财产权时提供侵权法上的救济，个人处于非常被动的地位。⑥ 刘士国认为，信息收集的工作性质和任务决定数据收集者享有所收集之个人数据的所有权，同时个人享有对其数据使用的控制权。⑦ 沈健州认为对于承载了个人信息的数据，虽然企业享有完整的数据财产权，但个人信息权益优先。⑧ 许娟、黎浩田主张在个人数据之上自然人的个人信息权利、企业数据权利和国家公共数据利用三方之间保持

---

① 彭诚信：《论个人信息的双重法律属性》，《清华法学》2021年第6期。
② 王叶刚：《企业数据权益与个人信息保护关系论纲》，《比较法研究》2022年第4期。
③ 任丹丽：《民法典框架下个人数据财产法益的体系构建》，《法学论坛》2021年第2期。
④ 龙卫球：《再论企业数据保护的财产权化路径》，《东方法学》2018年第3期；《数据新型财产权构建及其体系研究》，《政法论坛》2017年第4期。
⑤ 龙卫球：《再论企业数据保护的财产权化路径》，《东方法学》2018年第3期。
⑥ 程啸：《论大数据时代的个人数据权利》，《中国社会科学》2018年第3期。
⑦ 刘士国：《大数据背景下民法典编纂应规定的条款》，《法治研究》2016年第6期。
⑧ 沈健州：《数据财产的权利架构与规则展开》，《中国法学》2022年第4期。

平衡，企业数据产权是个人信息权益保护的运行方式。① 张新宝认为个人信息权益的内部构造由"本权权益"与保护"本权权益"的权利构成，"本权权益"主要包括人格尊严、人身财产安全等利益，不包括财产利益；处理者对合法处理所得的个人信息数据享有财产利益；国家机关对个人信息数据不享有财产利益。② 周维栋主张在个人数据之上配置"权利束"，将个人数据权利分为数据本体性权利与数据衍生性权利。③

有些学者主张从个人数据的部分和整体角度分别构建个人数据及数据库的权属。例如，涂燕辉将数据分为个体数据和整体数据，个体数据直接来源于个体的行为，属于个人信息，其权利归属于提供数据的个人；整体数据则是海量个体数据的集合，即通常意义上的"大数据"，其财产所有权归属于信息控制者，而且对大数据的搜集和利用须以不侵犯个人信息权为前提。④ 李延舜认为个人数据库上存在着以人格尊严、人格利益为核心的数据主体权利和以财产利益为核心的数据库权利，分别归属于个人和数据库控制者，数据库权利的行使不得损害数据主体的权利。⑤

还有学者在数据分类基础上分别构建数据主体与数据控制者的权益。例如，孙敏、徐玲将个人数据划分为直供数据、行为数据和衍生数据，其中直供数据的准财产权赋予数据主体，行为数据产权分割为数据所有权和数据用益权，数据所有权保留在公共领域，数据用益权赋予数据业者；衍生数据的知识财产权赋予数据业者，数据主体仅享有特定权利。⑥ 陈兵、顾丹丹将数据划分为原始数据、衍生数据及派生数据，原始数据上关注的重点是用户的个人数据权益保护问题，衍生数据上承载着经营者和用户的权益，共享衍生数据应获得经营者和用户的同意，派生数据的共享无须获

① 许娟、黎浩田：《企业数据产权与个人信息权利的再平衡——结合"数据二十条"的解读》，《上海大学学报》（社会科学版）2023 年第 2 期。

② 张新宝：《论个人信息权益的构造》，《中外法学》2021 年第 5 期。

③ 周维栋：《个人数据权利的宪法体系化展开》，《法学》2023 年第 1 期。

④ 涂燕辉：《大数据的法律确权研究》，《佛山科学技术学院学报》（社会科学版）2016 年第 5 期。

⑤ 李延舜：《数据库开发与应用中的隐私权限制》，《东北大学学报》（社会科学版）2017 年第 2 期。

⑥ 孙敏、徐玲：《数字时代个人数据产权体系研究——基于全生命周期的个人数据分类视角》，《宁夏社会科学》2023 年第 2 期。

得衍生数据上权益主体的许可。①

　　还有学者侧重于从个人的数据权利保护出发，限制数据控制者对个人数据享有的权益。比如，汤擎认为个人对其个人数据享有无可争议的所有权，数据采集者在履行了保障个人数据所有者合法权益的义务之后，享有在个人数据所有者许可的范围内对不涉及个人权利的数据抽象的使用权。② 余晓红也认为数据集管理者在满足征得数据源所有权人的许可以及不侵犯相关权利人权利的条件下，对数据享有限制性的使用权。③ 朱静洁认为，原始网络数据受制于用户的控制，网络运营商仅能依据与用户的约定对原始网络数据享有有限使用权。④ 这些学者虽然肯定数据控制者对其控制的个人数据享有一定的财产权益，但是更侧重于保护个人的数据权利。

　　当公共部门作为数据控制者时，大部分学者从公共数据、政府数据等概念切入，以分析公共部门对其控制的数据的权利（权力）。特别值得注意的是，他们并没有将个人数据从公共数据、政府数据等概念中剔除出去，换言之，个人数据因是公共数据或政府数据的组成部分而成为数据公产，并在数据公产之上形成了国家权利（权力）。例如，王渊、黄道丽、杨松儒认为，国家数据上的权利属于国家，公共数据的财产权属于全体公民。⑤ 曾娜认为，政务数据应属于国家所有，如此既能明确政务数据属于公共财产范畴，又能防止数据垄断，确保公众对政务数据的接近使用，还能防止政府部门独占数据收益，促进数据民主化。公众接近是国家所有权的本质特征，这意味着政务数据虽属于国家所有，实质上却归全民所有，具有供公众使用的属性。⑥ 至于国家享有的权利（权力）性质，有学者认

---

　　① 陈兵、顾丹丹：《数字经济下数据共享理路的反思与再造——以数据类型化考察为视角》，《上海财经大学学报》2020 年第 2 期。

　　② 汤擎：《试论个人数据与相关的法律关系》，《华东政法学院学报》2000 年第 5 期。

　　③ 余晓红：《对〈民法总则〉数据保护规定的检视与完善》，《湖南广播电视大学学报》2018 年第 1 期。

　　④ 朱静洁：《我国首例大数据产品不正当竞争纠纷案的法律启示》，《人民法院报》2018 年 9 月 26 日第 7 版。

　　⑤ 王渊、黄道丽、杨松儒：《数据权的权利性质及其归属研究》，《科学管理研究》2017 年第 5 期。

　　⑥ 曾娜：《政务信息资源的权属界定研究》，《时代法学》2018 年第 4 期。

为是一种公权力。例如，李扬认为国家机关制作的数据库是公权力行使的
表现，不能成为私有财产，不能成为特殊权利客体。① 龙卫球也赞同该观
点，认为公共数据的性质决定其不宜采取财产权路径而适于采取管理化路
径进行保护。② 余筱兰主张构建公共信息权，认为管理单位对公共信息享
有附公开义务的管理权。③ 吕廷君从数据开放生态的构造角度出发，认为
政府可代表国家行使对大数据的管理权，具体包括数据获取权、控制权、
发展规划权和使用许可权。④ 也有学者认为国家享有的权利是一种私权
利。例如，张亚楠以政府数据共享为分析场景，认为政府数据在不同的共
享场合或情境下产生的权利属性不同：作为数据提供者，行政机关享有数
据所有权和使用权；作为数据使用者，行政机关既对其拥有的数据享有开
发利用的权利，又对其他行政机关提供的数据具有"附加限制"的使用
权。⑤ 黄如花、温芳芳赞同地方政府数据开放平台的声明，认可政府对其
控制的数据享有所有权。⑥ 但是杜振华、荼洪旺、吕凡认为，政府部门在
其履职工作中收集的个人数据的所有权属于个人，政府部门仅享有使用权
和处置权。⑦ 冉克平认为，行政信息是一种公物，在公物之上形成的国家
所有权属于民法上的所有权。⑧ 王融认为政府或公共机构依职责所生产、
创造、收集、处理和存储的政府数据产生的财产权益归属于公众，每个公
众都有权获得政府数据，并享有知情权和利用权。⑨ 汤琪认为，政府数据
的产权属于全体公民所有，不能用于商业交易，政府只能代表全体公民与

---

① 李扬：《数据库特殊权利保护制度的缺陷及立法完善》，《法商研究》2003 年第 4 期。

② 龙卫球：《再论企业数据保护的财产权化路径》，《东方法学》2018 年第 3 期。

③ 余筱兰：《信息权在我国民法典编纂中的立法遵从》，《法学杂志》2017 年第 4 期。

④ 吕廷君：《数据权体系及其法治意义》，《中共中央党校学报》2017 年第 5 期。

⑤ 张亚楠：《政府数据共享：内在要义、法治壁垒及其破解之道》，《理论探索》2019 年第
5 期。

⑥ 黄如花、温芳芳：《我国政府数据开放共享的政策框架与内容：国家层面政策文本的内
容分析》，《图书情报工作》2017 年第 20 期。

⑦ 参见杜振华、荼洪旺《数据产权制度的现实考量》，《重庆社会科学》2016 年第 8 期；
吕凡《数据所有权问题研究》，硕士学位论文，华中师范大学，2018 年，第 23 页。

⑧ 冉克平：《论公物的概念、权利属性及其适用》，《重庆大学学报》（社会科学版）2009
年第 5 期。

⑨ 王融：《无处安放的数据权属》，数据产业与新治理论坛主题发言，北京，2016 年 8 月。

数据公司签订授权加工和交易协议，并确保个人数据不被泄露和非法使
用。[①] 穆勇、王薇、赵俊主张构建政务数据"公有产权"原则体系，政务
数据的所有权由全民享有，政府部门享有使用权和管理权，单个主体不得
主张排他性的权利。[②] 还有学者认为国家既享有公权力，又享有私权利。
例如，孟庆国主张在政务数据之上实施数据三权机制，即归属权、使用权
和共享管理权。归属权是指权利人可以优先使用数据；共享管理权是一种
对共享数据进行调度、协调、仲裁、监管的权力，是政府应该强化的
责任。[③]

此外，还有学者不主张对公共部门进行赋权，而是强调数据的公共使
用性。例如，吴晓灵认为，自然人的个人数据归属于该自然人所有，但是
个人数据经脱敏处理后就成为无主体指向的公共资源，非出于社会稳定和
国家安全问题，应当向社会公众开放。[④] 石丹、李晓宇从政府数据具有非
竞争性与非排他性的公共属性出发，认为政府数据应当作为公共物品开放
共享，而不宜采用财产化路径保护，防止政府数据被人为垄断。[⑤]

总的来说，学界对个人数据的概念、属性及权属构造进行了多角度研
究，但共识不足，而且缺乏对个人数据承载的多层次权利的性质、冲突及
边界的系统研究。

三　研究思路

本书分为五个章节，围绕个人数据之上承载的双重权利（权力）及
其界限展开，逻辑紧密，结构合理。

第一，对个人数据的内涵、属性、利益主体以及客体性等基础理论进
行研究。学界通常将个人数据与个人信息、个人资料等概念混用。随着我

---

① 汤琪：《大数据交易中的产权问题研究》，《图书与情报》2016 年第 4 期。

② 穆勇、王薇、赵俊：《新技术环境下政务数据资源开发利用的研究》，《电子政务》2019
年第 5 期。

③ 孟庆国：《基于三权分置的政务数据交换共享与实现机制》，《软件和集成电路》2018 年
第 8 期。

④ 吴晓灵：《大数据公开降低金融服务成本》，《智慧中国》2016 年第 1 期。

⑤ 参见石丹《大数据时代数据权属及其保护路径研究》，《西安交通大学学报》（社会科学
版）2018 年第 3 期；李晓宇《权利与利益区分视点下数据权益的类型化保护》，《知识产权》
2019 年第 3 期。

国《网络安全法》《民法典》等法律规定了个人信息保护的相关内容后，"个人信息"成为我国立法的专用名词。本书通过界定个人信息、个人数据、数据、大数据、数据库等相关概念的含义，明确这些用语之间的联系与区别，最终确定采用"个人数据"的用语。随着数据经济的快速发展，数据主体与数据控制者在个人数据之上形成了个人权利保护与数据资产化需求的利益冲突。我国已有的个人信息保护法律单边保护数据主体的架构越来越捉襟见肘，无法有效回应数据资产化发展的现实需求。为此在个人数据之上，除了数据主体可享有合法权益外，确认数据控制者也可享有某种数据权益不失为一种合理的应对方法。个人数据可作为一种新型权利客体也印证了该方法的可行性。

第二，思考协调个人数据上的利益关系，以形成确权思路。个人数据上的权益构建应当处理好个人数据保护和数据利用的关系。目前，美国及欧盟是数据保护问题研究及立法、实践最成熟、影响最广泛的两个国家和地区，在协调个人数据保护与数据利用关系方面形成了各自的特点，可资借鉴。个人数据上的权益构造应当以保护个人基本权利和自由为基础与前提，同时回应数据资产化发展的社会现实，可考虑在个人数据之上构建数据主体和数据业者的双重权利。

第三，数据主体是个人数据的内容主体、来源者，是直接的利益相关方，应享有个人数据上的基础权利——个人数据权。数据主体享有的个人数据权不是单一的权利形式，而是组合形式的"权利束"，主要由隐私权等既有人格权、个人数据受保护权和个人数据的财产利益构成。在大数据时代，由于匿名技术的可能失败，个人数据经匿名化处理后仍可能再识别出具体个人，那些具有再识别性的衍生数据仍属于个人数据的范畴，由此可将个人数据分为原始个人数据和衍生个人数据。原始个人数据转化为衍生个人数据的过程，是一个数据价值添附的过程，数据控制者的实质性投入推动了个人数据质变的价值创造，因此，数据主体不享有衍生个人数据的财产利益。此外，个人数据权也应受到合理限制。

第四，思考在个人数据之上构建数据业者的数据权利及其限制。目前，各国数据保护立法及实践对数据业者的赋权模式，主要存在版权赋权模式、特殊权利赋权模式和通过反不正当竞争救济实现赋权目的的模式三种。这三种模式都存在不足，数据业者的数据权利设计应倾向于保障其对个人数据的合理使用和收益，应避免赋予支配性过强的权利而助长其数据垄断优势。关于数据权利的具体设计，应在区分原始个人数据和衍生个人数据之上分别赋权。此外，数据业者的数据权利还要受到多方面的限制。

第五，分析公共部门作为数据控制者对个人数据可行使的权力及应当承担的保护义务。公共部门在履行公共管理和服务职能过程中，收集了海量的个人数据，而且这些个人数据多是能反映个人身份属性信息的特殊个人数据。为了激活公共部门控制的数据资源，释放数据能量，各级政府部门正在实施数据开放战略，某些非涉密个人数据也在开放之列，这激起了人们对个人基本权利和自由保护的普遍担忧。原则上个人数据不是一种公共资源，只有在涉及公共利益时才可能转为公共数据，因此，公共部门不能对个人数据享有私权利，而仅行使管理权，而且这种管理权主要体现为一种对个人数据加以保护的职责。我国数据开放规则仅将个人隐私信息纳入公开豁免的范围，但是，在当前大数据环境下，非私密信息也可能会造成个人隐私的侵害，数据开放的豁免对象应扩展至所有类型的个人数据。公共利益构成对个人数据公开豁免的限制，应当按照比例原则合理界定公共利益的范围。此外，在数据开放的过程中，公共部门还应当确定和遵守个人数据保护规则，以保护个人数据权。

四　主要创新点

本书的创新点主要体现在以下几方面。

一是弱化"可识别性"在界定个人数据概念中的作用。由于信息技术的发展，从绝对意义及长远来看，任何与个人有关的数据集合都能识别出特定个人，仍强调将"可识别性"作为个人数据概念的核心界定要素可能不利于保护自然人的合法权益。根据投入识别的时间、金钱、技术等不同，数据集合识别出特定个人的难易程度不同，因而可能给数据主体造成的权益损害就不同。因此，将"可识别性"作为个人数据侵权行为及责任分配的参考要素更为妥当。个人数据的概念界定不应过分强调"可识别性"，而是将与个人有关的、能够反映个人身份行为属性的信息都纳入个人数据的范畴。这种个人数据的概念界定更加符合大数据时代的技术特点，也更有利于保护自然人的合法权益。

二是将个人数据进行双重分类，第一层分为原始个人数据和衍生个人数据，在这一分类基础上分别再分为隐秘个人数据和公开个人数据，并据此分别构建个人数据上的权利。第一，目前学界主要针对个人数据的保护问题进行研究，缺少对个人数据上的权利配置及权利限制的系统性研究，因此从研究主题上看，本书具有一定的创新性。第二，现有的关于个人数据上的权益研究主要从个人数据整体入手，没有区分不同的数据类型而构建不同的权利体系，或者从个人数据保护的角度出发，将个人数据分为敏感个人数据和一般个人数据，并主张对敏感个人数据进行特别保护。由于敏感个人数据因人因情境而变，不确定性十足，而且与一般个人数据之间无法有效区隔，给予敏感个人数据更高标准的保护落实到实践中未必能达到预期目的。因此，本书没有采用敏感个人数据和一般个人数据的分类方式，而是采用了边界更为清晰的原始个人数据和衍生个人数据、隐秘个人数据和公开个人数据的双层分类方法，以此为基础构建个人数据之上的权利体系，具有一定的创新性。

三是根据个人数据之上承载的数据主体及数据控制者的利益，构建双重权利体系，同时明确各权利的限制。改变笼统地对数据控制者进行赋权的做法，将数据控制者分为数据业者和公共部门，并根据二者性质、地位以及获取个人数据的方式不同，在权属构建时区别对待。在数据业者作为数据控制者的场合下，个人数据关涉数据主体的基本权利和自由，因此数据主体享有个人数据权，这是个人数据之上存在的基础性权利；数据业者根据网络服务协议的约定或因其对个人数据处理活动进行了实质性投入，并发掘了个人数据的新价值，因此，在个人数据之上应配置数据业者的财产性权益，满足其数据资产化需求；这两层权益互相限制，有着各自的权利行使边界。在公共部门作为数据控制者的场合下，应当更加强调公共部门对个人数据的保护义务，而不应再为公共部门配置数据所有权等私权利。而且本书从个人数据保护的角度构建数据开放的规则，试图明确公共利益限制个人数据公开豁免的限度，以协调个人权利与公共利益之间的关系。

五　关于"个人数据权利"概念的说明

学界通常将个人数据与个人信息、个人资料等概念混用。事实上，个人数据与个人信息既相互联系，又相互区别。在网络世界中，个人信息只能通过数据的方式呈现，从而表现为个人数据，二者具有共生一致性。从法律规定及理论研究的惯常用法上看，"个人信息"的用语环境主要针对个人信息的保护问题。因此，有学者认为，从各国个人数据保护法主要规定数据控制者、数据处理者保护个人数据的义务来看，个人数据的权利主体只能是个人，数据控制者只能作为义务主体存在，即"个人数据权利"的主体只能是个人。这种观点是值得商榷的。

各国个人数据保护法的立法目的之一，是为了通过保护个人信息来保护个人的基本权利和自由。例如欧盟 GDPR 第 1 条第 2 款规定："本法保护自然人的基本权利和自由，尤其是自然人保护其个人数据的权利。"个人数据保护法通过规范数据控制者处理个人数据的行为来实现这一目的。但是我们不禁要问，为什么数据控制者可以处理个人数据？自然人的同意是合法依据之一，那么是否意味着数据控制者在获得自然人的同意后，处理个人数据的能动性是不是可以体现为一定的权益？哪怕是债权。权利与义务是相伴相生的，没有无权利的义务，也没有无义务的权利。个人数据保护法确实是从数据控制者的义务角度而非权益角度来界定个人信息的保护问题，但是也蕴含着肯定数据控制者有处理个人数据的某种权益。

个人数据承载着人格利益和财产利益，其中人格利益只能归属于个人，这是学界的共识，学者们争论的焦点是个人数据的财产利益应当归属于谁。我国个人数据保护法保护个人数据，赋予个人对其个人数据一定的控制权，主旨在于保护个人尊严和自由，[①] 主要指向个人的人格利益，没有涉及个人数据的财产利益保护问题。因此，个人数据保护法不能解决个人数据财产利益的归属问题，当然就不能从个人数据保护法主要规定数据控制者保护个人数据的义务角度出发，得出结论认为个人数据权利的主体只能是个人。此外，个人完全享有个人数据承载的人格利益，与数据控制者分享个人数据上的某种财产权益是可以兼容的。例如，在知识产权中，单位享有职务发明创造的专利申请权和专利权，但发明人享有署名权。换言之，职务发明创造上的人身权与财产权可以分离开来分别由发明人和单位享有。这说明某一客体之上的人格权和财产权分属于不同主体是有例可

---

① 参见高富平《数据生产理论——数据资源权利配置的基础理论》，《交大法学》2019 年第 4 期。

循的。个人数据同时承载着个人的利益和数据控制者的利益，因此在个人数据之上构建个人的人格权（包括商品化的财产利益）和数据控制者的财产权利，并不违背民事权利理论。

不同于物的独占性，个人数据具有易复制性和不可绝对交割性，可被多主体同时占有、使用和收益，权利主体无法像控制实物一样支配、占有个人数据。此外，即便是物，其上也可并存多项权利，例如土地之上可同时并存所有权、用益物权和抵押权。以此类推，个人数据的非独占性决定个人数据之上当然也可以并存多个权利及权利主体，将个人认定为个人数据权利的唯一主体的说法是缺少根据的。

个人数据集聚后价值凸显，推动了数字经济及数据资产化的快速发展，而且数据控制者因处理个人数据付出了实质性投入，从激励投资角度，学者们主张赋予数据控制者对个人数据及其集合享有某种数据权益。《民法典》第 127 条也对数据的保护进行了指引性规定。但是，法律规定及理论研究使用"个人信息"用语的惯常语境，限制了"个人信息"在反映数据业者的数据资产化需求方面可发挥的空间。有鉴于此，本书决定采用"个人数据"的用词，以更好地反映数据主体的个人信息权益与数据控制者收集、加工个人数据后形成的数据权益共存的状态。"个人数据权利"也突破了惯常用法中主要指向自然人的个人信息权益及其保护问题的使用语境，主要包括了两层含义：一是数据主体的个人数据权；二是数据控制者的数据权利。

"个人数据权利"的这种用法并非作者创造，比如程啸教授在其发表于《中国社会科学》上的一篇题为"论大数据时代的个人数据权利"的文章中提出，个人数据上存在自然人的个人数据权利和数据企业的个人数据权利。[①] 珠玉在前，以资借鉴。

---

① 此外，还有其他学者也采"个人数据权利"或"数据权利"的同种用法。参见肖建华、柴芳墨《论数据权利与交易规制》，《中国高校社会科学》2019 年第 1 期。

第一章　个人数据的基础理论

第一节　个人数据的内涵界定

一　数据的含义

当下，随着互联网、云计算、移动网络等信息技术的快速发展，人们热衷于接受电子购物、网络社交等新的生活方式、沟通方式带来的便捷，数据的交互及共享成为支撑人们便捷生活的基础，成为重塑社会生产方式以及人们生活方式的重要战略资源。在数据交互及共享的过程中，新的数据又不断地产生、累积，数据爆炸的时代已然来临。

对于何谓数据，学者们主要从数据与信息的关系角度来阐述。"信息"是一个大家耳熟能详却又含义模糊的词，它在技术更新与模式兴替中展现出变化万千的色彩。1948 年，香农在其《通信的数学理论》中首次提出了"信息"（information）概念，并用"比特"（bit）作为信息的测量单位，他指出"凡是在一种情况下能减少不确定性的任何事物都叫做信息"[①]。1961 年克劳斯在《从哲学看控制论》中指出"信息必须有一定的意义，必须是意义的载体"[②]。而巴克兰德将信息分为"作为过程的信息""作为知识的信息"和"作为事物的信息"[③]。俄罗斯《信息、信息化和信息保护法》第 2 条把信息定义为"关于人、物、事实、事件、

[①]　参见［美］詹姆斯·格雷克《信息简史》，高博译，人民邮电出版社 2013 年版，第2 页。

[②]　［德］G. 克劳斯：《从哲学看控制论》，梁志学译，中国社会科学出版社 1981 年版，转引自董天策《传播学导论》，四川大学出版社 2002 年版，第 31 页。

[③]　参见周庆山主编《信息法》，中国人民大学出版社 2003 年版，第 2—3 页。

现象和过程的与表现方式无关的知识"。梅绍祖认为，信息是指通过数据加工处理后得到的接收者预先不知情的报道，该报道会对接收者的行为产生影响，对接收者而言，信息即为知识。① 此外，还有学者将"信息"视为通过一定载体传递的、能够缩小接收者知识差的东西，② 或者认为信息是通过数据处理提供为人所用的内容，③ 强调信息内容所包含的意义或知识。信息的传递方式是多种多样的，例如口耳相传、书信传递等都是信息的呈现方式之一。因历史背景不同，信息的传播介质也就不同，更确切地说，技术决定了信息的传递方式。网络技术的发展，使得信息可以数字化的方式呈现，而数字化就体现为数据，数据是网络世界书写、记录信息的唯一方式。在大数据时代，数据成为信息的最重要的传递介质，但数据是否具有独立的价值和意义，学者们的态度大相径庭。有学者认为，数据是"代表人、事、时、地的一种符号序列（不以文字为限）"④，"是对事实、活动的数字化记录"，通常呈现为二进制的基础上以 0 和 1 的组合而表现出来的信息形式。⑤ 信息具有主观性，随着接受者的主观目的不同而因人而异，"数据"的概念更具有确定性，因为数据更侧重于客观的形式，在性质上属于静态存在的问题。⑥ 数据是以数字或数字化形式对人事物的属性和相关情况的记录，是信息的一种表现形式，同时也是信息的组成部分。⑦ 数据作为信息的表现形式及载体，与信息分别指向不同的权利客体。⑧ 甚至有学者以个人信息为分析视角，从本质、意义、归属和能够作为处理对象四个方面对信息和数据做出明确的区分，认为个人信息保护

---

① 梅绍祖：《个人信息保护的基础性问题研究》，《苏州大学学报》（哲学社会科学版）2005 年第 2 期。

② 陆小华：《信息财产权——民法视角中的新财富保护模式》，法律出版社 2009 年版，第 56 页。

③ 张淑奇、王齐庄：《电子商务环境的信息系统》，武汉大学出版社 2000 年版，第 13 页。

④ 张淑奇、王齐庄：《电子商务环境的信息系统》，武汉大学出版社 2000 年版，第 13 页。

⑤ 参见程啸《论大数据时代的个人数据权利》，《中国社会科学》2018 年第 3 期；李爱君《数据权利属性与法律特征》，《东方法学》2018 年第 3 期。

⑥ 蒋坡：《个人数据信息的法律保护》，中国政法大学出版社 2008 年版，第 1 页。

⑦ 谭立：《信息、数据的界定与法律分析》，《社会科学战线》2022 年第 7 期。

⑧ 韩旭至：《信息权利范畴的模糊性使用及其后果——基于对信息、数据混用的分析》，《华东政法大学学报》2020 年第 1 期。

的是数据而不是信息。① 这些学者肯定数据具有独立的研究价值。但是，也有学者认为数据仅是信息的具体表现形式，否定数据具有独立的价值。例如，徐克圣、王培梁认为：“数据就是符号，数据本身没有任何意义，只有被赋予含义的数据才能够被使用，这时候数据就转化成为信息。”② 徐子沛认为数据是“信息的数字化记录，本身无意义”③。目前，学者们对数据的认识尚未达成共识。

　　数据是一个变迁中的历史范畴。在古人结绳记数的年代，数据纯粹是计算的工具和产物。在现代，数据是对客观事物的存在及其相互关系，包括人类生产和生活过程等进行记录的符号及其组合，④ 包括物理世界中各种纸面数据，也包括网络世界中非物质性的比特结构。进入信息时代，互联网上的所有信息都必须以数据进行存储和传递，而且人类基于某种需求或认知，分析、运用数据，使得数据成为具有某种独特价值的符号链，大数据时代由此到来。随着历史的变迁，数据的内涵由仅代表计算工具的狭窄认识发展到客观生活的广泛记录符号，再到大数据时代表示比特结构的典型认知，经历了由窄到宽再到窄的发展历程。在网络世界中，信息的存储和传输只能依赖数据，信息的分享与交易也只能通过数据的分享与交易来完成，数据既体现为信息的数字化形式，又可脱离物理介质直接显现为信息本身，信息和数据具有共生性与高度对应性。网络上存储的所有文字、音频、视频、图像等能输入到计算机并被计算机程序处理的以 0 和 1 表示的二进制组合符号所呈现的信息都是数据，数据与信息两个概念可交互使用。因此，在网络语境下，区分数据和信息并无实际意义，甚至使用“数据”能更好地解释问题。因为从人们的一般认知上，数据具有确定性和客观性，是静态存在的问题，而信息往往因接收者的主观目的不同而有所区别，具有不确定性和主观性。举例来说，某人在微信朋友圈发了一个

---

① 马特：《个人资料保护之辨》，《苏州大学学报》（哲学社会科学版）2012 年第 6 期。

② 徐克圣、王培梁：《基于语义的遗传算法在创新设计中的应用》，《大连交通大学学报》2009 年第 6 期。

③ 徐子沛：《大数据：正在到来的革命，以及它如何改变政府、商业与我们的生活》，广西师范大学出版社 2012 年版，第 35 页。

④ 游宏梁、汤珊红、高强等：《军事数据科学研究中的核心概念及关键问题思考》，《情报理论与实践》2019 年第 6 期。

消息"我是江西人，爱吃米粉"，这九个汉字就是"数据"，需要0、1的二进制码组合予以表达，是对其住址、爱好的客观描述。数据的接收者可以根据自身需要挖掘出对其有价值的信息，有的人关注他/她是江西人而不关心他/她是不是爱吃米粉，为此可以把他/她吸纳进江西老乡会；有的人关注他/她爱吃米粉的信息而不关心他/她是哪里人，为此可以向他/她推销米粉。信息的接收蕴含了主体的价值判断、需求判断，不同需求的主体接收的信息重点就不同。作为法律的分析对象，不强调数据、信息的内在升级过程，信息是主体在数据的基础上提炼学习而得的知识，而法律不调整主体的内在思想、内在知识的形成，而只调整外在客观事实，数据正是信息的外在表现形式，因此，数据才是更妥当的法律调整对象。

　　数据不能简单地等同于0和1及其组合的二进制代码。梅夏英认为，数据是0和1的二进制码组合表现出来的比特形式。[①] 他是参见大数据专家维克托·迈尔—舍恩伯格、肯尼思·库克耶对数据的认识而得出的观点。事实上，舍恩伯格等认为，"数据代表着对某件事物的描述，数据可以记录、分析和重组它"[②]。计算机中二进制码是数据借以呈现的工具，而数据是对某件事物的描述。为了直观地阐述数据与二进制码之间的关系，可以用纸面的文字和笔的墨水来类比。在纸面信息传递中，文字需要用笔写在纸上，而有墨水的笔才能写出文字，如果没有墨水，文字就写不出来，信息也就无法传递。在计算机中，二进制码将数据以可视化的方式呈现在用户面前，没有二进制码，就"写不出"数据，信息也就无法传递，数据相当于纸面文字，而二进制码相当于笔的墨水。因此，二进制码组合是数据借以呈现的工具，数据不是以网络上存储的比特形式而是以其包含的信息内容来界定权利义务关系。

二　个人数据的界定

　　个人数据是民法上的新概念，学界经常将它与个人信息、个人资料、个人隐私、个人资讯等概念混用，各国或地区的立法也采用了不同的称谓，例如我国台湾地区主要使用"个人资料"或"个人资讯"，德国、法

---

① 梅夏英：《数据的法律属性及其民法定位》，《中国社会科学》2016年第9期。

② ［英］维克托·迈尔—舍恩伯格、肯尼思·库克耶：《大数据时代：生活、工作与思维的大变革》，盛杨燕等译，浙江人民出版社2013年版，第104页。

国等欧盟成员国使用"个人数据",美国、加拿大主要使用"个人隐私"。
我国学界最常使用的概念是"个人信息"和"个人数据",但随着《网络
安全法》《民法典》等法律采用了"个人信息"的称谓后,学界也越来越
多地使用"个人信息"这一用语。其实,"个人信息"和"个人数据"
的适用范畴不一致。个人信息可以有各种呈现形式,既可以是传统的文本
形式,也可以是电磁记录;而个人数据是"存储于计算机系统的(或类
似于计算机系统的,能够高效地检索出信息的系统内)的个人信息,个
人数据强调个人信息的电子化以及可被计算机操作的特性"①。在网络世
界中,个人信息必须且只能通过数据的形式呈现,因此,在网络领域,个
人数据与个人信息具有共生一致性。申卫星就认为通常只有承载个人信息
的数据才属于个人数据。② 本书以个人数据为研究对象,主要是在网络及
大数据语境下进行的讨论,用"个人数据"更能准确界定本书的研究范
围,也更符合网络及大数据语境的时代感。

个人数据是指以数据形式存在的、可以识别特定个人的信息。③ 目
前,识别说是各国立法界定个人数据内涵的主要观点。④ 识别说的具体标
准可分为直接识别和间接识别。直接识别是指仅依据数据本身即可识别出
具体个人的方式,例如利用身份证号、社会保险号、肖像、指纹等与个人
具有唯一、直接关联性的数据就可识别出该具体个人。直接识别性数据包
括两种类型:一是全部由直接识别性数据组成,例如身份证号、照片等,
在技术的角度来讲,就是贴标签,可称为身份标识的识别;二是由身份标
识的识别数据和描述性数据组成,消费习惯、购物偏爱、网络浏览记录等
就是描述性数据,这两种数据的结合,不仅能够识别出特定个人,而且随
着描述性数据的增加,个人画像也被描绘得更加全面。间接识别存在两个
主要问题:一是内涵不明确,最常见的定义模式是"不能直接关联到具
体个人的识别方式就是间接识别",非直接识别=间接识别,与直接识别

---

① 王融:《大数据时代数据保护与流动规则》,人民邮电出版社 2017 年版,第 83 页。

② 申卫星:《数字权利体系再造:迈向隐私、信息与数据的差序格局》,《政法论坛》2022
年第 3 期。

③ 蒋坡:《个人数据信息的法律保护》,中国政法大学出版社 2008 年版,第 3 页。

④ 齐爱民:《大数据时代个人信息保护法国际比较研究》,法律出版社 2015 年版,第
136 页。

是非此即彼的关系；二是外延变得漫无边际，间接识别变成动态过程，高度取决于技术手段和具体情景。[①] 我国有学者认为，间接识别是指"根据某一数据，再加上其他数据或者知识，才可将数据联系到具体个人，如性别、爱好、兴趣、习惯等"[②]。间接识别仅包括一种情形，即描述性数据结合，拼凑出数字画像，且该数字画像具有唯一指向性，虽然没有直接的身份标识性数据，但也可以识别出某一特定主体。不管间接识别的外延如何宽广，识别说要求要么已经识别出特定个人，要么可以识别出特定个人，根据现有技术与条件无法识别出个人的不是个人数据。

随着信息技术的发展与应用，数据的集合效益逐渐显现，导致识别个人的情境越来越复杂，个人数据的内涵和外延也越来越宽广。围绕"识别性"要素，个人数据的外延由窄到宽可分为四个阶段。

第一阶段，个人数据的范畴指向能够直接识别出特定个人的数据，典型代表是我国及美国的个人数据保护规定。

个人可识别信息（Personal Identifiable Information，PII）是美国最重要的隐私概念，它是指那些被获取后可用于方便定位具体个人的信息，包括电话号码、身份证号、邮件地址、家庭住址等，广告系统中经常使用的Cookie、IMEI等用户标识，由于不能方便地辨识具体个人，因此不属于PII。[③] 个人可识别信息限于可以直接识别出特定个人身份的信息，也就是说只认可具有直接识别性的数据才是PII。2012年2月，白宫在《网络世界中的消费者数据隐私——在全球数字经济发展过程中，构建一个保护隐私和促进创新的基本框架》的报告中，将《消费者隐私权利法案》（Consumer Privacy Bill of Rights）作为一项重要的立法政策推出，并于2015年修订后发布了《消费者隐私权利法案（草案）》。该草案将个人数据定义为"能够连结（link）到特定个人或设备的信息"，指出了个人数据"关联性"（linkable）的特征，列举了个人数据的具体类型，如姓名、电子邮箱地址、电话号码、身份证号、指纹等，这些类型是通常意义上能够直接

---

① 李谦：《人格、隐私与数据：商业实践及其限度：兼评中国cookie隐私权纠纷第一案》，《中国法律评论》2017年第2期。

② 郭瑜：《个人数据保护法研究》，北京大学出版社2012年版，第123页。

③ 刘鹏、王超：《计算广告——互联网商业变现的市场与技术》，人民邮电出版社2015年版，第278页。

识别出特定个人的标识性识别符，并指明能够以合理方式连接到前述类型的数据均属个人数据。美国商务部下的 NIST（美国国家标准与技术研究院）的标准 PII 有两类：一类是能够用来区别（distinguish）或勾勒个体身份的信息，一类是能够和个人相关联的信息。美国相关草案及正式文件提出的"识别+关联"的个人数据界定路径都体现了直接识别出特定个人身份的要求。个人可识别信息是以能够直接识别出具体个人身份为前提的，即便描述性数据及其集合能够勾勒出全面的人物画像，只要该人物画像不能方便地与具体个人连接，就不是 PII。

我国《民法典》第 1034 条第 2 款将个人信息界定为"能够单独或者与其他信息结合识别特定自然人的各种信息"。从字面上看，很容易理解为只包括身份标识性信息，事实上还应当包括"关联"个人的描述性数据，即在已能识别出特定人的前提下，对于能够反映这个特定人相关属性的数据，都应当被视为个人信息。但"关联"个人的信息又要与仅仅"关联"设备或终端的信息作出适度区分，例如，某人在没有注册账户的情况下观看"抖音"视频并点赞某一段视频，这种点赞信息只能识别到手机终端，就不应当被视为个人信息。① 《个人信息保护法》第 4 条第 1 款规定："个人信息是以电子或者其他方式记录的与已识别或者可识别的自然人有关的各种信息，不包括匿名化处理后的信息。"由此确定了两种判断个人信息的路径：一是从信息到特定个人的识别路径，即信息的特性可识别出特定个人；二是从特定个人到信息的关联路径，以特定个人已被识别出来为前提，后续的描述性数据可以显示该个人的偏好和行为轨迹。这两种路径都要求与可被识别出来的特定个人相关的数据才是个人数据。某特定个人或某用户群体的人物画像可通过分析与该个人或群体相关的数据加以描述。如果是针对某群体进行画像，由于不会指向具体个人，因而与此相关的数据不是个人数据；如果描述的是某特定个人的画像，被分析的数据不一定就是个人数据，只有利用身份标识性数据能够直接匹配到特定个人的数据才是个人数据。简言之，只有标识性数据或标识性数据+描述性数据这两种情形才能满足直接识别出特定个人身份的条件，在此条件

---

① 刘元兴、谭淑平：《如何认定数据产品权属？》，https：//mp.weixin.qq.com/s/kUpgN__JL-Vjyg5o1y3E3Q，2019 年 1 月 14 日。

下的数据才属于个人数据。

　　我国个人数据保护的司法实务也秉持这种观点，朱某与北京百度网讯科技公司（以下简称百度公司）隐私权纠纷是典型代表。[①] 朱某在家中和单位利用百度公司的搜索引擎搜索"减肥""丰胸""人工流产"等关键词，并浏览相关内容后，在一些网站上就会相应地出现与这些关键词有关的广告。朱某认为，百度公司未经其知情和选择，利用 Cookie 技术记录和跟踪其搜索的关键词，将其兴趣爱好等显露在网站上，并据此进行针对性广告投放，侵害了其隐私权。二审法院认为：百度公司收集、利用的是不能识别出特定用户身份的匿名数据。百度公司提供个性化推荐服务收集和推送信息的终端是浏览器，虽然朱某是该浏览器的固定用户，但百度公司无须且无必要定向识别朱某的身份，因此，搜索关键词不是朱某的个人信息，百度公司没有侵犯朱某的隐私权。可见，该案主审法院认为，只有那些能够确定信息归属主体的网络活动轨迹和上网偏好才是个人信息，围绕 IP 地址形成的用户画像数据不会因用户固定使用 IP 地址而变成个人信息，本质上认可的个人信息只包括直接识别性信息。

　　只保护直接识别性数据的法规及做法无法规制精准营销行为。目前，精准营销是企业利用个人数据营利的最主要方式，也最能暴露现有个人数据外延的缺陷。广告主利用算法分析用户的网络浏览习惯、购买偏好等信息，在用户浏览的网页上提示"您可能感兴趣……"的方式进行精准广告投放。目前的操作模式是，用户在网上的各种痕迹被打包处理后形成一份份档案并被分门别类地编入数据库，销售商会根据自己需要的用户类别，比如女性，23—30 岁，买过耐克运动鞋等，购买相应的用户数据库。企业数据分析师根据购买到的数据库研究应当推出怎样的产品或服务。在整个精准营销过程中，企业基本没有且无须收集用户的姓名、身份证号等唯一标识性数据，只需要收集并使用诸如性别、年龄、浏览习惯、购买习惯等描述性数据即可，而这些数据都因为不属于直接识别性数据而无法被归入个人数据的范畴，从而无法获得法律保护。但是精准营销行为会骚扰用户的生活安宁，给用户造成侵害。这种直接识别性个人数据保护模式无

---

　　① 参见江苏省南京市鼓楼区人民法院〔2013〕鼓民初字第 3031 号民事判决书，江苏省南京市中级人民法院〔2014〕宁民终字第 5028 号民事判决书。

法实现对用户的有效保护，由此个人数据的外延界定发展到第二阶段。

第二阶段，直接识别性数据和间接识别性数据都属于个人数据。典型代表是欧盟 GDPR 和《2018 加州消费者隐私法案》（*California Consumer Privacy Act of 2018/Assembly Bill No. 375*，CCPA）。

欧盟 GDPR 第 4 条第 1 款规定，个人数据是指与一个确定的或者可直接或间接识别的自然人相关的任何数据，特别是姓名、身份证号、位置数据、网络标识符以及特定的与自然人身体、心理、基因、精神状态、经济、文化、社会身份有关的数据。欧盟的个人数据内涵非常开放，强调关联性和宽泛性，主要体现在强调"可识别性"。所谓"可识别性"应当是指数据集合不要求直接把具体个人识别出来，针对的是间接识别方式。例如企业通过 IP 地址、手机 IMEI 号，可以收集用户网络行为轨迹等数据用以描绘用户画像，虽然不能直接知道用户的姓名，但可以持续跟踪某一特定用户，并与用户互动，这些描述性数据就是间接识别性数据，属于 GDPR 界定的个人数据范畴。

CCPA 被认为是美国迄今"最严厉、最全面"的个人数据隐私保护法案，其中，个人数据广泛的外延是其主要表现之一。第 1798.140（o）（1）条规定，个人数据是指直接或间接地识别、关系到、描述、能够相关联或可合理地连接到特定消费者或家庭的信息，包括但不限于姓名、唯一的个人标识符、IP 地址、电子邮件地址、社会安全号码等标识符或其他类似标识符，商业数据，生物数据，因特网或其他电子网络活动信息，地理位置数据，音频、电子、视觉、热量、嗅觉或类似信息，专业或就业相关信息，教育信息，从已识别的任何信息中得出的推论信息，唯一排除的是联邦、州或地方政府记录中可合法获取的公开数据。① CCPA 对个人数据概念的界定主要有三个特点：一是个人数据的识别性突破 PII 的局限，将间接识别性数据纳入个人数据的范围；二是不再仅关注"识别性"，凡是能够关系到、描述、关联或可合理连接到特定消费者的数据都是个人数据；三是增加了"家庭"这一数据连接点，即可识别、关系到、描述、关联到消费者家庭的数据也是个人数据。从某种意义上说，CCPA

---

① 吴沈括、孟洁、薛颖等：《〈2018 年加州消费者隐私法案〉中的个人信息保护》，《信息安全与通信保密》2018 年第 12 期。

保护的消费者个人数据甚至比 GDPR 更广泛。

目前，我国学界也主张将间接识别性数据纳入个人数据的范畴。例如，梅绍祖将个人数据界定为与已识别或可识别的个人相关的任何资料，包括个人的自然情况、相关的社会与政治背景和家庭基本情况等。[①] 张新宝也持同种观点。[②] 王利明认为，个人信息资料是可识别出特定个人、反映个人特征、包含个人各方面信息的符号系统。[③] 齐爱民认为个人信息是指可以识别个人的所有信息的总和。[④] 保罗·M. 施瓦茨和丹尼尔·J. 沙勒夫提出了"个人可识别信息 2.0"的概念，他们将个人信息分成三类：确定可识别信息、潜在可识别信息和不可识别信息。确定可识别信息是指确定能从其他人中唯一识别出特定个人的信息；潜在可识别信息是指这些信息有可能未来会识别出某个人，但这种可能性并不显著；不可识别信息是指基本不可能识别到特定个人的信息。[⑤] 可见，国内外学者都认识到个人数据直接识别内涵的局限性，因而主张将个人数据的范围扩展至间接识别性数据。一般来说，只要可以直接或间接地识别出具体个人的数据都是个人数据。

随着数据挖掘技术的提高，数据之间的关联性越来越强，理论上讲，如果不考虑所投入的技术、财力、时间等成本，以任何与个人相关的数据为起点，通过数据关联和挖掘，都可以将该数据指向特定的自然人。因此，为了避免个人数据的外延过大，有必要对间接识别性数据进行限制，而限制的方法主要从识别主体和识别手段着手。例如，英国《数据保护法》规定，在判断特定信息是否能提供识别信息主体身份时，只需考虑信息控制者的识别能力即可。[⑥] 而欧盟《数据保护指令》在前言第 26 段

---

① 梅绍祖：《个人信息保护的基础性问题研究》，《苏州大学学报》（哲学社会科学版）2005 年第 2 期。

② 张新宝：《从隐私到个人信息：利益再衡量的理论与制度安排》，《中国法学》2015 年第 3 期。

③ 王利明：《隐私权概念的再界定》，《法学家》2012 年第 1 期。

④ 齐爱民：《论个人信息的法律保护》，《苏州大学学报》2005 年第 2 期。

⑤ Paul M. Schwartz and Daniel J. Solove, "The PII Problem, Privacy and a New Concept of Personally Identifiable Information", *New York University Law Review*, Vol. 86, 2011, pp. 1877–1878.

⑥ 梅夏英、刘明：《大数据时代下的个人信息范围界定》，载徐汉明主编《网络安全立法研究》，法律出版社 2016 年版，第 53 页。

中规定，判断数据主体的身份是否可识别时，"应当考虑信息控制者或任何其他识别该人身份的人所采取的一切可能合理的方法"①。根据该规则，个人数据的界定，一是强调识别主体的一般性，即任何人都可以成为识别主体，而不局限于数据控制者自身的能力范围；二是强调识别的潜在可能性，即采取一定技术措施能够将特定主体识别出来，不可能识别出特定个人的数据不是个人数据；三是强调识别的合理性，需要付出不成比例的费用或需克服许多困难才可识别个人的数据不是个人数据。② 通过强调识别主体的一般性及识别的潜在可能性，降低了间接识别性数据的门槛，扩大了个人数据的范围，同时强调识别的合理性，排除需付出过高代价的可识别性数据，限缩了个人数据的范围。我国相关的数据保护立法对此无明确规定，而识别标准不确定会导致个人数据的外延不确定，这是实务中个人数据无法得到有效保护的主要原因之一。

第三阶段，大数据技术带来"可识别性"操作的困境，个人数据识别说遭质疑。

在大数据时代，人们生活的点滴都被记录下来，累积成个人数据海洋。即便强调识别的合理性，强大的信息挖掘、分析和整合能力也会让限缩个人数据范围的目的落空。在将"一切可能合理的方法"均纳入间接识别性考虑范围的情况下，让信息摆脱此种识别反而成为一件难事。③ 随着信息技术的快速发展，也许现在认为只有专家才能利用的技术过不了几年普通公众也能接触并操作，对于网络服务商而言，只要付出一定代价就可以获得这些技术服务，而且代价会越来越低廉。极端一点说，如果有足够的时间和资源，任何与个人相关的数据集都可以识别出特定个人。因此，许多学者开始质疑个人数据识别说，其中最有影响力的学者是保罗·欧姆。他对美国匿名数据的现状及再识别可能性进行调查发现，数据分

---

① 梅夏英、刘明：《大数据时代下的个人信息范围界定》，《社会治理法治前沿年刊》2013年第00期。

② 梅夏英、刘明：《大数据时代下的个人信息范围界定》，载徐汉明主编《网络安全立法研究》，法律出版社2016年版，第53—56页；郭明龙：《个人信息权利的侵权法保护》，中国法制出版社2012年版，第41页；王融：《大数据时代数据保护与流动规则》，人民邮电出版社2017年版，第21页。

③ 梅夏英、刘明：《大数据时代下的个人信息范围界定》，载徐汉明主编《网络安全立法研究》，法律出版社2016年版，第60—64页。

析、挖掘技术可以再识别出匿名数据背后的具体个人，各种匿名形式无一幸免。再识别技术不再只是技术专家的特权，大多数参加过数据库管理或IT工作的人都会使用计算机和广泛可用的软件重新识别出特定个人，例如AOL在线隐私侵权行为的成因正是一群"无所事事"的博客主。此外，推动人们再识别的经济利益驱动是巨大的，匿名化这一"超级用户的神话"注定要幻灭。① 因此，欧姆教授认为"个人可识别信息"是一个失败的法律概念，不应将其作为保护网络隐私的核心概念。② 丁晓东也认为个人信息的概念具有不确定性，主张放弃个人信息与非个人信息的绝对化区分。③

大数据技术带来了"可识别性"操作的困境。第一，数据集合模糊了个人数据的识别界限。在大数据时代，"数字化一切"成为现实，人类的一举一动都可以转换为数据而被记录并存储下来集合而成庞大的数据库，依托数据库，通过数据挖掘技术，原来被认为不可识别个人或匿名化处理后不可识别个人的数据都能够关联到具体个人，如果不计成本，甚至任何与个人有关的数据集合最终都能识别出具体个人。个人数据的识别界限客观上无法有效确定，这就会导致以"可识别性"为核心要素的个人数据内涵变动不居，无法有效划定保护界限。第二，个人合法权益受侵害不以可识别性为限。④ 个人数据的价值主要通过集合效应体现出来，即便打包处理的某一组个人数据无法识别出具体个人仍可能产生侵犯个人权益的风险。例如通过追踪用户IP地址、手机识别码等唯一标识，数据业者可以描画设备持有人的人格画像，并据此进行精准营销，从而对个人生活安宁造成侵扰。社会实践已经表明，当与个人有关的数据规模激增到一定程度时，过于强调"可识别性"会带来个人数据范围认定上的困难，很可能不能有效保护个人的基本权利和自由。

第四阶段，从保护的角度重构个人数据内涵。

---

① Paul Ohm, "Broken Promises of Privacy", *UCLA Law Review*, Vol. 57, 2010, pp. 1717 - 1731.

② 李谦：《人格、隐私与数据：商业实践及其限度：兼评中国cookie隐私权纠纷第一案》，《中国法律评论》2017年第2期。

③ 丁晓东：《论个人信息概念的不确定性及其法律应对》，《比较法研究》2022年第5期。

④ 王秀哲：《大数据时代个人信息法律保护制度之重构》，《法学论坛》2018年第6期。

　　在大数据时代，人们获取数据的能力大大增强，数据传输能力也得到飞跃发展，数据控制者和处理者的类型多样化，不只是政府和大型公司，个人也能够对数据进行利用分析，这一切带来的直接后果就是以"可识别性"为核心判断标准的个人数据的边界变得模糊。[①] 目前突出的问题有两个：一是非个人数据可转化为个人数据。个人数据保护法的体系是建构在个人数据与非个人数据二分法的基础之上，但由于网络技术可以将非个人数据较为容易地转化为个人数据，二分法的保护路径的根基遭侵蚀，构建在识别性基础上的个人数据保护法体系也会由此摇摇欲坠。二是个人数据的属性会因其应用场景不同而动态变化。在某个场景中不是个人数据，而在另一个场景中与其他数据结合又能识别出个人而成为个人数据，即在不同的场景下，数据的属性会发生变化。[②] 因此，有学者认为个人数据法律保护不宜确定僵化的客体，而应确立个人数据动态保护范围。[③] 在此背景下，过于强调个人数据的"识别性"判断标准，一方面会增加司法实务判断个人数据的困难；另一方面也会对非个人数据的利用形成愈加明显的阻碍。因此，本书认为，界定个人数据内涵的最终目的在于加强对个人权益的保护，那么可以考虑从保护的角度去认定个人数据，而不再纠结于个人数据的精确定义。

　　数据性质的判断远非目的，数据处理行为的权益风险才是衡量机构责任的最终标准。[④] 个人数据的处理行为是否会给个人带来权益风险，取决于个人数据被如何处理以及是否符合个人在相应场景中的合理期待。这就可以弱化个人数据的可识别性要求，进而在数据处理过程中进行个人权益风险控制。因此，本书认为可将与个人相关的、描述个人身份属性、行为信息的数据都纳入个人数据的范围。此时，数据与个人的相关性成为个人数据界定的重要因素。判断"相关性"的标准包括：一是来源于数据主体的属性信息，包括生物属性信息（例如姓名、性别、出生日期、身高、血型、声音、肖像、健康状况、人种、指纹、虹膜、基因等众多信息），还包括社会属性信息（例如身份证号、户籍、居住地址、家庭成员、婚

---

① 王融：《大数据时代数据保护与流动规则》，人民邮电出版社 2017 年版，第 152 页。

② 王融：《大数据时代数据保护与流动规则》，人民邮电出版社 2017 年版，第 153 页。

③ 王秀哲：《大数据时代个人信息法律保护制度之重构》，《法学论坛》2018 年第 6 期。

④ 范为：《大数据时代个人信息保护的路径重构》，《环球法律评论》2016 年第 5 期。

姻状况、通信方式、电话号码、邮箱地址、工作履历、职业、职务、学历学位、银行账号、信用纪录、医疗信息、社保账号等）；二是来源于数据主体的行为信息，例如网络浏览痕迹、购物习惯、上网偏好、社交朋友圈、移动位置数据等信息；三是他人发布的可能对个人权益产生影响的信息，[①] 如他人关于数据主体的评价信息或行为影响信息。"相关"到底宽泛到什么程度？比如，在网络环境下，个人数据呈碎片化，需要 N 个碎片的总和才能识别出某特定个人，这 N 个碎片中的任何一个都是该个人的个人数据，因为它与该个人有关。N–1 个或者 N–M 个，M 小于 N 的片断及集合，都不能识别出特定个人，但不影响它们成为个人数据。弱化"识别性"在界定个人数据内涵中的地位，不意味着将"识别性"抛弃不用，而是强化它在判定个人数据保护程度、个人权益受侵害的风险及责任承担中的作用。一般来说，数据识别出具体个人的难度与保护措施的严格性、个人权益受侵害的风险成反比，即数据越难识别出具体个人，对其保护就越宽松，个人权益受侵害的风险就越小，行为人承担的责任就越轻。

英国法院在"Durant 诉金融监管局"一案中认为：巴克利银行所持有的电子文件和手写记录仅仅提到数据主体，并不必然构成其个人数据。在具体情况下，是否构成个人数据，主要从两方面来判断：其一是否危及数据主体的隐私；其二是否将数据主体作为信息的焦点。在一份指导文件中，英国信息专员对此判决作出的解释也指出，信息是否会给个人的隐私等带来不利影响是判断该信息是否为个人数据的决定因素。但是欧洲法院公开批评 Durant 判决并认为，对私人生活的干涉"与传输的信息是否具有敏感性或者是否给相关人带来各种不便无关"[②]。该案从是否危及数据主体的隐私以及是否可能对个人产生不利影响来判断某些数据是否为个人数据，如果某些数据只是提到了数据主体而未将数据主体作为信息的焦点，不会给个人的隐私等带来不利影响，那么就不是个人数据。本书认为，只要某些数据提到了数据主体，至于是否是信息的焦点，都不影响它们是个人数据的定性，只不过如果这些个人数据没有危及数据主体的隐

---

①　梅夏英、刘明：《大数据时代下的个人信息范围界定》，载徐汉明主编《网络安全立法研究》，法律出版社 2016 年版，第 53—56 页。

②　［德］Christopher Kuner：《欧洲数据保护法：公司遵守与管制》，旷野、杨会永等译，法律出版社 2008 年版，第 105—106 页。

私，也不可能给数据主体带来其他不利影响，那么法律不对其进行保护。换言之，是否危及个人隐私或可能给数据主体带来不利影响是法律对个人数据是否给予以及给予何种程度保护的判断标准。

在《个人信息保护法》施行之前，我国个人数据保护立法主要是采取"一般规定+具体列举"的方式来定义个人数据，而且具体列举的个人数据范围具有逐渐扩大的趋势。例如《网络安全法》具体列举的个人数据范围包括"自然人的姓名、出生日期、身份证件号码、个人生物识别信息、住址、电话号码等"，《民法典》第1034条第2款新增了"电子邮箱、健康信息、行踪信息等"。由于无法穷尽罗列个人数据的具体类型，《个人信息保护法》舍弃了具体列举的做法。因此，我们应将与个人有关、反映个人身份属性、行为信息的数据都纳入个人数据的范畴。个人数据保护法不宜将个人数据的精准定义作为法律适用的前提，应从保护个人合法权益的目的出发，在具体场景中始终把握"数据的识别性""识别后对权利主体的影响"这两个基本点，对某些个人数据是否进行保护以及进行何种程度的保护进行动态判断。

三　与个人数据相关的概念

（一）大数据的含义

"大数据"（big data）是在对"数据"的理解与运用的基础上形成的概念，但是何谓"大数据"，学界对此尚未达成共识性定义。"大数据"是随着计算机技术全面融入社会生活，信息爆炸导致信息形态从量变发生了质变，而从天文学和基因学中最早创造出来的概念。虽然现在"大数据"几乎已经应用到了人类所有的社会领域中，但是它仍然不是一个确切的概念。最初，由于信息爆炸导致需要处理的数据量过大而引起数据处理技术更新，又由于新技术的发展促使可处理的数据量不断增大，在数据量和数据技术相互驱动的过程中，诞生了"大数据"的概念。对"大数据"的认识主要集中在数据量和数据处理技术方面，认为"大数据"是"数据集和信息分析技术的结合体"①。随着大数据时代的到来，我国对

---

① 张玉洁、胡振吉：《我国大数据法律定位的学说论争、司法立场与立法规范》，《政治与法律》2018年第10期。

"大数据"的认识突破了"数量+技术"的解读方式，更加注重大数据的运用及思维方式。《国务院关于印发促进大数据发展行动纲要的通知》将大数据定义为"是以容量大、类型多、存取速度快、应用价值高为主要特征的数据集合，正快速发展为对数量巨大、来源分散、格式多样的数据进行采集、存储和关联分析，从中发现新知识、创造新价值、提升新能力的新一代信息技术和服务业态"。《天津市促进大数据发展应用条例》第2条规定"大数据是指以容量大、类型多、存取速度快、应用价值高为主要特征的数据集合，以及对其开发利用形成的新技术和新业态"。这些法律文件认为，大数据不仅仅是具有 4V 特征[①]的海量数据集合，也是一种信息开发利用的新技术，同时也表征一种数据利用的新业态。因此，大数据并非海量数据的简单集合，而应从"资源""技术"和"应用"三个维度来阐述"大数据"的内涵。

1. 从资源维度理解大数据

大数据以海量数据为分析样本，其最大的特征就是数据体量大，大到一般数据软件无法有效地存储、处理和分析。国际数据业者（IDC）预测，2020 年，70 亿人的数据化生存以及 500 亿个互联设备的感知、互联和智能，将产生 35ZB 的数据，相当于 1000 个谷歌公司的数据量。[②]贵阳大数据交易所是我国乃至全球第一家大数据交易所，其数据交易品类涵盖金融数据、行为数据、企业数据、社会数据、通信数据、电商数据、医疗数据等 30 多个领域。[③]"大数据的数据类型，从不同的视角出发，可以有不同的划分，例如可以包括：Web 与社交媒体数据、机器对机器的数据、大体量交易数据、生物计量学数据、人工生成的数据。从行业的视角出发，可以包括医疗数据、公共事业部门的数据、工农业数据。"[④] 大数据的运用与研究背景往往强调数据的海量集合性与资源性，其价值堪比黄金和石油，成为重要的国家基础性战略资源。

---

① 4V 是指数据体量大（Volume）、处理速度快（Velocity）、数据类型多（Variety）和应用价值高（Value）。

② 吴甘沙：《大数据技术发展的十个前沿方向》，《大数据》2015 年第 1 期。

③ 《贵阳大数据交易所交易规则》，http://www.gbdex.com/website/view/dealRule.jsp，2019 年 3 月 15 日。

④ 王融：《大数据时代数据保护与流动规则》，人民邮电出版社 2017 年版，第 5 页。

2. 从技术维度解读大数据

维克托·迈尔—舍恩伯格及肯尼斯·库克耶认为"大数据指不用随机分析法这样的捷径，而采用所有数据的方法"①，突出强调了大数据的技术性。李爱君认为大数据是数据衍生品，包括两类：一类是单个数据的海量集合，爆发出来的利用价值、经济价值超越了单个数据，从资源角度肯定了大数据的价值；另一类是利用信息技术处理海量数据而生成的有价值的数据，强调信息技术推动下的数据增值性。② 甚至有学者从狭义上将大数据视为技术，认为大数据是一种运用计算机手段对网络信息进行收集、加工、再创造的计算机技术。③ 大数据通过分析与某事物相关的所有数据，不再竭力避免数据的不精确性和混杂性，从探求因果关系转而关注事物的相关关系，从而改变了人类探索世界的方法。④ 大数据之所以有如此"魔力"，根源在于信息技术的发展与推动。新数据处理技术使得人们可存储、处理的数据量大大增加，而且消除了数据的结构性障碍，可以处理大量非结构性数据，正是数据处理技术的革新提高了数据处理能力，进而推动了大数据的产生与发展。可以说，没有新信息技术的推动，就不会产生大数据。

3. 从应用维度阐述大数据

大数据的精彩之处在于发现和理解数据内容及数据与数据之间的关系，从而挖掘和分析海量数据集合的潜在价值。因此，大数据不是海量数据的简单集合，也不是与数据处理相关的技术和工具的总和，而是一种通过数据思考并获取知识的方式，以及支持决策、合理化行动和指导实践的框架，大数据更好地反映了一种范式，而统计学、计算机科学和信息技术等特定技术、方法是这种范式的关键促成因素。无论好坏，它正在挑战跨越各个领域的根深蒂固的认识和决策传统，从气象科学到医学，从金融到

---

① ［英］维克托·迈尔—舍恩伯格、肯尼思·库克耶：《大数据时代：生活、工作与思维的大变革》，第 39 页。

② 李爱君：《数据权利属性与法律特征》，《东方法学》2018 年第 3 期。

③ 陈兵：《大数据的竞争法属性及规制意义》，《法学》2018 年第 8 期。

④ ［英］维克托·迈尔—舍恩伯格、肯尼思·库克耶：《大数据时代：生活、工作与思维的大变革》，盛杨燕等译，浙江人民出版社 2013 年版，第 29 页。

市场营销，从资源管理到城市规划，从安全到治理。① 有学者提出以"数据科学"替代"大数据"，因为随着大数据应用越来越广泛，它已不再是一个单纯的科学概念，而应从大数据应用及其社会价值角度并在社会大背景中诠释并深化大数据的内涵。②

大数据是资源、技术和应用的综合体，是利用信息技术存储、分析、挖掘和利用海量数据以获取新认知、创造新价值的范式。大数据强调分析和挖掘海量数据的潜在价值，这在数据的信息媒介之外发现了其技术属性，并着力于实现数据的媒介属性和技术属性的高度融合，将海量数据与智能算法结合起来以得出有创见的结论和决策判断。我国确定大数据发展战略，从宏观层面来说，更多的是强调利用数据这一国家基础性战略资源，推动经济转型发展，提升政府治理能力，并重塑国家竞争优势；从微观层面而言，发展大数据不局限于对数据静态权属的保护，而是以数据权属明确为基础，强调对数据的动态分析和利用，形成大数据发展新业态以推动经济发展和社会转型。

数据与大数据是两个既有联系又有区别的概念。有学者认为大数据是数据的衍生品，从外延和范围的角度看，数据与大数据之间是包含的关系。③ 该观点有待商榷。从学界对数据的研究来看，数据有广义和狭义之分。广义上的数据既包括物理世界中的各种纸面数据，也包括网络世界中的比特结构；而狭义上的数据仅指信息的数字化记录，并强调可被计算机设备自动化处理的特征。在大数据时代，人类"数字化生存"的趋势不可逆转，数字化记录的数据是最重要、最有价值的信息记录，因此本书对数据的界定采用狭义理解。大数据是一个多层次的综合性概念，除了体现为海量数据的集合外，更强调利用信息技术分析挖掘数据的价值，是数据集与信息技术的结合与运用。数据是数字化的信息记录，无法包含大数据的技术及应用属性，是大数据分析与运用的"原料"。个人数据作为数据

---

① Barocas S. and Nissenbaum H., "Big Data's End Run around Anonymity and Consent", in Julia Lane, eds., *Privacy, Big Data, and the Public Good: Frameworks for Engagement*, Cambridge: Cambridge University Press, 2014, p. 3.

② 高莉：《大数据伦理与权利语境——美国数据保护论争的启示》，《江海学刊》2018 年第 6 期。

③ 李爱君：《数据权利属性与法律特征》，《东方法学》2018 年第 3 期。

的最重要组成部分，也是资源意义上的大数据的组成部分，人类利用大数据获取新认知、创造新价值主要就是立足于海量个人数据集合之上的。

（二）数据库的含义

数据库最早是计算机领域的专业术语。20 世纪 60 年代，随着计算机的普遍应用，催生了革新数据管理方式的需求，数据库管理系统克服了传统文件系统的不足而备受人们推崇。早期的数据库仅指电子数据库，即存储在计算机系统中的数据集合。例如，日本 1994 年版权法就将数据库界定为可通过计算机系统检索的信息集合体。[①] 20 世纪 90 年代以来，随着信息网络、信息技术和信息产业的快速发展，各类数据库层出不穷，其商业价值不断凸显，有关数据库的争讼也日渐增多，如何保护数据库成为知识产权领域的一个重要课题。从数据库产业发展的演变来看，早期的数据库主要为作品内容型数据库，数据库制作者汇集庞杂的版权作品，并将其内容数字化后进行系统、有序化编排而形成数据库。因此，早期数据库的法律问题"一开始就围绕着知识产权与不正当竞争，数据收集与存储直接影响着作品的权利安排和版权产业的竞业关系"[②]。此后，事实内容型数据库也逐渐进入人们的视野，例如在线职位空缺信息数据库、新闻标题数据库、财产销售信息数据库、赛马信息数据库、电话号码数据库等。[③] 虽然这类数据库是由事实数据汇集而成，但为了收集、排列、整合这些数据，制作者耗费了大量的人力、物力，进行了实质性投入，如果法律不保护此类数据库制作者的权益，任由他人摘录和利用，会助长商业竞争者对制作者投资的"搭便车"行为，进而挫伤制作者提供数据库服务的积极性，因此，国际条约及各国立法纷纷将事实内容型数据库纳入知识产权保护体系之中。《与贸易有关的知识产权协议》（TRIPS 协定）第 10 条第 2 款将数据库界定为"数据或者其他材料的汇编，无论采用机器可读还是其他形式，只要由于其内容的选择或者编排构成智力创作，就应作

---

① 陈延寿、陈炎宾：《数据库保护若干问题的探讨》，《情报杂志》2005 年第 6 期。

② 李谦：《法律如何处理数据财产——从数据库到大数据》，《法律和社会科学》2016 年第 15 卷第 1 辑。

③ 各数据库分别是德国 Stepstone 案、荷兰 PCM 案、NVM 案、英国 Horseracing 案、美国 ProCD v. Zeidenberg 案的争议客体。参见任寰、魏衍亮《国外数据库立法与案例之评析》，《知识产权》2003 年第 2 期。

为智力创造加以保护。但这种保护不延及数据或者资料本身，并不应损害存在于数据或资料本身的任何版权"。《世界知识产权组织版权条约》（WCT）第 5 条、《伯尔尼公约》第 2 条也作了相同规定。1996 年欧盟在《数据库保护指令》（96/9/EC）（*Directive on Legal Protection of Databases*）中规定，数据库是指对经过系统化或有序化的编排，且能够通过电子或其他手段被逐项获取的独立作品、数据或其他材料的汇集。① 我国《著作权法》第 15 条对数据库的保护进行了规定："汇编若干作品、作品的片段或者不构成作品的数据或者其他材料，对其内容的选择或者编排体现独创性的作品，为汇编作品，其著作权由汇编人享有，但行使著作权时，不得侵犯原作品的著作权。"这些法律规定将数据库视为对于数据或其他材料的汇编，是一种汇编作品，由制作者享有版权。数据库有两个突出特征：一是数据库是各种作品、数据或其他材料经过系统、有序编排而成的有机整体；二是数据库的内容可以通过电子或其他手段单独加以访问，数据库不再局限于电子数据库，也包括非电子数据库。

在大数据时代，大数据技术的发展与突破深重地影响着数据库的内容、规模、运行模式及法律构造。相较于传统数据库，新形势下的数据库具有鲜明的时代特征。第一，数据库突破了传统数据库按照一定格式编排数据以形成有机信息系统的模式，它以囊括一切数据为目标，亦不要求原创性，并在数据的规模、更新的及时性及速度方面远超传统数据库。大数据的发展导致新的数据库不再囿于数据整齐排列的预设场域，允许处理超大量五花八门的数据。② 它包容了数据结构的多样性，甚至各种非结构化的数据才是数据库的主要内容，据估计，95% 的数字数据是非结构化的。③ 它也放松了容错的标准，可以接受适量错误的存在，数据处理技术在一定错误率下也可得出有价值的结论。第二，数据库中数据的来源不再局限于制作者的主动收集和数据提供者的被动参与，而是多向互动的结果。用户在接受产品或服务时，主动将数据提供给制作者，用户的主动参

---

① 王迁：《论汇编作品的著作权保护》，《法学》2015 年第 2 期。
② ［英］维克托·迈尔—舍恩伯格、肯尼思·库克耶：《大数据时代：生活、工作与思维的大变革》，盛杨燕等译，浙江人民出版社 2013 年版，第 61—62 页。
③ ［英］维克托·迈尔—舍恩伯格、肯尼思·库克耶：《大数据时代：生活、工作与思维的大变革》，盛杨燕等译，浙江人民出版社 2013 年版，第 64 页。

与成为数据的主要来源。第三，传统数据库具有某种程度的开放性和公共性，有些数据库被包装成产品公开发售以供公众有偿使用，而在大数据时代，数据库制作者与数据提供者、使用者的关系主要通过服务协议来联结，由此形成的数据库法律关系具有封闭性，社会公众极少能够通过公开途径获取、使用数据库的内容。① 数据库是制作者在提供产品或服务过程中聚合数据而成，主要是基于内部运营需要而非为了进行对外数据交易而制作，因而多被制作者视为商业秘密或战略资产加以保护。因此，大数据时代的数据库是存储、管理和利用数据的仓库，是一切数据的集合体。其中，结构性和非结构性的海量个人数据聚合后形成了个人数据库。

四　个人数据的适当分类

（一）根据个人数据敏感性分类的批驳

目前，各国个人数据保护法通行的做法是将个人数据分为敏感个人数据和一般个人数据。例如，欧盟 GDPR 第 9 条专门规定了"特殊种类的个人数据"的处理条件，针对敏感个人数据设定更高的保护标准，对于一般个人数据，允许更大范围的流动和更广泛的使用。② 我国《个人信息保护法》也将个人信息分为敏感个人信息和一般个人信息，其中"敏感个人信息是一旦泄露或者非法使用，容易导致自然人的人格尊严受到侵害或者人身、财产安全受到危害的个人信息，包括生物识别、宗教信仰、特定身份、医疗健康、金融账户、行踪轨迹等信息，以及不满十四周岁未成年人的个人信息"。实务中，数据控制者在管理个人数据时，内部会有不同的权限设置，有些核心的敏感个人数据，只有少数内部人员可以接触，严禁外传；而对于一般个人数据，数据控制者对内部人员接触的限制较少，甚至允许对外转让。也有学者主张将个人数据做此分类，分别进行不同程度的保护。③ 但是这种分类保护方法存在无法克服的缺陷。

---

① 李谦：《法律如何处理数据财产——从数据库到大数据》，《法律和社会科学》2016 年第 15 卷第 1 辑。

② 林旸川、郭建利、王景月：《互联网+法治思维与法律热点问题探析》，法律出版社 2016 年版，第 83 页。

③ 任龙龙：《大数据时代的个人信息民法保护》，博士学位论文，对外经贸大学，2017 年，第 70 页。

首先，敏感个人数据因人因情境而变，不确定性十足。伊兹欧尼认为，社会特定的规范文化会影响敏感个人数据的判断标准。[1] 但是，在文化传统相似的国家或地区，对于敏感的界定依然会存在差异，例如，一些欧盟成员国将照片视为敏感数据，而欧盟数据保护工作小组却不认同。[2] 美国《金融隐私权法》将银行账户数据视为高度敏感数据，但《健康保险携带和责任法案》（HIPAA 法案）却将其排除在外。[3] 有学者将敏感个人数据等同为涉及个人隐私的数据。[4] 但是，埃里克·拉森却认为"对一个人私密的东西，对他的邻居可能就不私密；今天被视为私密的东西明天可能就不被视为私密。"[5] 可见，"敏感"是一个非常主观的概念，缺少法律概念应有的确定性。敏感数据与隐私数据虽然有交叉重合之处，但二者又有较大的区别。因此，根据个人数据敏感与否进行分类的方法因缺乏确定性，很可能是无效的。

其次，大数据技术可以通过分析非敏感个人数据，甚至是相关人的数据，来识别出特定个人的敏感信息，非敏感个人数据与敏感个人数据之间无法有效区隔。个人数据存在聚合问题。自然人从未披露过的敏感信息，可通过分析他之前透露的个人数据集合而被揭露出来。还有一种现象是，少数人自愿披露的数据可以解锁其他人的相同信息。一项研究表明，基于用户朋友所披露的部分事实，社交网站能够推断用户未公开的专业、毕业年份和宿舍。[6] 因此，达娜·博伊德认为，不再是你的所作所为被记录下来，其他人与你有关、牵连你、影响你的所作所为也被记录在你的永久记录中。[7] 更可怕的

---

① Etzioni A. , "A Cyber Age Privacy Doctrine: More Coherent, Less Subjective, and Operational", *Brooklyn Law Review*, Vol. 80, No. 4, 2015, pp. 1263-1308.

② 吴标兵、许和隆：《个人信息的边界、敏感度与中心度研究——基于专家和公众认知的数据分析》，《南京邮电大学学报》（社会科学版）2018 年第 5 期。

③ 王敏：《大数据时代个人隐私的分级保护研究——基于传播法规及伦理的视角》，博士学位论文，武汉大学，2016 年，第 126—130 页。

④ 谢永志：《个人数据保护法立法研究》，人民法院出版社 2013 年版，第 16 页。

⑤ Erik Larson, *The Naked Consumer*, Penguin USA, 1994, p. 10.

⑥ Alan Mislove, B. Viswanath and K. P. Gummadi, "*You Are Who You Know: Inferring User Profiles in Online Social Networks*", paper delivered to the WSDM'10 Proceedings of the Third ACM International Conference on Web Search and Data Mining, New York: ACM Press, 2010, pp. 251-260.

⑦ Danah Boyd, "Networked Privacy", *Surveillance & Society*; *Kingston*, Vol. 10, Issue 3/4, 2012, pp. 348-350.

是，即使没有任何关联性的人群之间，也会因为某一部分人同意个人数据处理，而导致其他具有相同特征的人的个人信息被披露。例如，通过分析那些愿意披露信息的怀孕妇女的行为特征，可以总结出怀孕妇女的购物习惯，据此数据业者可以了解其他虽怀孕但不同意披露信息的人的怀孕状况。① 艾伦·密爱等人的研究也发现，只需要 20% 的用户透露其属性信息，就可以在全球范围内推断出多重属性。② 有学者将这种现象称为"少数人的暴政"。授权同意的人的数据集越具有代表性，特定个人拒绝同意的价值就越少。换言之，一旦达到临界阈值，数据控制者就可以依赖更容易观察到的信息来定性所有相关个体，至于这些个体是否同意处理其个人数据已经无关紧要。通过大数据分析，许多无害的、看似无关的个人数据集合，可以得出违背直觉甚至超出常人理解的结果，数据控制者无法提前预知，也就无法提前披露，在这种情形下，敏感个人数据和一般个人数据分类保护是无效的。

最后，试图给予敏感个人数据更高标准的保护落实到实践中未必就能达到预期目的。有学者研究发现，财务数据不是理论上的十大敏感数据，但在现实中被侵犯的风险却最高；而普遍被视为敏感数据的健康数据，在实践中被侵犯的概率却较低。③ 如果理论研究不能为实践服务，那么至少说明这个理论研究是脱离实践的。

因此，根据个人数据敏感与否进行分类保护的观点及做法不能很好地实现预期目的，甚至可能会人为地增加个人数据保护的复杂性。不区分敏感个人数据和一般个人数据，而是对个人数据进行一体化赋权，可能才是保护个人数据的最佳方案。

（二）个人数据的适当分类

根据不同的分类方式，可将个人数据分为如下几种类型。

---

① Charles Duhigg, "How Companies Learn Your Secrets", *The New York Times Magazine*, February 16, 2012.

② Alan Mislove, B. Viswanath and K. P. Gummadi, "*You Are Who You Know: Inferring User Profiles in Online Social Networks*", paper delivered to the WSDM' 10 Proceedings of the Third ACM International Conference on Web Search and Data Mining, New York: ACM Press, 2010, p. 255.

③ 王敏：《大数据时代个人隐私的分级保护研究——基于传播法规及伦理的视角》，博士学位论文，武汉大学，2016 年，第 134—135 页。

1. 原始个人数据与衍生个人数据

以数据产生方式为标准，可将数据分为原始数据和衍生数据。

"原始"和"衍生"是两个相对的概念，二者具有紧密的关联性。首先，衍生物是以原始物为产生基础，这就要求原始物必须具有衍生的"基因"与属性，没有原始物，也就不可能产生衍生物；其次，衍生物由原始物的基本变量变化而来，这些变量对衍生物具有质的规定性；最后，衍生具有层次性，只要条件具备，衍生可以不断推进：原始物产生衍生物，而原有的衍生物又可以进行新的衍生而产生新的衍生物。

"原始数据"和"衍生数据"也是两个相对概念。原始数据是初始产生的本源数据，主要包括用户自愿提供的数据和数据控制者通过设备或系统主动采集的数据。用户输入姓名、手机号码等基本信息以完成账户注册，提供住址信息、联系方式等接受外卖、物流服务，接受产品或服务后输入点评信息等，通过这些输入行为，用户自愿提供其身份数据以及能够反映其行为特征或偏好的行为数据。用户点击并浏览网页、点击商品或服务链接、同意用户协议等使用计算机和网络的行为过程被数据控制者的设备或系统自动观测并记录，生成用户网络浏览数据、购物数据等原始数据。移动设备"跟踪"记录用户行程生成用户的位置数据。公共场所安装的监控摄像头、人脸识别系统等技术设备自动收集用户身份、行为数据。这些原始数据不是用户主动提供的，而是数据控制者利用设备或系统主动采集的关于个人生活、工作或交易活动的数据。一般而言，原始数据是无序的、不规则的数据，保留数据产生之初的基本形态，因此，被合法地收集、记录和储存是原始数据的重要技术特征。根据数据是否与个人相关、能否反映该个人的身份属性、行为信息，可将原始数据分为原始个人数据和原始非个人数据。其中，原始个人数据是能够识别出具体个人的原始数据，是各国个人数据保护法保护的对象。原始非个人数据不直接涉及个人的合法权益，数据控制者无须被收集者同意即可处理。

衍生数据是指利用算法对原始数据进行清洗、加工、计算、聚合、重构而生的派生数据。[①]原始数据就像原油一样，需要经过加工、提炼之后

---

① 杨立新、陈小江：《衍生数据是数据专有权的客体》，《中国社会科学报》2016 年 7 月 13 日第 5 版。

才能产生更高的价值，因此，利用算法对原始数据进行整理、比对、标注、分析和挖掘等技术处理后，生成新的、有价值的甚至是具备一定结构的衍生数据，"清洗、脱敏、匿名、加工、计算、聚合等处理是衍生数据的重要技术特征"①。在衍生数据的界定中，有一个问题需要特别说明：衍生数据能否是个人数据？有学者认为，衍生数据是经过处理后不再含有特定自然人的人格要素的数据，②即衍生数据只能是非个人数据。其实，衍生数据据以产生的原始数据中原本包含了个人数据，经匿名化等技术处理后，使得衍生数据不再能够识别出具体个人。但是，由于个人数据的匿名化有可能是失败的，衍生数据也存在再识别出具体个人的可能。欧盟GDPR要求个人数据匿名化采取"合理可能"（reasonably likely）标准，即数据控制者或任何其他主体采用所有合理可能使用的方法，都不能直接或间接地识别出特定个人。根据该标准，匿名数据必须具有再识别的"零风险"，达到完全无法再识别出个人的程度，但是，"目前并没有任何匿名化技术能够达到完全无风险的匿名化"③。因此，经匿名处理后的衍生数据很可能再识别出具体个人。我国《民法典》第 1038 条第 1 款、《个人信息保护法》第 73 条也对个人数据的匿名化提出了要求，即匿名数据必须同时满足"无法识别特定个人"和"不能复原"两个条件。只有不能复原的匿名数据才是非个人数据，才不受个人数据保护法的限制。因此，如果衍生数据已无法识别出具体个人且不能复原，那么此类衍生数据是非个人数据。如果一些衍生数据虽然经匿名化处理，仍具有再识别出具体个人的可能，那么这些衍生数据就仍属于个人数据，可称为衍生个人数据。简言之，衍生数据可以根据是否能够识别出特定个人而分为衍生个人数据和衍生非个人数据。

　　原始数据与衍生数据具有继承性和相似性，二者紧密相连并相互区别。首先，衍生数据以原始数据为基础，运用数据分析、挖掘技术在原始

---

　　① 陈俊华：《大数据时代数据开放共享中的数据权利化问题研究》，《图书与情报》2018 年第 4 期。

　　② 陈俊华：《大数据时代数据开放共享中的数据权利化问题研究》，《图书与情报》2018 年第 4 期。

　　③ 张涛：《欧盟个人数据匿名化治理：法律、技术与风险》，《图书馆论坛》2019 年第 12 期。

数据之上附加了增值性的创造活动，没有原始数据，也就无所谓衍生数据。其次，原始数据的规模及质量决定了衍生数据的价值性。原始数据的规模越大，其容错性就越强；处理数量有限的原始数据意味着细微的错误会被放大，甚至有可能影响衍生数据的准确性，因此，为提高衍生数据的价值，要么相关的原始数据规模尽量大，要么可分析的原始数据尽量准确。最后，原始数据与衍生数据之间具有明显区别，原始数据是对客观事实、行为的记录，而衍生数据是数据加工者在原始数据的基础上，进行了时间、人力、资源、技术等投入加工处理而得的新数据，使数据具有新的价值。

原始个人数据的利益相关者主要涉及两个主体：数据主体和收集者。数据主体是个人数据的内容主体、来源主体。数据主体可以是数据的生产者，例如用户在大众点评网上对其消费的产品或服务进行点评，该用户就是点评数据的生产者。数据主体也可能不是数据的直接生产者，例如用户的身份证号、社保号不是由相关个人创造出来的，而是由民政部门、社保局等行政机关系统生成，这些数据具有唯一性，行政机关为行政管理目的而制作出来分配给个人，个人随出生或缴纳社会保险而自然获得，个人是这些数据最密切的关联主体。在网络平台中，用户为了获得更好的网页服务，往往会在平台上注册账户，账户的生成需要平台提供技术支持，因此，有学者认为网络平台是账户的所有者，例如电子邮箱的所有权归属于平台。账户与用户的身份证号、社保号等身份信息具有相似性，账户的生成目的与身份证号、社保号等数据的生成目的一样，都是为了提供给个人使用或标识个人，个人都是这些数据最密切的关联主体，在这点上，网络平台和行政机关之间并无不同。数据的收集者为原始数据的生成做出了贡献，例如用户在大众点评网上发布点评信息，如果没有大众点评网提供网络平台及技术，用户就无法将其对产品或服务的真实观感通过数据的形式展现出来并供他人观看，相当于大众点评网为用户提供了书写信息的"笔"和"纸"，大众点评网就是点评数据的记录者及收集者。处理和利用原始数据会在数据主体和收集者之间产生利益冲突，须综合考量并平衡二者的利益关系。

衍生个人数据的利益相关者是数据主体和数据的加工者。数据加工者收集、记录并存储原始数据后，投入技术、人力、时间、资源等进行数据清洗、分析和挖掘等加工活动，从而成为新的衍生数据的权益人。由于衍生个人数据没有脱离个人数据的范畴，仍然关涉数据主体的基本权利和自由。因此，处理衍生个人数据会在数据主体和数据加工者之间形成利益纠葛，须综合平衡二者的利益关系。

2. 隐秘个人数据与公开个人数据

公开是一个日常用词，虽然法律中也常使用"公开"这一词汇，但是没有法律专门就"公开"进行术语解释。《政府信息公开条例》全文共使用 100 次"公开"，也未对"公开"的含义进行专门解释。辞海将"公开"界定为"不加隐蔽""揭露事情，让大众知道""开放、人人可见"，其反义词包括"保密、隐瞒、秘密、隐蔽、隐秘"。因此，"公开"主要是指揭露事物为大众所知悉的状态或行为。大众主要指向社会不特定多数人。因此，根据个人数据是否可为社会不特定多数人所知悉，可分为公开个人数据和隐秘个人数据。

在实务中，根据数据的公开程度，可以分为以下三类：第一类是无限制的对所有公众公开的数据。例如，网盘用户在网页上公开提供其网盘数据的链接地址，任何人都可点击链接免费、自由浏览、下载。第二类是对公众开放注册的半公开数据。用户若想浏览、查询这些数据，必须进行账户注册并登录验证，此外不要求具备其他条件，即任何人只要注册登录就可以查询、浏览数据。例如，网盘用户将其设有密码的网盘数据链接及密码公布在公共平台上，任何注册过同种网盘服务的用户都可以根据获得的链接和密码免费、自由下载网盘数据。第三类是只对特定人公开的数据。例如，网盘数据设有密码，用户不与第三人共享密码，或者仅将密码定向分享给亲朋好友，他人无法自由获取网盘数据。又比如用户的微信朋友圈信息只有通过其验证的朋友才能查看。第一类、第二类数据可为社会上不特定人获取和使用，属于公开数据。第三类数据仅向特定主体公开，他人无法获取和使用，不属于公开数据，而是隐秘数据。

有观点认为，公开数据是任何使用者都可以不受任何障碍限制地从互联网上免费获取、自由使用的数据。① 但在实务中，许多公开数据的获取

---

① SPARC，"Open data"，（2017. 2. 09），http：//spar-copen. org/open-data. 转引自罗娇《开放数据的著作权解决方案——ODC 协议研究》，《图书情报工作》2017 年第 9 期。

被设置了技术障碍。例如，在 HiQ 诉 LinkedIn 案①中，LinkedIn 采取技术措施阻碍 HiQ 使用爬虫技术快捷、大量地抓取其公开数据。事实上，数据控制者是否采用法律或技术等手段阻碍他人获取其控制的数据，不影响公开数据的公开性。还有学者认为公开数据可被免费或有条件地浏览和阅读，但往往是非结构化的、混乱的数据，不能真正获取和使用。② 公开数据以数据的公开为主要特征，可为公众获取是其核心因素，而不考虑数据的结构状态。

隐秘数据是指不能为社会不特定多数人知悉的数据。目前，有些年轻人热衷于在网络上公开其隐私，比如，个人将自拍照片、视频上传至网络供他人观看，"卖身救母"等个人网上求助行为。移动互联网的普及改变了人们的社交方式，QQ、微信、微博等社交网络平台成为人们交流的主要场所，而网络社交的共享特质推动了人们公开其隐私的倾向，而互联网传播即时、迅捷、无界限的特征使得个人隐私的传播更加容易、影响更加广泛。③ 如果传统意义上的个人隐私数据被公开可被公众知悉的，不是隐秘数据，而是公开数据。

电话号码是否为公开数据是学界争议较大的问题之一，可以此为例来说明个人数据的公开问题。人们经常质疑电话号码是个人隐私，因为电话号码在日常交往中发挥着信息交流作用，不但不应保密，反而需要向他人告示，相较于个人的性生活等隐私，确实具有一定的公开性，但是不能由此就认定电话号码是公开数据。个人基于社会交往的需要，须在一定范围内向社会特定人或者不特定人公开其电话号码，但是电话号码是否属于公开数据还要看在多大程度上公开，向谁公开，接收人需要承担什么样的责任和义务等。例如，微信用户在其个人信息名片中公布了电话号码，一般来说，只有好友才能获知，而添加好友的方式决定了电话号码的公开范围。如果他人须经用户验证同意才能添加为好友，则意味着并非所有其他用户都能成为该用户的好友而可获知其电话号码，实际上能够通过验证的

---

① HiQ Labs, Inc. v. LinkedIn Corp., 273 F. Supp. 3d 1099 (N. D. Cal. 2017).

② 郑磊：《开放不等于公开、共享和交易：政府数据开放与相近概念的界定与辨析》，《南京社会科学》2018 年第 9 期。

③ 王敏：《大数据时代个人隐私的分级保护研究——基于传播法规及伦理的视角》，博士学位论文，武汉大学，2016 年，第 67 页。

好友往往是用户熟悉的人，即便好友列表非常庞大，电话号码仍是在特定人的范围内公开，这种情形下的电话号码不构成公开数据。如果他人无须验证就可成为用户的好友，意味着其他任何用户都可不经该用户同意而成为其好友并获知其电话号码，相当于向社会不特定人公开了其电话号码，此时电话号码才属于公开数据。日常生活中，人们经常会将自己的电话号码告知他人以便交流，但是告知的对象多为其亲朋好友，并未广而宣之地将电话号码告知公众，因此，一般来说，电话号码不是公开数据。在张某诉新丽电视文化投资有限公司、北京爱奇艺科技有限公司隐私权纠纷案中，法院认为，在实名制政策下，手机号码是公民的通信身份识别码，与特定自然人身份相关联，虽被广泛使用于银行卡办理等信用活动，但是并非不设限地向公众公开，应属个人隐私数据，依法受到隐私权保护。①

隐秘个人数据和公开个人数据的区分意义在于：由于隐秘个人数据是个人的私密信息，与数据主体的个人隐私密切相关，需要加强保护；而公开个人数据由于已被公众获知，只有不当使用才会对数据主体产生不利影响，因此，以隐秘个人数据和公开个人数据为客体的赋权程度及方式不同，须区别对待。

第二节　个人数据的相关利益主体及其利益冲突

随着数据信息的爆炸式增长，数据相关主体也在多元化发展。在涉及网络的相关法律规定中，数据的相关主体包括网络服务提供者、网络平台、网络运营者、数据中间商、数据库制作者、数据使用者、数据控制者、数据主体等概念。

网络服务提供者是我国网络相关法最重要、最常用的主体概念之一。《民法典》第 1194 条规定了网络服务提供者的安全保障义务。《网络安全法》也规定了包括网络服务提供者在内的网络运营者的网络安全保护义务。《全国人大常委会关于加强网络信息保护的决定》《最高人民法院关于审理利用信息网络侵害人身权益民事纠纷案件适用法律若干问题的规定》等都将网络服务提供者作为其主要的规范对象。但是，这些法律都

① 参见北京市第一中级人民法院〔2019〕京 01 民终 3655 号民事判决书。

未释明网络服务提供者的含义。《刑法》第 286 条规定的"拒不履行信息网络安全管理义务罪"的涉案主体也是网络服务提供者。而且最高人民法院、最高人民检察院《关于办理非法利用信息网络、帮助信息网络犯罪活动等刑事案件适用法律若干问题的解释》第 1 条明确了"网络服务提供者"的范围包括:"(一)网络接入、域名注册解析等信息网络接入、计算、存储、传输服务;(二)信息发布、搜索引擎、即时通讯、网络支付、网络预约、网络购物、网络游戏、网络直播、网站建设、安全防护、广告推广、应用商店等信息网络应用服务;(三)利用信息网络提供的电子政务、通信、能源、交通、水利、金融、教育、医疗等公共服务。"可见,网络服务提供者的范围非常广泛,主要包括网络技术服务、网络应用服务和利用网络提供公共服务的主体。

"平台"一词也是我国的正式法律用语,最早见于 2007 年商务部制定发布的《关于网上交易的指导意见》之中,2013 年修订的《消费者权益保护法》首次在全国人大常委会制定的法律层面使用了"平台"一词。随后多部法律也使用了"平台"一词,例如《食品安全法》提到"网络食品交易第三方平台",《野生动物保护法》中使用"网络交易平台",《中小企业促进法》涉及"互联网平台",尤其是《电子商务法》主要规范"电子商务平台"。我国现行法将"平台"界定为:在网络活动中为交易方提供网页空间、虚拟经营场所、交易规则、交易撮合、信息发布等服务,供交易方独立开展交易活动的信息网络系统。[①] 平台为大量创新和服务实现提供技术和商业服务底层架构,具有沟通交易信息和推动交易完成的功能。[②] "平台"通过技术、载体、空间等"通用介质",为双边或多边主体实现互融互通,这是平台的基本内涵和功能内核。[③] 而"网络平台"则是通过信息技术、无形网络和数据库构筑的平台类型。因此,网络平台主要是为双方或多方主体提供商品、服务交易的场所或为用户提供数据存储、传输服务的环境,是一种网络服务提供者。

---

① 参见国家工商行政管理总局 2014 年发布的《网络交易管理办法》第 22 条第 2 款,《网络交易平台经营者履行社会责任指引》第 2 条第 1 款,2014 年国家食品药品监督管理总局发布的《互联网食品药品经营监督管理办法(征求意见稿)》第 23 条第 2 款,《电子商务法》第 9 条。

② 胡凌:《从开放资源到基础服务:平台监管的新视角》,《学术月刊》2019 年第 2 期。

③ 黄升民、谷虹:《数字媒体时代的平台建构与竞争》,《现代传播》2009 年第 5 期。

严格来说，"网络服务提供者""平台"概念用于个人数据保护领域不够准确和恰当。网络服务提供者和平台主要是网络商品或服务的经营者，大多指向法人或其他组织，是从网络交易的角度进行的主体概念界定，不能反映相关主体在个人数据利益关系中的地位。个人数据相关利益主体的确定，需从各主体在个人数据生成和运作过程中所发挥的作用角度出发，根据各自的作用及所受影响来确定。欧盟的个人数据保护法对世界各国的个人数据保护历程产生了深远影响。GDPR 延续了《数据保护指令》的做法，将"数据主体""数据控制者"和"数据处理者"作为个人数据保护的关键主体。由于欧盟及其成员国以及其他受其影响的立法例都将"数据主体""数据控制者"和"数据处理者"作为个人数据保护的相关主体，我国的理论研究也早已将此三个概念作为个人数据的相关利益主体予以使用，本书也遵循此例。

一　数据主体——自然人

对于"数据主体"的理解通常有两种：一是将"数据主体"作为"数据相关主体"的简称，指向数据法律关系中的各相关主体；二是特指个人数据的内容主体、来源主体，即个人数据描述的对象。从各国数据保护立法来看，"数据主体"通常采纳第二种含义，是个人数据保护领域中的特定概念。[①] 数据主体是个人数据描述或相关的特定主体，根据其身份属性或基于其网络行为活动而产生个人数据，是个人数据的来源者或原始生产者。

一般来说，"数据主体"指向自然人，但是学界以及各国数据保护立法对死者、胎儿是否是"数据主体"出现了认识分歧。自然人是基于出生而取得民事主体资格的人，其民事权利能力始于出生终于死亡，因此，个人数据保护法中的"数据主体"不包括死者和胎儿，例如欧盟 GDPR 即采此认识。但是，也有数据保护立法将死者纳入数据主体范围。例如，意大利对死者的数据保护作出了明确规定。2001 年 4 月 5 日，《意大利官方公报》发布了一个有关为历史目的处理个人数据的道德和行为规范，

[①]　参见高富平《数据生产理论——数据资源权利配置的基础理论》，《交大法学》2019 年第 4 期。

其中，为尊重个人权利，"包含死者敏感数据或司法数据的文件只有在自相应日期起 40 年后才可使用，披露健康、性生活或私人家庭关系的数据要长达 70 年后才可使用"①。我国《个人信息保护法》第 49 条规定，自然人的近亲属为了自身的合法、正当利益，可以对死者的相关个人信息行使查阅、复制、更正、删除等权利。关于胎儿的数据一般被认为属于其母亲的个人数据。② 但是也有学者认为，胎儿数据只能借助母亲主张而获得保护的论述似乎过于绝对，如将胎儿兔唇的 B 超影像未经匿名处理擅自公布用于医学展览，侵害了胎儿的隐私与肖像。③ 虽然死者和胎儿不是自然人，但是在特定情形下，也可以成为民事法律保护的对象。比如《民法典》第 16 条规定，涉及遗产继承、接受赠与等胎儿利益保护的，胎儿视为具有民事权利能力。第 185 条规定，侵害英雄烈士等的姓名、肖像、名誉、荣誉，损害社会公共利益的，应当承担民事责任。《最高人民法院关于确定民事侵权精神损害赔偿责任若干问题的解释》第 3 条规定，死者的姓名、肖像、名誉、荣誉、隐私、遗体、遗骨等受到侵害，其近亲属可提起精神损害赔偿之诉。可见，死者、胎儿并非绝对地被排除于"数据主体"之外。当处理有关死者、胎儿信息的个人数据时，可以参照其他有关死者、胎儿人格利益保护的法律规定来处理。

当数据主体为未成年人时，其个人数据获得各国数据保护法的特别保护。根据 2017 年年底的调查数据，被调查未成年人互联网运用的总体普及率高达 98.1%，10 岁之前触网的达到 68.6%，其中，7 岁（学龄前）触网比例达到 27.9%，在线学习是未成年人运用互联网的主要用途。④ 网络教育平台为提高服务营销的精准性，广泛处理未成年人的身份信息、学习痕迹等个人数据。游戏、直播等平台也在处理未成年人的个人数据。未成年人已经成为互联网的重要使用主体以及个人数据泄露等侵害行为的受害人。为此，各国个人数据保护立法专门针对儿童个人数据的保

---

① ［德］Christopher Kuner：《欧洲数据保护法：公司遵守与管制》，旷野、杨会永等译，法律出版社 2008 年版，第 84—85 页。

② 许文义：《个人资料保护法论》，三民书局 2001 年版，第 24 页。

③ 郭明龙：《个人信息权利的侵权法保护》，中国法制出版社 2012 年版，第 27 页。

④ 季为民、沈杰主编：《中国未成年人互联网运用和阅读实践报告（2017—2018）》，社会科学文献出版社 2017 年版，第 4—21 页。

护作出了特殊规定。例如，欧盟 GDPR 第 8 条规定，处理未满 16 周岁的儿童的个人数据，只有获得儿童父母责任（parental responsibility）持有者的同意或授权才是合法的，而且控制者须利用现有技术作出合理的努力去核实该同意或授权的真实性。美国《儿童在线隐私保护法案》针对在线收集 13 岁以下儿童个人数据的行为，确立了儿童父母亲的"可资证实的同意"原则，详细介绍了网站运营商何时以及如何获得儿童父母或监护人同意。新加坡个人数据保护委员会发布的指引指出，13 岁以下的未成年人对"给出同意"没有足够的理解能力，需要其父母或法定监护人代表未成年人给出同意。我国《个人信息保护法》规定，不满 14 周岁未成年人的个人信息属于敏感个人信息，处理时应当取得未成年人的父母或者其他监护人的同意，而且应当制定专门的个人信息处理规则。《儿童个人信息网络保护规定》专门规定了儿童个人信息安全的保护规则，要求网络运营者处理儿童个人信息，应当遵循正当必要、知情同意、目的明确、安全保障、依法利用的原则，应当以显著、清晰的方式告知儿童监护人，并征得其同意。

意大利、丹麦、阿根廷、奥地利、卢森堡等少数国家的个人数据保护立法也将法人作为数据主体加以保护。[1] 不过，并非所有的法人都被纳入数据主体的范围，而且法人的数据和自然人的数据不提供同等的保护。例如奥地利最高法院裁决，为了自身利益而处理消费者和供应商数据的公司不是《2000 年奥地利数据保护法》意义上的"数据主体"，因此不能针对使用这些数据的竞争者主张数据保护的权利。[2] 个人数据保护法对自然人进行特殊保护，是因为个人数据关涉自然人的人格利益，易遭受非法数据活动的侵害，而且自然人在数据处理活动中处于弱势，面临信息不对称的困境。而法人不易陷入自然人所处的困境，与数据控制者势均力敌，无须给予特殊保护。因此，数据主体的范围不宜包括法人。

有一个问题需要说明，当法人发布的数据可以用于识别具体个人时，该数据是法人的数据，还是个人数据呢？例如，一人有限公司发布的法定

---

[1] ［德］Christopher Kuner：《欧洲数据保护法：公司遵守与管制》，旷野、杨会永等译，法律出版社 2008 年版，第 82 页。

[2] ［德］Christopher Kuner：《欧洲数据保护法：公司遵守与管制》，旷野、杨会永等译，法律出版社 2008 年版，第 84 页。

代表人的数据，就很难将法人的数据和法定代表人的个人数据区分开来。在德国，当有关法人的数据与自然人紧密相连时，法院愿意将该数据视作自然人的个人数据，即根据数据的内容来判断数据主体。在一些承认法人也是数据主体的国家，法院和学者并没有对自然人数据和法人数据的区分给予充分关注。比如，在丹麦，一般来说，数据保护法的运用并不十分依赖数据主体是自然人或是法人，而更多地取决于数据主体的行为是属于私人行为还是经营行为。如果是经营行为，那么数据主体的法律形式就是不相关的，即在经营范围内开展活动的个体经营者原则上等同于有限公司，而与私人行为不同。① 德国和丹麦提供了两种区分法人数据和个人数据的方法。从保护个人的基本权利和自由的目的出发，经营行为披露的数据所涉及的主体虽是用工单位的员工，但也是与非员工具有同等法律地位的民事主体，不能因披露的渠道不同而降低对经营行为披露的个人数据的法律保护。因此，德国根据数据的内容与自然人的关联性来区分法人的数据和个人数据的做法，更能保护数据主体的基本权利和自由。

二　数据控制者——数据业者与公共部门

（一）数据控制者的界定

欧盟 GDPR 第 4 条第 7 项将"控制者"（data controller）界定为"能单独或联合决定个人数据处理目的和处理方式的自然人、法人、公共机构、行政机关或其他非法人组织"。根据该定义，数据控制者的法律形式没有限制，范围非常广泛，既可以是企业、团体组织、事业单位、国家机关等公私组织，也可以是自然人，只要具备"能决定个人数据处理目的和处理方式"的核心要素即可。我国《个人信息保护法》第 73 条第 1 项规定："个人信息处理者是指在个人信息处理活动中自主决定处理目的、处理方式的组织、个人。"根据此定义，我国立法上的"个人信息处理者"即欧盟 GDPR 中的"数据控制者"。有学者进一步细化了数据控制者的构成条件：合法获得数据、实际控制数据、享有数据处理决定权、对数据享有的权利来源合法和具有相应的民事权利能力和民事行为能力，这五

---

① ［德］Christopher Kuner：《欧洲数据保护法：公司遵守与管制》，旷野、杨会永等译，法律出版社 2008 年版，第 83—84 页。

个条件必须同时满足，缺一不可。①

　　数据控制者要控制个人数据，首先必须要收集个人数据，因此，要成为合法的数据控制者，首先要具有收集个人数据的资格。在微信与华为的纠纷案中，谁具有数据收集资格、谁才是数据控制者，是案件的争议焦点。2016 年 12 月，华为发布了荣耀 Magic 手机，这款手机主打的卖点"智慧助手"在获得用户授权后，可收集用户的微信聊天数据。为此，腾讯向有关政府部门"指控"华为夺取了腾讯的数据，而华为认为用户的微信聊天数据属于用户而非腾讯，荣耀 Magic 在获得用户授权的前提下收集用户数据是合法行为。有学者赞同华为的主张，认为用户的微信聊天数据属于用户，华为手机和微信一样都是在获得用户授权的前提下收集用户数据，因此华为手机和微信都是用户数据的合法收集者，二者都是合法的数据控制者。也有学者反对该观点，以用户的合法正当期待为视角，认为华为手机的角色更多的是没有自主意识的锤头、斧子、钉子这样的工具，而微信是唯一的用户数据媒介，连接用户和聊天对象，因此，微信是合法的数据控制者，而华为手机仅是数据收集工具。② 荣耀 Magic 手机在首次开机时会出现各项功能的授权列表，而且系统默认全部功能为"启用"。如果机主没有关闭"启用"按钮，Magic 手机即可收集并处理机主的微信聊天内容，并向用户推送各种服务。除此之外，华为手机还与科大讯飞、高德、支付宝、携程等 App 深度合作，实现了跨应用的智能识别。③ 华为手机的这种行为确实可以给用户带来使用便利，但是用户在华为手机上的所有身份数据、行为数据都可能处于华为手机的控制之下，一旦遭滥用，其后果是不堪设想的。华为手机本是硬件服务提供商，如果它可以收集用户的聊天记录，那是不是拼音输入法也可以收集呢？这意味着用户实施某个行为经过的服务商越多，其数据就可能被越多的主体同时收集，而用户往往是不知情的。华为手机收集用户的微信聊天内容超出了用户的合理预期，从保护个人数据的角度看，不宜将华为手机视为合法的数据控

　　① 王玉林：《信息服务风险规避视角下的大数据控制人财产权利与限制研究》，《图书情报知识》2016 年第 5 期。

　　② 洪延青：《华为 VS 腾讯大数据之争，谁拿走了用户的个人数据？》，《中国经济周刊》2017 年 8 月 14 日。

　　③ 《腾讯华为"数据之争"授权是尚方剑？》，《新京报》2020 年 2 月 26 日。

制者。

在数据库保护立法中出现的权益主体是"数据库制作者","数据库制作者"与"数据控制者"有何种关联? 欧盟《数据库保护指令》在理由陈述第 41 条将数据库制作者界定为"最先进行投入并承担投入风险的人，分包者被排除在制作者定义之外"。意大利《1995 年 5 月 6 日第 169 号法令》(*Legislative Decree No. 169 of 6 May 1999*) 第 102 条（2）（a）把数据库制作者定义为："为数据库的制作进行了实质性投入的人，或者在校验或表达数据库的过程中，为了实现校验和表达的目的，使用了财力资源和/或花费了时间和努力的人。"法国《知识产权法典》第 L341-1 条规定，数据库制作者是指在建立、校验和展现数据库内容过程中最先进行投入并承担财政或人力投入风险的人。《德国版权和领接权法（1965）》（已修订）第 87 条（a）（1）（2）将数据库制作者界定为在数据库的制作过程中实施了相关投入的人。相关的投入包括在获取、校验或展现数据库内容的过程中实施了品质上和/或数量上的投入。[①] 英国《1997 版权和数据库权利条例》第 14 条将数据库制作者定义为：最先对数据库内容的获取、校验或展现进行投入并承担相应投入风险的人。这些立法例对数据库制作者的定义，主要是从对数据库进行投入这个角度入手的，是将数据库作为一个产品，制作者因为对数据库的产出做出了贡献，因而对数据库享有权益。制作者作为数据库的生产者，它能够决定数据库的制作目的和方式。而数据控制者要收集数据并决定数据的处理目的和处理方式，必然要进行投入，汇集所收集的数据后形成数据库，成为数据库的制作者。因此，数据库制作者与数据控制者是相关的概念，数据库制作者是一种数据控制者。

香港《个人数据（私隐）条例》没有使用"数据控制者"概念，而是区分了数据使用者（data user）和数据处理者（data processor）。其中，数据使用者是指独自或联同他人共同控制个人数据的处理或使用的人，其委托数据处理者处理个人数据。因此，"数据使用者"概念的核心要素是"控制"，指向收集、持有、处理和使用数据的行为，实际上与"数据控

---

① ［澳］马克·戴维森：《数据库的法律保护》，朱理译，北京大学出版社 2007 年版，第 86、87、121、130 页。

制者"具有相同含义。在一般意义上，"使用"是指人员、器物、资金等为某种目的的服务。数据使用者在使用数据的过程中，必然要根据使用目的以决定数据的使用方式，因此，数据使用者是一种数据控制者。

数据中间商是数据商业生态环境中一个复杂且基本处于法律真空地带的主体。2014 年，美国 FTC 发布的《数据经纪行业——呼唤透明与问责》报告提出，数据中间商——收集用户个人信息，并出售或者与其他第三方进行共享利用的经营者，正在成为大数据经济的重要参与者。① 其实在2012 年，FTC 发布的《在快速变化时代保护消费者隐私》（*Protecting Consumer Privacy in an Era of Rapid Change*）报告中，就建议增强数据中间商处理数据的透明度，加强自律及与用户的联系，倡议对数据中间商进行针对性立法，明确及突出其责任。② 数据中间商不直接从用户处收集数据，而是间接从商业渠道、政府渠道以及其他公开渠道收集个人数据，并将个人数据出售或与第三方共享利用。因此，在大多数情况下，用户不了解甚至不知道存在数据中间市场，用户的数据权利难以有效行使，增加了数据二次利用的隐私风险。因此，数据中间商应是一种法律着重规制的数据控制者。

根据社会职能不同，可将数据控制者分为"公共部门"和"数据业者"，二者在个人数据上的利益需求不同，确权时应区别对待。公共部门是指以政府为主体、履行公共事务管理及服务职能的组织，包括国家权力机关、国家行政机关、审判机关、检察机关、军队等国家机关和被授权的具有管理公共事务职能的组织等。数据业者是指除公共部门之外，以数据处理活动为业的法人、非法人组织以及自然人。数据业者通过提供产品或服务获取用户的原始数据，成为原始数据的被授权人和控制者，继而通过个人数据集合、加工、挖掘、交易等成为衍生数据的生产者、占有者或获益者。

（二）数据控制者与数据处理者的关系

数据控制者处理个人数据的能力参差不齐，有些数据控制者虽然控制着海量的个人数据，但是自身处理能力有限，故而委托第三方存储其个人

---

① 王融：《大数据时代数据保护与流动规则》，人民邮电出版社 2017 年版，第 184 页。
② 范为：《大数据时代个人信息保护的路径重构》，《环球法律评论》2016 年第 5 期。

数据或分析、挖掘个人数据的价值。为此，数据控制者与其他具有相应数据能力的主体签订数据处理合同，该主体接受数据控制者的指令，按照数据控制者的意思处理个人数据，是数据控制者处理个人数据的受托人。该主体就是数据处理者。

在欧盟 GDPR 中，"数据处理者"是除数据主体、数据控制者之外的一类非常重要的数据保护主体。其第 4 条第 8 项专门对"数据处理者"的概念进行了解释，是指代表控制者处理个人数据的主体。根据该定义，数据处理者非为自己本身目的而处理数据。例如，接受委托把数据输入计算机系统的服务提供商，受聘销毁内含个人数据的机密文件的服务提供者，网页寄存公司、社交网站营运商及服务软件提供者等。在云存储服务中，数据控制者根据协议将其控制的数据托管在云存储空间中保存，虽然云存储服务提供者是云存储空间的控制者，但是其不对存储在云空间中的数据的处理享有决定权，因此，云存储服务提供者是数据处理者而非数据控制者。如果数据处理者违反数据保护法的规定或数据处理协议约定，擅自决定数据处理的目的和方式，则在该次处理中应当被认定为数据控制者。例如，《西班牙数据保护法》第 12 条第 4 款规定，超越授权的数据处理者可被视为数据控制者；对于共同控制者要在履行数据保护义务方面对数据主体负连带责任。①

由于数据处理行为的隐蔽性、技术性以及数据处理主体结构的复杂性，很难判断某个特定的数据处理主体是否能够"决定数据处理的目的和方式"，即数据控制者和数据处理者之间角色模糊，区分有困难。例如，在复杂的数据外包处理交易中，一方可能负责代表另一方处理个人数据，但它本身也可以在特定范围内确定处理的目的和手段。因此，有学者认为，在大数据时代，区分控制者与处理者，无益于明晰各方主体的责任义务及保护个人数据，传统架构的困局也未得以解决，因此此种区分是徒劳无功的。② 我国《个人信息保护法》将能够自主决定个人信息处理目的、处理方式的组织、个人统称为"个人信息处理者"，并在第 21 条规定，个人信息处理者委托处理个人信息，受托人不得超出约

① ［德］Christopher Kuner：《欧洲数据保护法：公司遵守与管制》，旷野、杨会永等译，法律出版社 2008 年版，第 78 页。

② 范为：《大数据时代个人信息保护的路径重构》，《环球法律评论》2016 年第 5 期。

定的处理目的、处理方式等处理个人信息，须接受个人信息处理者的监督。由于受托人不能自主决定个人信息的处理目的、处理方式，因此不属于个人信息处理者。鉴于控制者与处理者在数据处理活动中的角色不同，承担的责任也应不同，从这一点来说，区分数据的控制者和处理者是有意义的。GDPR 改变了《数据保护指令》未规定数据处理者的数据保护责任的状况，在其第四章第一节分别规定了控制者和处理者的数据保护义务。一般而言，数据控制者与处理者的区分应主要审查数据处理的实际控制情况。由于许多数据控制者局限于自身数据处理能力，而将数据处理任务委托给处理者处理，处理者作为实际的行为实施者，它对数据处理的缘由、处理结果的输出规则、运用的技术措施等更为熟悉，因此，一旦出现控制者与处理者的争议时，可将举证责任分配给数据处理行为的实施者。如果它能证明是根据对方指示的处理目的和方式提供数据处理服务，且其行为未超出授权范围，则是数据处理者；但若其超出授权范围，或不能证明是根据对方指示的处理目的和处理方式进行数据处理，则是数据控制者。这里探讨一个区分数据控制者和数据处理者的简单方法，即根据服务提供者参与数据活动的角色不同来区分。服务提供者参与数据活动的方式大致可以分为两类：一类是只提供技术服务，不是协议的当事人，例如阿里云为其客户提供数据存储服务，不参与数据主体与其客户的网络服务活动，不得将客户存储的数据移作他用，因此，阿里云不是客户数据的控制者；另一类是协议的一方当事人，例如淘宝购物服务中，淘宝平台不仅提供技术服务，还充当货款或服务费的居间保管人；用户利用浏览器浏览网页而在浏览器上留存浏览数据；用户和物流公司之间基于物流协议产生物流数据；医疗机构提供网上服务而产生医疗数据等，淘宝平台、浏览器、物流公司、医疗机构作为服务协议的一方当事人，可成为其收集的数据的控制者。

　　数据控制者与数据处理者之间的关系是一种委托关系，可根据民法委托理论确定双方的权利义务。数据处理者接受委托后，不得擅自转委托，除非获得数据主体①和数据控制者的授权。擅自转委托的，处理者需对转

①　根据知情同意规则、目的限制原则等规定，数据控制者委托处理者处理个人数据，应获得数据主体的同意。

委托的第三人的行为承担责任，但在紧急情况下为维护数据主体或数据控制者的利益需要转委托的除外，事后应及时通知数据控制者和相关数据主体。处理者应当确保分处理者履行与其在协议项下相同程度的数据保护义务，并监督其处理活动的合规性，处理者应当对分处理者的违约行为向数据控制者承担责任。数据控制者有权随时跟进监督处理者的处理活动，例如审计安全措施的有效性，确保处理者依照数据处理协议履行义务。数据处理者在处理个人数据时应当履行下列义务：（1）严格依照数据控制者的指示处理个人数据，按照合同约定完成处理项目，提交处理结果。（2）应采取一切合理必要的措施保障个人数据的安全性和完整性，防止个人数据毁损、灭失或泄露。（3）除非法律另有规定或获得数据主体和数据控制者同意，处理者应对个人数据及服务相关资料予以保密，不得将个人数据作为履行合同项下责任以外的任何其他用途，不得向任何组织或个人提供、透露数据控制者提供的任何数据资料。（4）妥善记录的义务。处理者应当妥善处理个人数据，并将处理事宜准确记录和保存。（5）在个人数据分析服务结束后，处理者应当及时删除个人数据，未经数据主体和数据控制者同意不得以任何方式留存或使用个人数据和分析结果。（6）通知与协助义务。如果发生个人数据安全事件，处理者应当及时通知数据控制者，并协助数据控制者上报监管机关、通知受影响的主体。在对外关系上，大多数情况下，数据控制者必须承担数据保护法规定的大部分数据保护义务，承担违反数据保护的责任。如果数据处理者的处理行为侵害他人合法权益，其后果主要由数据控制者承担。在对内关系中，主要根据商业协议的约定，分配双方的责任。

三　数据主体与数据控制者之间的利益冲突

（一）日益强烈的个人权利保护需求——"隐私已死"的驳斥

隐私权是网络活动中最易被数据利用行为侵害的人格权。我国《民法典》第 1032 条规定，自然人享有隐私权，隐私包括自然人不愿为他人知晓的私密信息。第 1033 条规定，除法律另有规定或者权利人明确同意外，任何组织或者个人不得处理他人的私密信息，以电话、短信、即时通信工具、电子邮件、传单等方式侵扰他人的私人生活安宁。《民法典》首次明确将个人私密信息纳入隐私权的保护范围，正视了网络活动中他人滥收、滥用、滥传个人数据侵害数据主体隐私权的现实。

百度 CEO 李彦宏曾在一次会议中发言说"中国人不重视隐私"而遭到网民的炮轰，这说明大众反对这个观点，认为自己重视隐私和个人数据。但是在实际生活中，大众对个人数据的态度，又显得有些漠然。他们可以为了一个火锅优惠券，就填写自己和朋友的联系方式。菲尔普斯等人研究发现，消费者的隐私担忧取决于被要求提供的个人信息类型、数量以及因交换可获得的潜在后果和好处。① 汉恩等人的研究也表明，消费者交出个人信息的意愿涉及可能引起的隐私问题、网站的隐私保护以及用他们的信息交换来的好处。② 此外，科布萨和特尔茨罗也发现，当网站采取了隐私保护措施且消费者可以从提交个人信息中获益时，用户都透露了更多的个人信息。③ 在借记卡发卡行爆出大规模数据泄露丑闻后，卡片的使用频率仅在一天内出现了显著的下降，随后便回到了之前的水平。④ 纽约电话公司允许客户选择退出该公司计划向直销商销售的客户名单，给 630 万客户发送了选择退出的通知，只有 80 万人（占比 12.7%）接受了这项服务。⑤ 美国学者调查了消费者对个人数据泄露通知和损失的态度，其中关于"消费者流失"内容的调查结果显示，11%的受访者在收到数据泄露通知后停止与数据泄露组织进行交易，89%的受访者选择继续合作，其中只有 23%的人表示他们减少了与该组织的合作，65%的受访者表示数据泄露不影响他们与该组织的合作，甚至有 1%的受访者表示他们实际上在数

---

① Phelps J. E. , Nowak G. and Ferrell E. , "Privacy Concerns and Consumer Willingness to Provide Personal Information", *Journal of Public Policy and Marketing*, Vol. 19, No. 1, 2000, pp. 27-41.

② Hann I. -H. eds. , "Consumer Privacy and Marketing Avoidance: A Static Model", *Management Science*, Vol. 54, No. 6, 2008, pp. 1094-1103.

③ Kobsa A. and Teltzrow M. , "Contextualized Communication of Privacy Practices and Personalization Benefits: Impacts on Users' Data Sharing and Purchase Behavior", in D. Martin and A. Serjantov, eds. , *Lecture Notes in Computer Science: Privacy Enhancing Technologies*, Berlin: Springer, 2005, pp. 329-343.

④ Mikhed, Vyacheslav and Michael Vogan, "How data breaches affect consumer credit", *Journal of Banking & Finance*, Vol. 88, 2018, pp. 192-207.

⑤ Jeff Sovern, "Opting in, Opting out, or No Options at All: The Fight for Control of Personal Information", *Wash. L. Rev*, Vol. 74, 1999, pp. 1067-1069.

据泄露行为发生后为该组织提供了更多业务。[1] 因此，有人认为，只有在个人数据处理不牵扯其他利益时，人们才会关心隐私。

某些人可能会为了商品折扣而将自己的数据提供给网络服务商，但将用户不关心自己的隐私作为一般结论未免过于武断。艾莉西亚·麦克唐纳和洛里·费斯·克兰纳做过一项研究发现，大多数参与者不会每月支付 1 美元来阻止网站对其行为进行跟踪分析。乍一看，这可能表明，很少有人认为他们的信息值得每月花费 1 美元来进行保护。但是，69% 的人不会接受 1 美元的优惠来换取他们的数据用于定向广告，这表明大多数人认为他们的个人数据的价值超过 1 美元。用户愿意为隐私付费似乎与他们愿意接受优惠而放弃隐私的意愿不同。在后续访谈和调查中发现，用户通常不愿意为隐私付费，不是因为他们不重视隐私，而是因为他们认为付费是错误的。69% 的受访者认为"隐私权是一种权利，要求付费以防止公司侵犯我的隐私是错误的"；61% 的人认为当公司要求他们支付不收集数据的费用时，这将是"敲诈勒索"。[2] 可见，不深究被调查者的选择理由，仅表面解读选择结果而得出的结论可能是片面的，用陈述的隐私偏好来评估被调查者对其隐私的重视程度是值得怀疑的。

人们重视自己的隐私和数据安全，但实际行动上又随意交出自己的数据，实际做法与想法不一致，这种现象被学界称为"隐私悖论"[3]。这一现象出现的原因是多方面的：第一，可能是调查报告不能准确地反映数据主体的个人偏好。这是客观上无法改变的，因为调查不可能面面俱到，而且调查报告一般是在某一时点针对被调查者近期以来的心理进行静态调查而得出的结论。而用户声明的偏好可能会随着提出问题的时间、最近的体验等原因而改变，用户不会以一成不变的态度对待同样的营销请求，即用户的心理会随着时间、环境等发生动态变化，一时的调查当然无法全面地

① Lillian Ablon, eds., *Consumer Attitudes Toward Data Breach Notifications and Loss of Personal Information*, Santa Monica, Calif: the RAND Corporation, 2016, pp.9-16, 27.

② Aleecia McDonald and Lorrie Faith Cranor, "Beliefs and Behaviors: Internet Users' Understanding of Behavioral Advertising", *Telecommunications Policy Research Conference*, October 2, 2010, http://ssrn.com/abstract=1989092.

③ Acquisti, A. and Grossklags, J., "Privacy and Rationality in Individual Decision Making", *IEEE Security & Privacy*, Vol.3, No.1, 2005, pp.26-33.

反映数据主体的动态想法。而且调查数据可能低估或高估用户对其隐私的重视程度。一方面，如果受访者非常重视保护自己的个人数据和隐私，那么他可能不愿回答自己的真实想法而故意提供错误答案，导致调查报告低估用户隐私问题；另一方面，有些受访者可能会迎合调查员而回复他们认为调查员想要的答案，从而导致调查报告高估他们的隐私需求。可见，被调查者在调研活动中陈述的隐私偏好可能不太可靠。第二，用户选择退出其个人数据处理活动面临诸多来源于商家和用户自身原因的限制。商家"秘密"处理用户的个人数据，剥夺了用户选择退出的可能性。即便商家为用户提供选择退出的机会，用户也很难退出。如果用户选择退出，商家将承担退出成本，例如营销对象减少，可能导致潜在客户减少；公司通知用户选择退出选项的存在，并回应选择退出的用户，也将产生交易成本。为此，公司将不希望用户退出，可能会故意设置用户选择退出的障碍，比如用其他信息掩盖隐私声明，提供很长、模糊、晦涩的隐私声明，不提供简单方便的选择退出方式，使用户退出困难。用户自身原因也会导致其无法有效地选择退出。有些用户可能不了解选择退出规则，从而无法利用选择退出列表去拒绝收集者处理其数据。① 即便了解，想要收集处理用户数据的商家成百上千，用户在应对工作、生活之余，没有足够的精力和时间去应付如此之多的数据处理请求，这导致用户无法有效地一一选择退出，而通常的做法是忽略它，忽略它的后果就容易让人误会用户不重视其隐私和个人数据。② 第三，高昂的转换成本限制个人退出与数据泄露公司的合作。个人停止与数据泄露公司合作会导致变更医疗保险公司、抵押贷款公司或雇主，由此产生的转换成本可能很高甚至是他无法承担的。数据主体也可能没有有效的替代方案或选择，例如在脸书、谷歌、微信等巨型平台泄露数据的情况下，用户可能会因为没有更好的选择而不选择退出。即使个人确实希望改变业务（例如银行），用户也需要向另一家公司提供相同的个人信息，并且可能缺乏比较数据来评估新的公司是否做得更好，甚至有可能会增加未来数据泄露的可能。多种主客观原因共同作用催生出隐私

---

① Jeff Sovern, "Opting in, Opting out, or No Options at All: The Fight for Control of Personal Information", *Wash. L. Rev*, Vol. 74, 1999, pp. 1069–1091.

② E. Scott Maynes, "Consumer Problems in Market Economies", in Stephen Brobeck, eds., *Encyclopedia of the Consumer Movement*, California: ABC-CLIO Ltd., 1997, pp. 158–59, 163.

悖论现象，不能简单地从隐私悖论中得出用户不重视其隐私的结论。

在大数据时代，隐私悖论不是隐私"将死"甚至"已死"的证据，而是大众隐私观念的革新结果。大数据主要是为了解决人的问题，因此，从出生那一刻起，除了思维外，人的每一分每一秒都被记录下来。企业利用这种无处不在的"监视"影响人们的社会实践，进而改变人们的隐私观念，逐渐侵蚀整个社会对隐私的合理期待。博布勒斯指出，当监视不可避免时，人们就会相应地改变其隐私观念，而且还会逐渐忘记最初致使他们改变的那些手段。[①] 在"温水煮青蛙"式的隐私侵害环境中，公众逐渐将他人的侵权行为内化成自己的隐私观念，"在潜移默化中导致社会公众隐私受保护范围的萎缩，出现相应隐私权消退的结果"，看起来像是社会发展进程中的必然代价。[②] 但事实是，在不可逆转的大数据潮流中，大众被动地迎合被变革的生活方式，在数据利用的夹缝中寻求隐私的"生存"，隐私权没有被消减，只是大众追求隐私的形态出现了某种变异。例如，青年网络社交的特点包括"状态三天可见""外向型自闭"等，[③] 这些实际上是用户清晰划分私人生活的"界限"。微信创始人张小龙表示，微信用户使用最多的功能是朋友圈"三天可见"，超过1亿的用户开启了这一功能。[④] "三天可见"的朋友圈设置一方面可以满足用户社交的需求，同时防止好友翻看其三天之前的朋友圈，反映了用户追求私人空间隐私的需求。"外向型自闭"的标签折射出青年更加微妙的隐私观变迁："在外人眼里，他们大部分时间成熟稳重；但背地里……要和最有意思的人社交。平时一个一个都不爱说话，一到了自己的舒适区，能浪出一朵花来。"[⑤] 他们沉溺于网络社交，在平台上倾诉许多过去"羞于"谈论的内

① Burbles N., "Privacy, Surveillance, and Classroom Communication on the Internet", http：//faculty. ed. uiuc. edu/burbules/papers/privacy. html，2019 年 8 月 2 日。

② 李媛：《大数据时代个人信息保护研究》，博士学位论文，西南政法大学，2016 年，第99 页。

③ 新世相公众号：《这届 95 后根本不想理你：状态三天可见、交情全靠点赞、不熟别关注我》，https：//www. douban. com/note/707510816/，2019 年 7 月 29 日。

④ 刺猬公社公众号：《张小龙说，有超一亿人设置朋友圈三天可见，而善良本质上是一种能力》，https：//www. jiemian. com/article/2779633. html，2019 年 7 月 29 日。

⑤ 新世相公众号：《这届 95 后根本不想理你：状态三天可见、交情全靠点赞、不熟别关注我》，https：//www. douban. com/note/707510816/，2019 年 7 月 29 日。

容，表现出他们对隐私的大尺度"曝光"，但同时他们又选择性地分享自己的观点、情感、行为，对于不那么亲密的人，他们分享无关紧要的信息，成为"乐见隐私者与善使隐私者"，是"隐私领域的娴熟玩家"①。社会的变迁要求看待隐私的视角也应相应移易。人们对隐私的需求不是日益消亡，而是更加炙热和多样化，隐私不仅意味着私领域的隔离、私人生活的保密，还表达了人们在网络世界中对情感关系的自由追逐；不是"捂着"不让任何人知道，而是"戴着面具"选择性地倾诉，在情感表达与隐私保有之间自由切换。因此，大数据的商业模式，不应以"隐私已死"为借口，以牺牲用户隐私为代价追求经济发展，而应将保护用户隐私作为商业模式的主旨与核心。但是，个人数据的安全性和隐私性正面临严峻威胁。

《中国网民权益保护调查报告》指出，2014 年网民因各类侵权遭受的损失合计达 1434 亿元，2015 年的损失约 805 亿元，2016 年损失高达 915 亿元。网民权益遭侵害最主要的原因就是电话号码、银行账号等个人数据遭泄露。据数字安全研究公司金雅拓发布的数据泄露水平指数报告显示，2016 年发生的 1800 起数据泄露事件导致近 14 亿条数据被泄露，其中 59% 的事件涉及身份信息盗用，近 30% 的事件涉及财务和账号数据。② 2017 年共发生 1765 起数据泄露事件，泄露总量高达 26 亿条数据，其中，69% 的事件涉及身份信息盗用，包括姓名、电话号码、地址等基本信息数据在内的骚扰性泄露数量同比增长 560%。③ 2018 年全球公开披露的数据泄露事件 6500 起，涉及 50 亿条数据记录。我国的数据泄露问题也非常严重：前程无忧 195 万条求职简历被泄露，圆通 10 亿条、顺丰 3 亿条用户数据被出售，华住集团 2.4 亿、万豪喜达屋 5 亿客户入住数据被泄露。④ 2019 年上半年以来，我国在 1.5 万个虚假贷款 App 或网站上提交身

---

① 朱悦：《听说这一届年轻人不关心隐私？》，https：//mp. weixin. qq. com/s/OlWcWK9QZQ-MbuPvdOTLQuw，2019 年 7 月 29 日。

② 参见《数据泄露水平指数：2016 年共外泄 14 亿条数据》，https：//www. sohu. com/a/130890862_257305，2020 年 2 月 27 日。

③ 互联网安全研究院：《2017 年，数据泄密规模达 26 亿条》，https：//blog. csdn. net/cc18629609212/article/details/79969830，2020 年 2 月 27 日。

④ 数安时代 GDCA：《2018 年数据泄露达 50 亿条　国内数据泄露形势不乐观》，https：//www. sohu. com/a/298252759_604699，2020 年 2 月 27 日。

份证、银行账户、个人资产证明等个人隐秘数据的用户数量超过 90 万人，大量用户的经济利益遭实质损害；超千款 App 平均申请 25 项权限，平均收集包括社交、办公等在内的 20 项个人数据，严重威胁用户的个人信息安全。[①] 除了严重的数据泄露事件外，个人数据的隐蔽收集、过度收集等非法收集行为及方式日趋失控，数据二次利用行为失范，非法提供、出售个人数据的行为屡禁不止，个人难以摆脱"数据杀熟""数据歧视"等算法歧视的不利处境等问题依然十分严重。由于个人数据失控的危机，导致个人陷入被滋扰、被设计、被利用、被监视、被侵害、被诈骗的境地中。个人数据成为自然人在网络中"裸奔"并被无限"商品化"的客观证明，人的自主性遭到严重威胁。在如此严峻的个人数据保护形势下，进一步加强对个人基本权利和自由的保护是社会健康发展的客观需求。

（二）日益扩张的数据资产化需求

数字经济的勃兴，意味着"数据为王"的时代已然到来。从某种意义上说，谁拥有了数据，谁就可以在市场竞争中脱颖而出。麦肯锡全球研究所指出，到 2025 年，物联网年产值的 60% 将通过整合、挖掘数据来创造。因此，数据争夺战在全球拉开帷幕，并愈演愈烈。自 2014 年起，全球互联网数据中心（IDC）的市场规模持续以 20% 左右的增幅稳步攀升，直到 2018 年，全球 IDC 市场规模达 6253.1 亿元人民币。2018 年北京地区的 IDC 市场规模超过 150 亿元人民币。[②] 并购数据中心成为各国布局全球战略的重要一环，2017、2018 年全球掀起了数据中心并购热潮。2019 年 9 月，我国江苏沙钢集团出资 558 亿全资收购了欧洲最大的数据中心公司 Global Switch。在全球范围内，最有价值的数据中心基本被瓜分完毕。在美国，大型传统银行和互联网金融公司将数据收集全面渗透到了用户的日常金融活动中，双方关于用户数据的争夺战不断升级。在我国，今日头条与腾讯大战、菜鸟和顺丰相互关闭数据接口、腾讯诉华为案、淘宝诉美景案、汉涛诉百度案、微博诉脉脉案等，都是各大互联网企业在抢夺用户数据的控制权。随着 5G 网络的铺陈及推广，用户数据争夺的"战场"必将硝烟

---

①　国家互联网应急中心：《2019 年上半年我国互联网网络安全态势》，http：//www. cac. gov. cn/2019-08/13/c_1124871484. htm，2020 年 2 月 27 日。

②　参见《2018—2019 年北京地区 IDC 市场分析报告》。

弥漫。

在大数据时代，决定公司竞争能力的核心资源在于其能掌握的数据规模及质量。低成本获取个人数据的重要性就如同当年低成本获取劳动力一样，成为企业获得市场竞争优势的关键，由此催生了企业对数据资产的利益需求。个人数据不再只涉及个人权利的保护，而是卷入更加复杂的经济利益关系之中，尤其是随着数据活动的日益深入，已有的个人信息保护的法律架构日益捉襟见肘，越来越无法应对日益复杂的数据利益需求。[1] 如何协调日益增强的个人数据保护需求和数据资产化的关系，是数字经济合法合理发展必须要面对的难题。在个人数据之上构建数据主体和数据业者的适当权利，划分数据利用的合理边界，将是处理个人数据之上利益冲突的良好路径。

第三节　个人数据的客体确认

一　个人数据的属性

（一）人格利益和财产利益

任何客观事物，一旦它承载某种利益价值，就可能成为法律关系的客体，换言之，"客体是利益的某种载体"[2]。个人数据蕴含着人格利益和财产利益。

个人数据蕴含有人格利益。个人数据是"个人人身、行为状态的数据化表示，是个人自然痕迹和社会痕迹的记录"[3]。在信息时代，人的基本人格要素，比如身份、性别、年龄、荣誉等一切可以数字化的基本信息都可以成为个人数据；人的行为，比如网络购物、社交、网络浏览活动等一切网络行为都可以被记录下来成为个人数据。个人数据可以记录个人从摇篮到坟墓的所有信息，这些信息描绘而成的人物画像成为个人人格的外在标志。马斯洛指出，"人格标识的完整性与真实性是主体受到他人尊重

---

[1]　参见龙卫球《数据新型财产权构建及其体系研究》，《政法论坛》2017 年第 4 期。

[2]　郑晓剑：《对民事法律关系"一元客体说"的反思——兼论我国民事法律关系客体类型的应然选择》，《现代法学》2011 年第 4 期。

[3]　张新宝：《从隐私到个人信息：利益再衡量的理论与制度安排》，《中国法学》2015 年第 3 期。

的基本条件"①。个人要受到他人尊重，其人物画像必须与其人格要素保持一致。即便在大数据时代注重对数据的利用，也必须保障个人有尊严地生存，那么必须强调对个人人格价值的尊重与保护，这应当是个人数据保护立法的首要目的。

个人数据具有突出的财产价值。大数据时代，数据的经济价值凸显，新经济的发展离不开数据的分析和利用，数据是驱动数字经济的重要动力，它的价值堪比黄金和石油。企业利用大数据技术挖掘用户行为数据、交易数据等数据的价值，深入了解消费者需求及其偏好，为不同消费者提供个性化的产品营销方案，以提升营销成功率；分析服务数据找出服务过程存在的问题，帮助企业在消费者需求的导引下优化、更新其服务，提高其服务决策的理性和效率。企业也可以通过大数据+运营、大数据+风控等方式来降低成本。企业收集其生产、管理、运营过程的个人数据，利用大数据技术优化生产过程，提升生产和管理效率，降低企业的运营成本；同时，通过大数据找出和预测企业生产风险、交易风险，减少损失。毫无疑问，个人数据具有巨大的经济价值。

民事权利可以分为人身权和财产权两大类，民事法律制度主要就是围绕这两大权利类型来构建的，其中人格权是人身权的重要组成部分，是民事主体固有的、反映其人格属性的基本权利。人格由生命、健康、隐私、名誉、肖像等要素构成，是自然人最基本的利益需求。目前，学界对个人数据承载着人格利益的问题已基本达成共识。财产权是建立在财产之上的民事权利，它反映了民事主体的财产利益。"财产"的内涵较为模糊，主要有三种含义，第一种含义是"物即财产"，即将财产等同于物权法上的"物"；第二种含义是将财产等同于财产权，它涵盖了人身权之外的所有财产权；第三种含义是将财产等同于经济价值，即与经济利益相关或带来经济后果的法律关系都是财产。② 个人数据的财产定性主要是在第三种财产含义上使用。我国学者认识到个人数据商业利用的价值，但是更倾向于从人格权角度阐述个人数据的性质，形成了人格权保护说和人格兼财产权

---

① ［美］亚伯拉罕·马斯洛：《动机与人格》，许金声译，中国人民大学出版社 2007 年版，第 31 页。

② 梅夏英：《数据的法律属性及其民法定位》，《中国社会科学》2016 年第 9 期。

保护说两种流行观点。① 两种观点在个人数据具有人格属性和具有经济价值两点上达成了共识，二者的主要分歧在于：个人数据的经济价值所处的地位及其保护路径的确定。人格权说不将个人数据的经济价值认定为其具有财产属性，而仅承认个人数据具有人格属性，对于经济价值的保护通过"商品化权"的路径来实现。人格兼财产权说则承认个人数据的经济价值为其财产属性，认定个人数据兼具人格属性和财产属性，应当分别予以人格权和财产权的保护。② 我国对于个人数据的保护是刑法走在民法前面，规定了几种侵害个人信息的罪名，学者们认为这些罪名保护的法益主要是人格权益。例如，蔡军认为侵犯公民个人信息罪保护的法益是公民的隐私权。③ 翁孙哲将该罪保护的法益扩展至公民的人身权利。④ 周光权认为该罪保护的法益是公民个人的信息自由、安全和隐私权。⑤ 可见，我国学者强调对个人数据承载的人格利益的保护。

（二）公共属性和私益客体

在信息这一无形资产上界定产权，经济学家往往立足于讨论信息是公共物品还是私人物品。私人物品的消费具有竞争性，而纯公共物品在消费上无竞争性。法律可通过清晰的产权配置来降低谈判成本，从而使私人物品有效配置。相反，公共物品无法利用谈判来促进效率最大化，容易出现"搭便车"行为。信息经济学认为，信息具有公共物品的某种属性：非竞争性和非排他性。但是，如果缺乏对信息生产者的有效补偿与激励，会导致私人市场对信息供给不足。为了纠正信息供应方面的市场失灵，赋予信息处理者拥有私人产权，建立保护其私人产权的制度，比如商业秘密制度、知识产权制度等是方法之一。⑥ 数据作为一种

---

① 任龙龙：《大数据时代的个人信息民法保护》，博士学位论文，对外经贸大学，2017 年，第 62—64 页。

② 刘德良：《民法学上权利客体与权利对象的区分及其意义》，《暨南学报》（哲学社会科学版）2014 年第 9 期。

③ 蔡军：《侵犯个人信息犯罪立法的理性分析——兼论对该罪立法的反思与展望》，《现代法学》2010 年第 4 期。

④ 翁孙哲：《个人信息的刑法保护探析》，《犯罪研究》2012 年第 1 期。

⑤ 周光权：《刑法各论》，中国人民大学出版社 2016 年版，第 71 页。

⑥ ［美］罗伯特·考特、托马斯·尤伦：《法和经济学》，史晋川、董雪兵等译，格致出版社、上海三联书店、上海人民出版社 2001 年第 5 版，第 94—95、105—106 页。

类同于信息的法律关系客体，能否成为私权客体首先要明晰数据是公共物品还是私人物品。

美国 LinkedIn 与 HiQ 案很可能开创硅谷的先例。LinkedIn 是占据主导地位的专业人脉平台，是企业版的 Facebook。HiQ 是一个"数据检索"公司，它抓取 LinkedIn 公开的个人简介数据，随后放进自己的量化黑匣子创造出 Keeper 和 Skill Mapper 两个产品。LinkedIn 允许 HiQ 这么干了 5 年，随后开发了一个与 Skill Mapper 非常类似的产品，并向 HiQ 发出了"勒令停止侵权函"，威胁如果 HiQ 不停止收集其用户数据的话，就会起诉 HiQ 违反了 CFAA，同时采取技术手段，禁止 HiQ 采用爬虫技术获取其网站上公开的用户数据。哈佛大学教授、美国杰出的宪法学者劳伦斯·特赖布（Laurence Tribe）加入了 HiQ 的辩护团队，他认为该案具有"极其重要的意义"，这不仅体现在它可能为数字经济设定竞争规则，而且还在于言论自由领域。HiQ 认为将 LinkedIn 的论坛认定为一个类似于购物中心的公共论坛，HiQ 有权平等在此论坛阅读、发表言论，LinkedIn 阻止其自动收集数据的行为使其不得在公共论坛上阅读言论，侵犯其言论自由。因为言论自由不仅包括个人表达的自由，还包括接受信息的自由。法院解释说，目前，社交媒体网站是许多人了解当前事件、搜寻招聘信息、发表和倾听对公共事件的看法，以及探索人类思想和知识的主要来源。法院将互联网，特别是社交网站比喻为现代的公共广场（modern public square），反映了如下一种社会规范——该论坛对所有成员均可开放和访问。特赖布也表示，如果认可互联网是新的城市广场，同时"数据是中央型资本"，那么就必须让所有人都可以免费获得数据，而 LinkedIn 作为一家私人公司，不能突然决定可以公开获得的、谷歌搜索来的数据是它们的私有财产。美国加州北部地区法院在 2017 年 8 月通过"预先禁令"，要求 LinkedIn 移除阻止 HiQ 访问、复制或使用其网站的公开数据信息以及屏蔽或设置任何阻止 HiQ 访问用户公开数据的法律或技术障碍。早在 LinkedIn 与 HiQ 案裁判法官将互联网喻为现代公共广场之前，有学者就认为，在信息社会中，许多由私人利益所控制的虚拟空间已经获得了类似于城市广场或公共图书馆的准公共角色，成为言论、获取知识或集会等传统行为发生的地点，特别是在线社区和搜索引擎。① 科琳·普林斯教授认为，个人数据可以被广泛获取和利用，是公共领域的组成部分。② 我国学者吴伟光也认为，诸如身份证号码、邮箱、户籍地址、手机号码、交易信息等许多个人数据不是数据主体创造出来的，而是来源于他方的管理或服务系统，这使得个人数据从产生之初即具有公共性，因此，建议应该超越私权观念而将个人数据信息作为公共物品加以保护和规制。③ 刘迎霜也认为应将大数据时代的个人信息视为一种公共物品。④

数据公共物品的定性会给数据产业发展、个人权益保护带来负面影响。个人数据处理需付出时间、经济资源等代价，若数据业者付出代价后处理的个人数据却作为公共物品存在，那么其他主体只需"搭便车"爬取即可，谁还愿意继续处理个人数据呢？当下，我国大数据产业尚处于发展的初期，如果不顾产业发展的需求，盲目将数据作为公共物品而片面强调共享，将挫伤数据业者的生产积极性，阻碍我国大数据产业的持续发展。更糟糕的是，如果将个人数据视为公共物品而利用公法进行保护，"其本质是以牺牲信息主体的权利为代价来确保绝对的信息自由流通"⑤，那么个人尊严、自由、隐私等人格权也无法得到有效保护，个人很可能彻底沦为数据生产的客体。在大数据时代，个人对其数据的控制力、自决能力非常薄弱，而且由于信息不对称问题的存在，个人无法预测自身数据公开后可能导致的后果，个人相较于数据业者不是一个等量级的对手。信息不对称的状态会使数据业者获得信息竞争优势，激发其利益最大化的逐利本性，从而牺牲个人基本权利和自由。个人是自身利益的最佳判断者，个人数据保护不能完全依赖市场、政府，需要通过私权设计增强个人对其数据的控制力，同时限制个人数据共享的范围

---

① Daithí Mac Síthigh, "Virtual walls? The law of pseudo-public spaces", *International Journal of Law in Context*, Vol. 8, Issue 3, September 2012, pp. 394-412.

② Corien Prins, "*Property and Privacy: European Perspectives and the Commodification of Our Identity*", Information Law Series, Vol. 16, 2006, pp. 223-257.

③ 吴伟光：《大数据技术下个人数据信息私权保护论批判》，《政治与法律》2016 年第 7 期。

④ 刘迎霜：《大数据时代个人信息保护再思考——以大数据产业发展之公共福利为视角》，《社会科学》2019 年第 3 期。

⑤ 王成：《个人信息民法保护的模式选择》，《中国社会科学》2019 年第 6 期。

和程度。

　　个人数据是否是公共物品值得商榷，目前支持此观点的学者也是凤毛麟角，不过个人数据具有公共属性已成学界共识。个人数据不只是标识、记录或描述某一个人，同时还可能与其他个人相关联，例如一份参会人员信息汇总表可以传递所有参会人员的个人信息，个人数据的内容会因为牵涉甚广而具有公共性。数据业者通过大数据技术对上百万的人声进行分析以优化声音界面，医疗机构通过分析大量个人医疗数据以提高医疗水平，个人数据的利用价值体现了公共性。个人数据"承载着人类文化传承和社会运行发展的公共元素"，不仅能够用于改善社会治理、企业管理，也能够促进科学文化艺术创新进步。[①] 自 1975 年开始，我国就已尝试应用电子计算机推行经济计划和进行统计汇总，[②] 几十年来，公安部门、国家统计部门、金融部门、教育部门、税务部门、组织部门等在履行行政职能、管理社会公共事务的过程中采集和储存了大量个人数据，形成了包括公共安全视频图像系统、人口普查数据库、个人信用信息基础数据库、中国高校毕业生就业服务信息网、个人所得税管理信息系统、社会保险信息系统、企业信用信息公示系统等各类数据库。2015 年国务院印发的《促进大数据发展行动纲要》要求"加快政府公共信息资源开放，推动资源整合，提升治理能力"，自此，我国进入政府数据开放建设的高速发展期。借助信息技术，政府可以整合个人数据资源，挖掘个人数据的公共管理价值。在防范安全风险方面，政府利用个人数据进行线索溯源和情报分析，预防和侦查恐怖活动以及其他破坏社会公共安全的活动，提高政府反恐能力和效率；利用个人数据妥善应对和处理重大突发公共事件，提高政府公共安全保障能力。在宏观调控方面，政府通过对政务数据资源的关联分析和融合利用，为开展运行动态监测、产业安全预测预警以及转变发展方式分析决策提供信息支持。在改进政府管理和公共治理方式方面，借助数据库促进政府简政放权，推动行政管理流程优化再造，提供更加便捷有效、更有针对性的

---

　　① 高富平：《个人信息保护：从个人控制到社会控制》，《法学研究》2018 年第 3 期。

　　② 曾培炎主编：《信息化与电子政务（全国干部学习专业知识读本）》，人民出版社 2004 年版，第 166—167 页。

服务。① 数据的共享必要性决定了个人数据具有公共属性。

个人数据蕴含着私主体的人格利益和财产利益，是一种私益客体，可进行私权设计。但是，个人数据上的私权应当有所限制，防止侵蚀个人数据的公共属性，以保障个人数据社会价值的实现。

二　个人数据的客体性论证

在个人数据之上存在个人权利保护和数据资产化需求之间的利益冲突，构建个人数据之上数据主体与数据业者的适当权利是缓解冲突的可行路径。权利的构造须明确权利客体，个人数据能否成为一种民事权利客体，直接影响个人数据之上权利构造的可能性。

民事法律关系客体是指"民事法律关系主体享有的民事权利和承担的民事义务所共同指向的对象"②。至于这个"对象"到底是什么，我国民法理论存在着"多元客体论"与"一元客体论"两大观点。③ 多元客体论主张民事法律关系的客体是多样性的，它包括物、行为、智力成果、人格和身份、信息、特定情况下的权利等。④ 多元客体论是我国民法学界的通说。随着社会的发展，许多新的事物，例如胚胎、人工智能等无法涵括于传统民事法律关系的客体范围之内，于是有学者在具体民事法律关系客体的基础之上抽象出一个统一的法律关系客体，这就是"一元客体论"，主要有"行为说"⑤ 和"利益说"⑥。"行为说"无法囊括全部的权

---

① 参见《国务院关于印发促进大数据发展行动纲要的通知》（国发〔2015〕50 号）第 3 条第 1 款。

② 魏振瀛：《民法》，北京大学出版社、高等教育出版社 2007 年版，第 121 页。

③ 马骏驹：《从人格利益到人格要素——人格权法律关系客体之界定》，《河北法学》2006 年第 10 期。

④ 参见佟柔《中国民法学·民法总则》，中国人民公安大学出版社 1990 年版，第 56—58 页；彭万林《民法学》，中国政法大学出版社 1999 年版，第 75 页；刘士国《民法总论》，上海人民出版社 2001 年版，第 242 页；韩松《民法总论》，法律出版社 2006 年版，第 71 页；张文显《法理学》（第四版），高等教育出版社、北京大学出版社 2012 年版，第 117—118 页。

⑤ "行为说"认为民事法律关系若有抽象客体的话，这个客体就是"行为"。参见高健《试论民事法律关系的抽象客体》，《政法论丛》2003 年第 2 期；《法律关系客体再探讨》，《法学论坛》2008 年第 5 期。

⑥ "利益说"认为只有利益才是民事法律关系的客体。参见麻昌华、李明、刘引玲《论民法中的客体利益》，《法商研究》1997 年第 2 期。

利对象和义务对象。① 而"利益说"混淆了民事权利客体与民事权利本质、内容、权利保护目的之间的区别与界限，而且利益自身的性质也不适合于充当民事法律关系的客体。② 因此，个人数据的客体性论证仍然要落脚于多元客体论上。要根据个人数据的特性，判断其是否属于传统法律关系客体的一种，如果不属于现有任何一种客体，则须进行新型客体的论证。

（一）个人数据是一种新型客体

个人数据具有民事客体的特征。

第一，个人数据具有特定性。民事客体的特定性主要表现为可为民事主体独占和控制，即"主体控制客体并排除他人使用的属性"③。同一批次统一印制的专著，每一本专著内容都一模一样，各购买者对其购买的那本专著可进行独占和控制。同理可证，同一信息内容的个人数据可为多个主体占有，但各主体只对其自身拥有的数据进行控制。数据在服务器中存储和流动，数据控制者可以通过开放数据接口允许第三人共享数据，也可设置技术障碍阻止他人接入或爬取数据。控制者虽然无法像控制实物一样控制个人数据，但个人数据也有一个虚拟的边界，就像设置羊圈以控制羊群一样，控制者可以通过信息技术加高加固"羊圈"或打开"羊圈门"来实现对个人数据的控制。实践中运用的分布式访问控制架构、身份层次加密模式、数据存储安全访问控制机制等数据特定可控模型已屡见不鲜。④ 可控也不是"独占"个人数据。数据具有易复制性和不可绝对交割性，数据控制者无法像控制实物一样支配、占有数据，数据的转移必然打破数据之专有与权益专有性的关联，因此，数据的转移充其量只能是使用权的转移而非绝对控制权的转移。数据可被多人共同占有、使用和收益，当权益人的权益用尽，仅承担不作为义务不足以保护数据权益，还可通过

① 马骏驹：《从人格利益到人格要素——人格权法律关系客体之界定》，《河北法学》2006年第10期。

② 郑晓剑：《对民事法律关系"一元客体说"的反思——兼论我国民事法律关系客体类型的应然选择》，《现代法学》2011年第4期。

③ 李爱君、张珺：《数据的法律性质和权利属性》，载"新时代大数据法治峰会——大数据、新增长点、新动能、新秩序论文集"，北京，2017年11月，第3—36页。

④ 许可：《数据权属：经济学与法学的双重视角》，《电子知识产权》2018年第11期。

删除数据存储来实现权益保有人对数据的控制。

第二，个人数据具有独立性。数据是由非物质性的比特构成，这意味着数据不需要物质载体，而只需通过数字化系统工具加以呈现，从而为他人所认知和了解，其表现形式具有客观性。数据可以通过物理设备进行转移，如通过 USB 或无线网络，将智能手机上的文本、音频、视频等数据转移到计算机上存储，数据不随载体的变化而转变，具有一定的独立性。此外，数据所承载的信息是事实和活动，并可与形成事实与活动的主体相分离而成为人们开发利用的对象，其独立性可以像知识产权客体的独立性一样通过法律赋予的方法来实现。

第三，个人数据具有稀缺性。稀缺性首先表现为个人数据生产的"长期性、复杂性和成本化"，其生产过程包括个人数据产出、输入、汇集、加工和输出等环节，"整个过程需要社会以至个人的大量投入，并需要长时期的探索性、创造性、连续性的劳动才能实现"[1]。其次，基于个人数据的价值，商业活动的营利性及竞争性决定了数据业者势必会采取措施阻止其他同业主体对个人数据的商业性使用，[2] 那么市场上可利用的个人数据量就有限，个人数据供求关系即可成就。最后，个人数据是信息时代间接控制用户"注意力"这一稀缺资源的一种媒介，因而具有稀缺性。1971 年，诺贝尔经济学奖获得者赫伯特·A. 西蒙提出："信息的丰富导致注意力的贫乏，因此需要在过量的、可消费的信息资源中有效分配注意力。"[3] 20 年后，沃伦·桑盖特首次使用了"注意力经济"（the economy of attention）一词，并很快为学术界所接受。米歇尔·H. 高德哈伯提出了"注意力货币"的概念，称"注意力是一种珍贵的财产"[4]。也有学者指出，信息社会的核心资源是"注意力"。所谓注意力，是指人们关注某个

---

① 吴汉东：《财产的非物质化革命与革命的非物质财产法》，《中国社会科学》2003 年第4 期。

② 刘德良：《个人信息的财产权保护》，《法学研究》2007 年第 3 期。

③ Herbert A. Simon, " Designing organizations for an Information Rich World ", *Martin Greenberger Computers Communication & the Public Interest the Johns*, Vol. 70, 1971, pp. 37-72. 转引自苏今《大数据时代信息集合上的财产性权利之赋权基础——以数据和信息在大数据生命周期中的"关系化"为出发点》，《清华知识产权评论》2017 年第 1 辑。

④ 转引自苏今《大数据时代信息集合上的财产性权利之赋权基础——以数据和信息在大数据生命周期中的"关系化"为出发点》，《清华知识产权评论》2017 年第 1 辑。

事物的持久尺度。① 在信息爆炸的时代，人类有限的注意力成为稀缺的资源。但是，注意力不能被直接控制，需要通过对个人数据的直接控制，实现对市场主体的注意力的间接"控制"。在信息时代，个人数据作为间接控制"注意力"这一稀缺资源的一种媒介，其价值才被逐步发掘。②

由于个人数据具有特定性、独立性和稀缺性的特征，可成为一种民事客体。但是，个人数据到底是何种类型的民事客体呢？

波斯纳在《论隐私权》一文中提出了隐私经济学理论，他认为信息是人们需要支付代价去获得的具有经济价值的物。③ 1995 年《俄罗斯信息、信息化与信息保护法》（即俄罗斯信息基本法）规定信息资源是财产的组成部分和所有权的客体，确立了信息财产的所有权保护模式。此种权利确认及保护模式源于它把信息资源定性为"物"，从而将其纳入物权的保护范畴。④ 从多元客体论来看，信息和物都是民事法律关系的客体，二者是并列关系而非包含关系，波斯纳及俄罗斯信息基本法将信息财产认定为一种"物"显然是有问题的。"物"的概念起源于罗马法，罗马法将物分为有体物和无体物，有体物是以物质实体形态存在并可为人感官触觉的物，而无体物则针对拟制的物，实际上是指向债权、用益物权、地役权等权利。⑤ 这种物和财产不加区分的使用模式，造成了"物即财产"的误区。⑥ 俄罗斯信息基本法关于信息财产的属性认定就是"物即财产"的逻辑结果。目前，学者们对"物"的共识性认知是，物是指人体之外能为

① 张雷：《注意力经济学》，浙江大学出版社 2002 年版，第 3 页。

② 苏今：《大数据时代信息集合上的财产性权利之赋权基础——以数据和信息在大数据生命周期中的"关系化"为出发点》，《清华知识产权评论》2017 年第 1 辑。

③ ［美］理查德·A. 波斯纳：《论隐私权》，常鹏翱译，载梁慧星主编《民商法论丛》（第 21 卷），金桥文化出版有限公司 2001 年版，第 345 页。

④ 齐爱民：《论信息财产的法律概念和特征》，《知识产权》2008 年第 2 期。李爱君反对这种认定，她认为《俄罗斯信息、信息化与信息保护法》是把数据的物理载体如磁盘等纳入物权制度，而不是载体所储存的数据适用物权制度。参见李爱君《数据权利属性与法律特征》，《东方法学》2018 年第 3 期。

⑤ 周枏：《罗马法原论》（上册），商务印书馆 1994 年版，第 28 页。

⑥ 马俊驹、梅夏英：《财产权制度的历史评析和现实思考》，《中国社会科学》1999 年第 1 期。

人力所支配，对人类有价值的有体物和自然力。① 由于自然力不依赖人的感觉而客观存在，且能为人所感知又能为人所控制，因此自然力是一种物权客体。② 个人数据是以 0、1 代码的形式存在于网络世界中，是客观存在的，且能为人所控制，但是个人数据不像自然力物质实态具有利用价值，个人数据的价值在于其所呈现出来的信息具有价值。承载有著作权的一本书，有价值的是书中所展现的智力成果，并可获得著作权保护，而作为载体的书本身也是一种物权客体，具有独立的价值，个人数据能否以此类比呢？个人数据传递出来的个人信息、隐私等内容，可获得相应的权利保护，作为载体的数据本身是否可与书本一样成为独立的物权客体呢？数据与书本最大的不同在于，书本之所以能成为物权客体，不是因其承载了智力成果，而是其本身作为一种有体物当然地成为物权客体，而数据不是有体物，也不是一种自然力，它是一种信息传递的介质，无法成为物权法上的"物"。物质形态的"物"会因使用而发生损耗，而且主体可对"物"行使排他性的权利。个人数据不会因使用而产生损耗，并可同时成为多主体支配共享的对象，在这一点上，个人数据与"物"在属性上有明显差异。

在网络世界中，通过数据传递信息，那法律保护的是数据本身还是数据的信息内容呢？在网络环境下，数据既是网络信息的唯一载体，又直接显现为信息本身，数据与信息具有天然地共生性和一致性，我们无法脱离数据来独立地享有和处理任何信息。③ 虽然数据并非信息本身，但数据作为法律调整信息的媒介或桥梁而具有类同于信息的地位。数据的价值不是其 0、1 组合而表现出来的比特形式，而是体现在数据传递信息的介质性，信息内容的价值决定了数据的价值。数据可以传递隐私、个人信息、智力成果等法律明确保护的信息内容，还可以传递法律明确保护以外的信息内容，这些信息内容的分享、交易、保护都必须通过数据来实施或实现，而且数据的特性决定了信息内容分享、交易、保护的特殊性。因此，在网络世界中，法律对信息的调整必须通过数据来实现，数据是表层客体，而信

---

① 参见王泽鉴《民法物权》（第二版），北京大学出版社 2009 年版，第 42 页；史尚宽《民法总论》，中国政法大学出版社 2000 年版，第 249 页。

② 吴汉东：《无形财产权基本问题研究》，中国人民大学出版社 2013 年版，第 9 页。

③ 梅夏英：《数据的法律属性及其民法定位》，《中国社会科学》2016 年第 9 期。

息是深层客体，表现在个人数据上，即个人数据是表层客体，而个人信息是深层客体。

最初数据仅是作为信息的一种表现形式存在的，因科学技术条件的局限，无法发展出独立的价值。随着网络等信息技术的发展，尤其是大数据时代的到来，海量数据分析和挖掘成为可能，数据成为一种新型资源，逐渐展现出独立的巨大价值。"每当工业和商业的发展创造出新的交往形式……法便不得不承认它们是获得财产的新方式。"① 个人数据是一种独立于传统法律关系客体之外的民事客体，既不是物、智力成果，也不再是一种单纯的信息载体，而是一种具有独立价值的新型法律客体。

（二）个人数据是权利客体

个人数据作为一项能给个人和社会带来利益的事物，学界正在努力从权利层面界定个人数据利益，但是个人数据是否应当且足以成为权利客体从而得到法律的保护，是个人数据权利化必须首先解决的基础问题。

"权利"和"法益"都是以"利益"为基础的概念。在中国古代典籍中，"利益"是两个具有独立意义的词，后由于"利"和"益"都有"好"的意思，故而合为"利益"一词。《辞书》将"利益"用来指客体与现象的积极价值。庞德认为，利益是人们企求得到满足的一种要求、愿望或期待。他根据耶林的学说，将利益分作三大类，个人利益、公共利益和社会利益，分别表达了以个人生活名义、政治组织社会名义或为维护社会秩序、社会的正常活动而提出的主张、要求和愿望。② 霍尔巴赫认为，利益是每个人认为对实现自身幸福所不可或缺的东西。③ 耶律内克认为："利益是一种离不开主体对客体之间所存在某种关系的价值形成，是被主体所获得或肯定的积极的价值。"④ 可见，利益就是主体所认为的、客体对主体所具有的价值。⑤ 利益与价值相连，具有以下内涵，一是利益包括

---

① 《马克思恩格斯全集》（第3卷），人民出版社1972年版，第72页。

② ［美］庞德：《法理学》（第3卷），美国西方出版公司1959年版，第16页，转引自沈宗灵《现代西方法理学》，北京大学出版社1992年第1版，第258、259页。

③ ［法］霍尔巴赫：《自然的体系》，管士滨译，商务印书馆1999年版，第259页。

④ 转引自胡建淼、邢益精《公共利益概念透析》，《法学》2004年第10期。

⑤ 周义程：《公共利益、公共事务和公共事业的概念界说》，《南京社会科学》2007年第1期。

物质利益和精神利益两大类；二是利益具有主观性，是主体对客体所做的价值判断，因人而异；三是利益体现客体对主体的有用性，客体可为主体带来价值。相较于利益，"权利"一词并非古已有之，而是 19 世纪中期以后，"权利"才被作为法律（法学）的基本概念总结出来，① 并成为私法的核心概念。② 古今中外对"权利"的释义众说纷纭，代表性的观点有意思说、利益说和法力说。③ 意思说认为权利的本质是意思的自由或支配。④ 利益说主张权利的本质是法律所保护的利益。⑤ 法力说吸收了意志说和利益说的合理之处，认为权利是由特定的利益和法律上之力两种因素构成的。法力说克服了意志说和利益说主观主义的缺陷而成为大陆法系民法学界的通说，也是我国民法学界的主流学说。⑥ 根据法力说，我们对权利可作如下理解：第一，法律上之力是权利的外形。只有受法律保护的利益才有上升为"权利"的可能，据此可区别权利与一般利益。第二，权利是以特定利益为内容。特定的利益，是指已为法律所类型化的利益。这种利益的特定性将权利与狭义上的法益区分开来。⑦ 第三，权利一般是指法定权利。由于权利是法律赋予并受法律保护的特定利益，是从实定法的角度界定权利，因此我们所称权利一般是指法定权利。⑧ 因此，并非法律认为值得保护的任何利益均能被赋予"权利"名分，权利是指称那些被

---

① 张文显：《二十世纪西方哲学思潮研究》，法律出版社 1996 年版，第 491 页。

② ［德］迪特尔·梅迪库斯：《德国民法总论》，邵建东译，法律出版社 2000 年版，第 62 页。

③ 梁慧星：《民法总论》，法律出版社 2017 年第 5 版，第 70 页。

④ 凌立志：《侵权行为法基本原则初探》，《求索》2006 年第 5 期。

⑤ ［德］耶林：《拿破仑法典以来私法的普遍变迁》，徐砥平译，中国政法大学出版社 2003 年版，第 18 页。

⑥ 参见佟柔《中国民法学·民法总则》，中国公安大学出版社 1990 年版，第 68 页；郑玉波《民法总则》，中国政法大学出版社 2003 年版，第 63 页；梁慧星《民法总论》，法律出版社 2017 年版，第 70 页；张文显《法哲学范畴研究》，中国政法大学出版社 2001 年版，第 303 页；王利明《民法总则研究》，中国人民大学出版社 2003 年版，第 202 页；龙卫球《民法总论》，中国法制出版社 2002 年版，第 116 页。

⑦ 熊谓龙：《权利，抑或法益？——一般人格权本质的再讨论》，《比较法研究》2005 年第 2 期。

⑧ 关永红、陈磊甲：《论民法法益本体及其制度化应用》，《山西师大学报》（社会科学版）2009 年第 4 期。

法律所确认的类型化的特定利益。法益有广义和狭义之分，广义上的法益包括权利，强调利益受法律保护的特性。狭义上的法益是指权利之外可获得法律保护的利益。[①] 有些利益不能被涵括至已有的权利类型之中，又通常成为被侵害的对象，实有法律保护的必要性，因此可将这些无法类型化至权利形态的利益纳入法律保护的范畴，统称为法益。法益是一般利益向权利过渡的中间利益形态，它受法律保护的力度要弱于权利，主要表现在法益无法像权利那样可积极主张和行使。权利的内容和边界一般是确定的，受到他人侵害时，受害人无须自证权利存在即可获得法律保护。而法益则无清晰的内容和边界，受侵害时需要受害人自证利益受法律保护的必要性，因而法益一般只能获得防御性保护。但是一旦法益具备了可供概括归纳的确定特质，事实上已被广泛接受，且能够类型化为具体权利时，法益即可被立法上升为一种权利。例如，隐私利益就是如此演变成隐私权的。

权利与法益具有不同的法律保护力度，因而权利和法益具有区分的必要性，但是如果仅是声称要区分二者，却无有效的区分方法，那么这种区分将会流于形式，无法清晰划定权利法与法益法的保护范围。全国人大法工委王胜明副主任曾表示，如果从内容上划分权利和法益，由于二者都是以利益为内容，很难划分清楚；若从形式上划分，即法律明定为权利的是权利，法律未规定为权利但又需要法律保护的利益是法益，也不妥当。例如"婚姻自由"、权利化之前的"隐私"、渔业生产者的合法权益、身体权等虽未被明确冠以"权利"称谓，但实际上又具有权利地位。而且权利与法益可以相互转化。"因为有这么多的疑问，我不敢大胆接受在侵权责任法中规定侵害的对象一类是权利，一类是利益……那就写'侵害民事权益'。"[②] 可见，权利与法益区分困难的现实是造成我国《侵权责任法》（已失效）不区分权利与法益并进行分别保护的重要原因之一。如果权利和法益无法清晰区分，则构建的权益区分的保护体系就有可能出现

---

① 参见张驰、韩强《民事权利类型及其保护》，《法学》2001 年第 12 期；龙卫球《民法总论》，中国法制出版社 2002 年版，第 121 页；李岩《民事法益的界定》，《当代法学》2008 年第 3 期。

② 王胜明：《侵权责任法的立法思考》（一），http：//old. civillaw. com. cn/article/default. asp？id＝47193，2019 年 5 月 21 日。

"保护过度"（法益被误认为权利）和"保护不足"（权利被降格为法益）的问题。①

"排除法"是一种区分权利与法益的可行方法，即从权利界定入手，如果某项受法律保护的利益符合一定的权利条件，则被纳入权利范畴，否则即为法益。一般而言，权利的内容和边界是明确的，相较于法益，权利的范畴更好划定。权利和法益划分的典型场景是侵权法领域，主流观点认为，侵权责任法保护的"民事权益"包括民事权利和法益，权利主要限于绝对权。② 拉伦茨与卡纳里斯认为侵权法上的权利应该具备三个特征：归属效能、排除效能和社会典型公开性。③ 首先，权利的归属效能体现在权利可明确归属于特定主体。只有当标的物可以明确归属于特定主体时，该主体才可对标的物进行排他的、支配性使用。因此，能够确定地归属于特定主体的受法律保护的利益才可能是权利，达不到这一标准的，则可能为法益。其次，权利的排除效能能够排除他人的非法干涉。排除效能以归属效能为前提，当法律将某项受保护的利益明确地归属于某一主体时，就在权利人与他人之间树立了一道权利边界，他人无正当理由不得越界，否则权利人可请求排除他人的越界行为，这体现的就是权利的排他效能。如果某项受法律保护的利益不能树立这道边界，那么他人是否构成非法干涉就可能无法判断，该利益即无排他效能，则非权利，而是法益。最后，权利的社会典型公开性在于维持权利的公示性。绝对权的义务人是不特定的第三人，他们负有不得侵犯权利的不作为义务。绝对权要达到这个效果，必须向第三人公示其权利，从而使第三人明确其行为的合理边界，进而形成对其行为的合理预期以及保障其行为自由。权利的公示性可以通过占有、登记等方式实现。如果某项利益不具有公示性，那么就不容易为社会公众所识别，进而影响归属效能和排除效能的实现，因此，不具备社会典型公开性而受法律保护的利益不是权利，而是法益。某项受法律保护的利益只有同时具备这三个特征，才能构成一项权利，否则即为法益。

这种权利和法益的区分方法实际上是以绝对权为分析基础的，由此引

---

① 于飞：《侵权法中权利与利益的区分方法》，《法学研究》2011 年第 4 期。

② 参见王利明、周友军、高圣平《中国侵权责任法教程》，人民法院出版社 2010 年版，第 60 页以下；葛云松《〈侵权责任法〉保护的民事权益》，《中国法学》2010 年第 3 期。

③ 转引自于飞《侵权法中权利与利益的区分方法》，《法学研究》2011 年第 4 期。

发了几个问题需要进一步解释。第一，以绝对权为分析基础，能否充分解释"权利"的特性？以权利之标的为标准，可将民事权利分为人身权和财产权两类，其中财产权包括物权、债权和知识产权等权利。人身权、物权、知识产权属绝对权，而债权属于相对权。[①] 因此，绝对权是权利的主要构成部分。债权虽然是一种权利类型，但其内容只有在具体法律关系中才能确定，换言之，债权的内容不是法律预先设定的，而是依据当事人的意思来确定，具有不稳定性。我们在论证某项法律关系客体能否成为权利客体，主要是要论证该客体是否能成为绝对权的客体，而非相对权客体，因为相对权的形成只需要当事人意思一致即可，法律主要是在保护层面而非权利设立上发挥作用。因此，在论证某项客体能否成为权利客体的语境下，以绝对权为分析基础是妥当的。第二，以绝对权为分析基础的另一个原因是侵权责任法中的"权利"主要是绝对权，那么是否意味着这种权利和法益区分的方法只有在侵权责任法领域内才有适用的价值？绝对权受损，除了可通过物上请求权、人身权上请求权、知识产权上请求权等绝对权本身的效力进行救济外，侵权保护是主要的救济路径。即便是债权，理论上也主张构建第三人侵害债权制度，即通过侵权保护路径来救济债权损害。因此，侵权责任法可以为所有类型的民事权利提供救济，适用范围非常广泛，以其为分析语境无可厚非。第三，并非所有的绝对权都有清晰的权利边界，将排除效能、社会典型公开性作为区分权利与法益的要点，是否会犯绝对化的错误？一般人格权是具有权利之名，却无清晰权利边界的典型权利。由于内容不确定、边界不清晰，一般人格权无法给他人课以明确的不作为义务，因此，其排除效能存疑，也缺乏绝对权该有的"社会典型公开性"的特征，故有人认为一般人格权仅有权利之名，而无权利之实。[②] 一般而言，只有人格权会产生这种"名不符实"的情形，因为人格权的本质在于从人本身的角度确认人的主体地位，发挥人的主体价值，而且人格权以人格要素为客体，[③] 客体的特性决定了权利的内容，人格的复杂性、主观性、抽象性根本上导致许多人格权内容的抽象性，由此无法

---

① 梁慧星：《民法总论》，法律出版社 2017 年版，第 75 页。

② 于飞：《侵权法中权利与利益的区分方法》，《法学研究》2011 年第 4 期。

③ 马骏驹：《从人格利益到人格要素——人格权法律关系客体之界定》，《河北法学》2006 年第 10 期。

确定一般人格权的权利边界也就不足为奇了。人格尊严、人格自由等一般人格权是公民的基本人权，任何人不能非法侵害，不能确定清晰的边界不会损害一般人格权的绝对性。财产权一般不会出现类似问题。财产权的客体具有客观性、独立性和可控性，决定了财产权的边界是明确的。因此，至少在讨论某项财产利益是权利还是法益的语境下，"排除法"是有效的。

可从个人数据上的权益是否具有归属效能、排除效能和社会典型公开性三个特征来分析个人数据能否成为一种权利客体。

第一，个人数据上的权益可明确归属于特定主体。数据主体是个人数据的内容主体及利益直接相关者，因此，数据主体是个人数据上权益的当然归属者。数据主体可以将其个人数据提供给多个数据业者，各数据业者都能合法占有同一内容的个人数据。即使用户只将其个人数据提供给某一数据业者，也不意味着该数据业者可以独占数据。例如用户的网页浏览数据被所浏览网页的经营者收集，网络经营者可将这些数据存储于第三方云平台，也可能委托大数据技术公司进行数据分析挖掘，甚至可能将这些数据打包出售给第三方，在此过程中，网络经营者、云平台、大数据技术公司和数据购买者都可以同时拥有这些数据。但是个人数据的非独占性、非专有性不意味着不能明确归属于特定主体。个人数据是与个人有关的数据，其内容是关于个人的身份属性、行为活动等信息，数据主体是明确的。数据主体登录并使用某个平台的网络服务，如果该网络服务提供者可以处理所收集的个人数据，并能决定数据处理的目的和方式，则其就是这些个人数据的控制者。同样信息内容的个人数据可被多个数据控制者占有，各控制者仅对其占有的个人数据行使权利，对信息内容的非独占性不影响其权益主体的地位。数据控制者将其控制的个人数据存储于第三方云服务空间或委托其他数据业者进行处理，没有改变个人数据的权利归属。因此，个人数据是可以确定地归属于某些主体的。

第二，个人数据上的权益可以实现排他性。个人数据呈现了数据主体的个人信息，承载着数据主体的人格利益，数据主体是当然的个人数据权利主体，可对个人数据享有排他性的人格权利。虽然在当前的大数据环境下，数据主体无法有效地控制其个人数据，但是，法律保护个人数据的努力方向之一就是增强数据主体对其个人数据的控制力，知情同意规则的确立就是明证。如果数据业者也是个人数据上的权益主体，其可通过技术手段或法律规则请求排除他人的越界行为。倘若他人未经许可擅自收集个人数据，权益人还可要求他人删除个人数据或禁止他人使用，也体现了个人数据上权益的排他效能。

第三，个人数据上的权益具有社会典型公开性。对于数据主体而言，个人数据的内容反映了数据主体的人格利益，其权利主体地位通过数据内容即可公示，无须额外的公示手段。数据控制者可通过信息技术来控制个人数据，并通过设置技术障碍防止他人抓取其控制的数据，许多个人数据就被控制者当作商业秘密加以保护，数据控制者是通过"占有"来公示其数据权益的。

个人数据上承载的权益满足归属效能、排除效能和社会典型公开性的条件，因此，个人数据可成为一种独立的权利客体。

三　个人数据财产化的反思

（一）个人数据财产化的流行

美国出现了个人数据商品化的思潮，许多学者建议将个人数据视为商品，并且认为美国人已经参与其个人数据的商品化。西蒙·戴维斯探讨了个人数据转变为商品的过程。[①] 杰瑞·康认为网络隐私可被视为商品，受默认规则约束，允许个人对数据再利用施加限制。[②] 保罗·M. 施瓦茨认为可植入芯片、可穿戴设备、广告软件和间谍软件以及补偿式电话营销是个人数据商品化的典型系统和设备，迄今为止学者们关于这些系统和设备的争论的焦点是认为个人数据的自由让与性是可取的并且是应该允许的。[③] 劳伦斯·莱斯格指出反对数据商品化的学者观点不能为反对个人数据财产化提供有说服力的依据，而主张个人数据财产化的学者通常对隐私

[①]　Simon G. Davies, "ReEngineering the Right to Privacy: How Privacy Has Been Transformed from a Right to a Commodity", in Philip E. Agre and Marc Rotenberg eds., *Technology and privacy: The new landscape*, London: The MIT Press, 1997, pp. 160-161.

[②]　Jerry Kang, "Information Privacy in Cyberspace Transactions", *Stan. L. Rev*, Vol. 50, 1998, pp. 1246-1294.

[③]　Paul M. Schwartz, "Property, Privacy, and Personal Data", *Harv. L. Rev*, Vol. 117, 2003, pp. 2060-2069.

担忧不够敏感而认为不需要对数据交易进行法律限制，因而倡议适用财产权概念来保护网络隐私。① 个人数据商品化的典型例子之一是电话营销。伊恩·艾尔斯和马修·芬克主张，应当对接听过营销电话的用户进行补偿。美国联邦和许多州"Do Not Call"清单仅允许消费者拒绝接听营销电话，而不允许以有偿的方式接听这些电话。他们认为这种方法存在缺陷，因为它阻止了愿意接受这种价格的消费者和愿意为此付费的电话推销员之间的交流，并称为"政府强加给消费者的毫无价值"的制度。为了应对这种情况，他们呼吁提供一个"定价"系统，消费者可以选择他们接听的营销电话每分钟的接听价格，而且还能够为接听电话表达定制偏好。将电话营销进行补偿性许可设计，个人就需要牺牲自己的时间、独处的状态以接听自己感兴趣的营销电话，并因此获取补偿，这是一种将个人信息进行商品化的行为，而这种商品化可能意味着一种转变，具体而言是从价值为零的传统物理隐私制度②转变为传统隐私具有积极价值的状态③。他们甚至预测，这种方法加强了个人独处隐私的保护，从法律规定的无价值转变为市场估值，会让人们更重视传统隐私的价值。因此，应允许个人自由地让与他们的隐私权，这种隐私权不再是单纯的传统隐私权。④ 在信息隐私的情境下，保罗·施瓦茨也肯定了伊恩·艾尔斯和马修·芬克的观点，他认为电话营销公司通常是在个人不知情的情况下处理着个人数据，一旦消费者收到了通知，个人数据的商品化会发生从信息隐私价值为零到信息隐私具有积极价值的转变。⑤ 玛格丽特·简·拉丁认为商品代表着某种社

---

① Lawrence Lessig, *Code and Other Laws of Cyberspace*, New York: Basic Books, 1999, pp. 142-163.

② 传统个人隐私权是一种消极权利，要求任何人不得侵犯个人独处的权利，在这种情况下，隐私不得用于交易。对个人而言，隐私一种消极利益，无法转变为积极的利益，营销者侵犯个人隐私权，打破了个人隐私不被侵犯的消极状态，为此需要赔偿，但是此赔偿并非隐私遭侵害的对价，而是对隐私损害的赔偿。

③ 个人可以用自己独处的隐私权与电话营销公司进行交易，所获取的补偿就是个人牺牲隐私权的对价，这时候传统隐私权就不仅代表着个人的消极利益，还可以转变为积极收益。

④ Ian Ayres and Matthew Funk, "Marketing Privacy", *Yale J. on Reg*, Vol. 20, 2003, pp. 96, 110, 133-134.

⑤ Paul M. Schwartz, "Property, Privacy, and Personal Data", *Harv. L. Rev*, Vol. 117, 2003, pp. 2075-2076.

会建构，商品化的个人数据是可以被用于交换的个人数据独立包，个人数据的交易正在步身体部位、婴儿和性服务等有争议的商品的后尘。① 美国数据商品化思潮强调个人数据的财产价值，甚至涉及个人隐私的数据也可以作为商品进行交易。

许多隐私保护人士主张采用数据隐私财产权的保护路径来达到保护隐私的目的。例如，哈尔·R. 瓦里安主张消费者的数据隐私可成为私人信息中的财产权客体，以探索让消费者能够控制其个人数据使用的可能性。② 肯尼斯·C. 劳登认为当前的隐私危机源于市场失灵，在理论上可以通过将个人信息作为财产处理，并通过定价机制更好地反映其价值。③ 杰西卡·利特曼主张赋予个人数据信息以财产权保护的理由主要在于符合天赋人权的自然权利思想，以及由此可使数据主体在市场上依据自由意愿来进行数据交易，数据主体就可依据财产权来管理和控制自己的隐私利益。④ 薇拉·贝尔格森将数据商品化发展而形成的信息市场称为"第二市场"，认为财产权的保护方式是最适宜规制个人信息的方式，而且在财产权范式下，相较于数据收集者，个人拥有更强的道德主张。⑤ 这些主张通过财产权制度保护隐私权的学者提出了归属于个人的"可交易隐私权"，个人可行使此权利自由交换金钱、服务或其他利益。

我国数据产业也非常重视个人数据的财产价值，数据商品化的趋势非常明显。在 2013 年举行的第 15 届工博会院士圆桌会议上，中科院院士陆汝钤表示：数据应用是整个"大数据"的出发点和最后的归宿，大数据

①　Margaret Jane Radin, *Contested Commodities*, Cambridge：Harvard University Press, 1996, pp. 2-15, 131-153.

②　Hal R. Varian, "Economic Aspects of Personal Privacy", in William H. Lehr and Lorenzo Maria Pupillo, *Internet Policy and Economics：Challenges and Perspectives*, New York：Springer Science & Business Media, 2009, pp. 101-109.

③　Kenneth C. Laudon, "Extensions to the Theory of Market and Privacy：Mechanics of Pricing Information", https：//core. ac. uk/download/pdf/43020301. pdf.

④　Jessica Litman, "Information Privacy/Information Property", *Stanford Law Review*, Vol. 52, No. 5, 2000, pp. 1292-1294.

⑤　Vera Bergelson, "It's Personal but Is It Mine? Toward Property Rights in Personal Information", *U. C. Davis L. Rev*, Vol. 37, 2003, pp. 403-404.

的应用，一定不要忘了数据的商品属性。① 目前，我国大数据交易平台蓬勃发展，平台上交易的对象就是数据。例如，北京数海大数据交易平台的交易对象是各类主体控制的原始或经处理后的各类数据。② 面对大数据及数据资产化发展的现实需求，财产思维也成为塑造我国个人数据保护研究范式的巨大力量，许多学者提出了个人数据财产权的主张。例如，张新宝主张构建"普遍免费+个别付费"的个人数据保护模式，认为法律有必要承认并保护个人信息具有的潜在财产利益价值。③ 刘德良认为个人数据的经济价值为其财产属性，认定个人数据兼具人格属性和财产属性，应当分别予以人格权和财产权的保护。④ 王利明主张应对数据设立新型财产权利，权利的出发点是人而非物，数据主体应拥有优先的权利。⑤ 肖冬梅、文禹衡将数据主体享有的数据权利分为数据人格权和数据财产权，其中数据财产权主要包括数据采集权、可携权、使用权和收益权。⑥ 吕廷君认为大数据时代的数据财产权是指公民和企业、社会组织对产生于自身或者合法采集的数据所拥有的占有、使用、收益和处分的权利，其中公民对包括其个人信息在内的数据享有财产所有权。⑦ 苏长江认为个人信息是人格权和财产权的双重客体，应当给予个人信息以人格权和财产权的双重保护。⑧ 邢会强将个人信息分为个人基本信息、伴生个人信息和预测个人信息，其中个人基本信息的财产权完全属于个人，伴生个人信息和预测个人信息的财产权由个人与信息企业共有，两主体享有的财产份额有差异。⑨

---

① 耿挺：《"大数据"应用，不应忽视商品属性》，《上海科技报》2013 年 11 月 27 日第 1 版。

② 参见《中关村数海大数据交易平台规则（征求意见版）》第 16 条。

③ 张新宝：《"普遍免费+个别付费"：个人信息保护的一个新思维》，《比较法研究》2018 年第 5 期。

④ 刘德良：《民法学上权利客体与权利对象的区分及其意义》，《暨南学报》（哲学社会科学版）2014 年第 9 期。

⑤ 王利明：《人格权法研究》，中国人民大学出版社 2012 年第 2 版，第 608—638 页。

⑥ 肖冬梅、文禹衡：《数据权谱系论纲》，《湘潭大学学报》（哲学社会科学版）2015 年第 6 期。

⑦ 吕廷君：《数据权体系及其法治意义》，《中共中央党校学报》2017 年第 5 期。

⑧ 苏长江：《个人信息的法律属性探究》，《经济论坛》2013 年第 6 期。

⑨ 邢会强：《大数据交易背景下个人信息财产权的分配与实现机制》，《法学评论》2019 年第 6 期。

可见，许多学者主张对个人数据进行财产权设计。财产是民法上一个常见的、含义模糊不清的概念，而且其外延会随着科学技术的发展而不断扩张。从最早的有体物到股票、债券等有价证券，再到著作、商标、专利等智力成果，直到大数据时代的数据的财产化，财产的范围不断扩大，财产权的延展性、包容性也在不断扩展。个人数据经济价值的凸显必然引起学者对其财产性的关注，因而将个人数据纳入财产权的研究范围就不难理解了。

（二）个人数据财产化的反思

"我们的时代是权利的时代。"[1] 在当代中国，权利话语凸显，尤其是在民法领域，权利泛化的现象不同程度地存在。"权利范式"是当代民法规则的主要构建范式之一，即民事主体借助"权利"强制约束其他主体的行为的法律关系调整范式，物权和人身权规则即属于典型的"权利范式"产物。"具有免除规则正当性论证环节的效果"是"权利范式"的优势之一，但同时"省略了正当性论证的逻辑前提"也是"权利范式"的固有弊端之一，这是因为"权利范式"下规则的正当性论证，是通过一种"权利即是正义"式的"理所当然"的形式完成的，而这种"理所当然"必须构建于共识性的价值判断之上。[2] 因此，个人数据财产权设立的正当性必须构建于共识性的价值判断之上。

许多国外学者质疑将个人数据视为一种财产形式的观点，认为构建个人数据财产权不能给予我们预想的隐私保护，因此主张禁止个人数据交易。[3] 其中，"隐私市场失灵"（privacy market failure）是否定个人数据财产化的主要理由之一。[4] 如果个人数据可以商品化、财产化，那就意味着个人数据可以在市场上自由交易，但是许多隐私学者认为现有的隐私市场失灵，可能引起不良后果。例如，朱莉·E. 科恩认为，个人信息中的财

---

[1] ［美］路易斯·亨金：《权利的时代》，信春鹰等译，知识出版社1997年版，第202页。

[2] 申晨：《虚拟财产规则的路径重构》，《法学家》2016年第1期。

[3] See Anita L. Allen, "Coercing Privacy", *Wm. & Mary L. Rev*, Vol. 40, 1999, pp. 750-757; Julie E. Cohen, "Examined Lives: Informational Privacy and the Subject as Object", *Stan. L. Rev*, Vol. 52, 2000, pp. 1423-1428.

[4] Paul M. Schwartz, "Property, Privacy, and Personal Data", *Harv. L. Rev*, Vol. 117, 2003, p. 2059.

产与信息隐私之间可能存在负相关关系，个人识别信息的财产权有助于实现更多的数据交易和生产，而非更多的隐私保护，市场失灵会导致人们交易太多他们的财产性个人数据，从而侵蚀现有的隐私保护。[1] 隐私市场失灵导致的第一个不良后果是"隐私价格歧视"。用户对个人隐私的敏感性和担忧度因人而异，公司可以较容易获得那些不担忧自己隐私泄露的用户的个人数据，而较难获得隐私敏感度高的用户的个人数据，因此，公司会花费更多的成本去接触不想被联系的消费者，这导致同样的个人数据，用户可获得的交易对价却不一致，引起隐私价格歧视问题。第二个不良后果是会导致数据业者对用户隐私保护投入不足。在网络服务中，用户能够借以表达其隐私偏好的机制有限，而且数据业者往往预留隐私窥探"后门"，用户要么不知情，要么维权成本高昂，这些原因导致数据业者一方面不能有效地了解用户的隐私保护愿望；另一方面保护用户隐私的动力不足，甚至将隐私侵入技术（PIT）伪装成隐私增强技术（PET），[2] 悄然侵害用户隐私。第三个不良后果是可能导致"劣币驱逐良币"效应。在隐私市场中，数据业者和用户之间存在信息不对称问题。数据业者一般会提供两种类型的隐私政策：故意模糊条款以使用户难以理解并获得有关个人数据收集和使用的可靠信息的隐私政策（低质量的隐私政策）和致力于保护用户隐私且可理解性高的隐私政策（高质量的隐私政策）。低质量的隐私政策可获得用户更多信息，进而更了解用户的隐私偏好，同时进行隐私保护的投入成本偏少；而高质量的隐私政策收集用户信息的行为受到更多限制，且隐私保护投入更多。而用户的"有限理性"使其无法清晰地辨别两种隐私政策的区别，从而普遍接受数据业者提供的任何隐私政策，甚至可能因为提供低质量隐私政策的数据业者能够提供更多的便利性而吸引了更多的用户。久而久之，数据业者都不愿再提供高质量的隐私政策，最终造成劣币驱逐良币的后果。第四个不良后果是可能会导致隐私交易"贫富差距"。大部分个人数据会涉及用户个人隐私，用户在追逐数据财

---

[1]　Julie E. Cohen, "Examined Lives: Informational Privacy and the Subject as Object", *Stan. L. Rev*, Vol. 52, 2000, pp. 1391-1401.

[2]　一个链接表面承诺是隐私增强产品，实际上却是监视用户的软件（如 Web Bug）。例如，Blubster 是一个受欢迎的文件共享软件，承诺对用户进行匿名性保护，但它也在软件中偷偷夹带广告软件以跟踪计算机用户。

产利益的同时，出卖的是自身的隐私，因此，从本质上看，个人数据交易就是隐私交易。隐私有"卖"就会有"买"，隐私出卖可能会降低社会整体的隐私保护水平，使公众的隐私状况更加糟糕；同时隐私购买会受限于用户财力原因，而致"穷人"（不能购买足够隐私的人）处于不利地位，进而导致人格不平等。总之，隐私市场失灵导致个人数据财产化基础上的数据交易与隐私保护难以兼顾。

对个人数据财产化的质疑还包括，个人数据的完全财产化排除了对数据交易的限制。财产与自由转让具有相连性，一旦个人数据被完全财产化，就很难限制个人追求这种利益的权利。因此，帕米拉·萨缪尔森（Pamela Samuelson）在质疑个人数据财产化时指出："这是一种常见的产权制度的特点，即当权利所有人向另一人出售其利益时，该买方可以向第三方自由转让其从初始卖方处获得的任何利益。对于信息隐私来说，其自由转让的市场运作效果还不太清楚。"① 财产意味着可自由转让，但转让的结果可能会对信息隐私造成两个严重问题。第一，个人数据的二次使用无法限制。萨缪尔森写道："个人可能愿意出售他的数据给 N 公司，目的是 S，但他可能不希望赋予 N 将这些数据出售给 M 或 P 的权利，或者让 N 为目的 T 或 U 使用数据。"但是，个人数据财产权自由转让后，个人无法限制另一方二次使用或转让其已出售的个人数据。第二，难以估算个人数据二次使用的价格。个人无法有效地限制个人数据的二次使用或自由转让，只能通过收取二次使用或转让的费用以减免损失，但是个人难以评估该价格。如果个人和数据买家可以自由设定数据销售价格，他们实际上也为数据侵权行为设定了价格，即未经许可获取个人数据的成本。因此，萨缪尔森反对个人数据财产化的任何模式。当然，也有学者认为个人数据财产化并不意味着自由转让的无限制性，财产也可以与转让受限相联系，因而支持对个人数据的财产化进行限制。保罗·M. 施瓦茨借用布莱克斯通（Blackstone）的财产观，用以说明财产是一种构建社会关系的方式，可以通过对财产自由转让进行限制，以规避个人数据自由转让可能导致的不良

---

① Pamela Samuelson, "Privacy as Intellectual Property?", *Stan. L. Rev*, Vol. 52, 2000, p. 1138.

后果，例如个人的隐私权侵害。[①] 朱莉·科恩也认为以财产观来看待数据隐私，既有利又有弊，承认个人数据财产权的好处是促进了交易，却降低了隐私保护；根据知识产权模型，赋予数据"创造者"数据权利，并对权利的行使进行限制，这为保护数据隐私提供了一种可能性，该范式可向个人提供对自身数据细粒度的持续控制。[②] 通过对个人数据财产化后的自由转让进行限制，一定程度上确实可以克服个人数据自由转让带来的负面影响，但是仅依靠财产权制度本身无法实现其预期目的。财产权制度强调私权主体的自我保护，但是个人无法有效控制其数据，即便对其出售后的个人数据二次使用或自由转让行为进行限制，个人也无力"监督"限制的落实。因此，需要政府等公权力机关和其他社会组织介入以替代或强化"监督"力量，但是这已超出财产权私权制度能够调整的范围。

个人数据财产化的第三个困境是权利归属的复杂性。个人数据财产化后面临的问题是权利的归属问题。有些人格权蕴含有财产价值，典型的如肖像权。肖像具有独立使用价值且价值密度高，权利主体可以通过授权他人使用其肖像而独占财产收益，个人是其肖像财产利益的当然获得者，这在学界已成共识。但是这一逻辑并不当然地可类推适用于所有个人数据。这是因为个人数据价值密度低，单个数据几乎没有市场价值，只有形成数据集合，其财产价值才能凸显。在个人数据集合财产价值挖掘的过程中，主要的贡献者是数据业者。一方面，个人数据必须在电子商务系统、银行系统等数据平台系统中形成，即个人数据的生成、存储需要数据业者协助，没有数据业者提供的数据平台和系统，许多个人数据无法产生；另一方面个人数据聚合也是数据业者努力的结果，数据挖掘、分析后产生的新的财产价值更是数据业者一力促成。虽然用户在生成个人数据中付出了劳动，但是如果没有数据业者的劳动，许多个人数据无法留存，其价值也无法被发掘出来，因此，个人独占其数据财产价值缺乏正当性。但是，将个人数据的财产价值分配给数据业者，其制度目的也并非那么明确。难道仅因为数据业者对个人数据聚合、分析、挖掘付出了实质性投入，就需要赋

---

① Paul M. Schwartz, "Property, Privacy, and Personal Data", *Harv. L. Rev*, Vol. 117, 2003, pp. 2090-2094.

② Julie E. Cohen, "Examined Lives: Informational Privacy and the Subject as Object", *Stan. L. Rev*, Vol. 52, 2000, p. 1391.

予其数据财产权吗？过度保护"实质性投入"很可能会产生对数据业者过强保护的效果，最终可能导致阻碍数据流通、侵害个人基本权利和自由等不利的社会后果。

个人数据财产化的第四个困境是数据的垄断问题。个人数据财产权若被定性为诸如所有权等支配性权利，则其行使过程将是强调权利人排他性行权的过程，由此可能会增强数据垄断效果。在数据产业中，用户资源是决定企业成败的核心因素。利用创新占据市场先机的企业要持续发展壮大，必须扩大其用户规模，而庞大的用户群体又为企业提供了海量的个人数据，利用个人数据，企业就可优化其产品或服务，从而吸引更多的用户，双向促成的用户及数据优势推动企业形成数据垄断地位，威胁和破坏数据市场竞争秩序。例如百度、腾讯和阿里巴巴等数据业者不断收集、控制着海量的用户数据，同时严格限制其他主体接入其用户数据库的权限，它们利用其庞大的用户资源优势及数据优势，"捆绑"用户，也为准备进入的新经营者设置了难以跨越的新型市场壁垒。更糟糕的是，目前法律仍无有效的规制手段，只能任由这些数据业者"赢者通吃"。如果法律承认数据业者对其控制的个人数据享有排他性的财产权，无异于承认其垄断数据的合法性，那么数据业者将更加肆无忌惮地"挟用户以令诸侯"，从而上演"顺者昌，逆者亡"的市场独霸大戏，个人很可能终将沦为这些"巨无霸"发展的垫脚石。

数据资产化的进路引发了个人数据财产化的话题，但是目前来看，个人数据财产化尚有多重难以克服的问题。若无解决这些问题的有效方案，贸然承认个人数据财产权的构建，不仅可能无法实现预期的制度目的，而且可能给个人或社会带来不良后果。

第二章 个人数据上的利益协调
及确权思路

大数据及数据经济的发展，一方面催生并加速了数据的资产化进程，另一方面自然人要求保护其个人数据的愿望愈加强烈，在数据资产化与个人数据保护之间产生了复杂的利益关系。如何协调好个人数据之上自然人和数据业者之间的利益关系，是大数据背景下数据经济及数据资产化有序开展的基本前提。①

第一节 已有法律架构协调个人数据上
利益的典型思路

在大数据时代，决定公司竞争能力的核心资源在于其能掌握的数据规模及质量。低成本获取个人数据的重要性就如同低成本获取劳动力一样，成为互联网公司获得市场竞争优势的关键。公司在无序争夺、利用个人数据的过程中，必然会危及数据主体的基本权利和自由。如何协调个人数据保护和数据利用的关系，是确定个人数据上权利必须要面对的难题。美国与欧盟是个人数据保护问题研究及立法、实践最成熟、影响最广泛的国家和地区，在协调个人数据保护与数据利用关系方面形成了各自的特点，可资借鉴。

一 美国：促进数据利用的倾向

美国对于个人数据的保护建立在隐私权的基础上。美国隐私权保护的宪法依据主要是第四宪法修正案，但该修正案并未明确规定隐私权，而是

---

① 参见龙卫球《数据新型财产权构建及其体系研究》，《政法论坛》2017 年第 4 期。

从行政机关行使权力的正当程序的有关规定中推演出来的，这就意味着美国宪法对隐私权保护的出发点主要是防范政府等公共权力机构的侵权行为。相较于言论自由和信息自由，隐私权显得不是那么重要。[①] 此外，隐私权是一种防御性的权利，美国"主张依靠商业机构自身力量"来实施个人数据保护工作。[②] 但是目前来看，这一方法已经失败。[③] 美国 FTC 通过将平台用户界定为消费者，统一对企业利用消费者个人数据的行为进行监管。但是 FTC 执法的主要目的在于通过监管规范企业的数据利用行为，防止企业误导、欺骗消费者或给消费者造成实质性损害，增强消费者对数据行业的信任，促进行业发展是其执法的落脚点。2019 年 7 月 24 日，FTC 宣布对脸书处以 50 亿美元罚款，创造了企业因违反消费者隐私保护规定而被罚款的记录。即便如此，仍有人将此事件评论为"只不过是一记打在手腕上的耳光""放了 Facebook 和扎克伯格一马"；《纽约时报》也报道"它不会对 Facebook 收集或与其他公司或组织共享数据的能力有任何限制"[④]。

美国联邦和州关于个人数据保护的法律也体现出促进数据利用的价值取向。美国没有一部联邦层面的数据保护立法，只在金融、教育、医疗、视频租赁、驾驶执照、儿童等重要领域，制定了专门的个人数据保护立法。此外，"公平信息实践原则"（FIPPs）是数据行业自律的最佳实践推荐。FIPPs 以及大部分个人数据保护立法的核心规则在于赋予数据主体知情选择权以保护数据隐私。但是，数据主体选择权的行使模式主要是选择退出模式，企业在数据主体选择退出之前，可不经数据主体同意先行收集、使用、传播个人数据。该模式的设计初衷是为了降低数据控制者收集个人数据的成本，提高数据流通利用的效率，却无法有效保护数据主体的隐私权。首先，数据主体退出困难。数据控制者通过提供隐蔽的操作入口

---

① 刘德良：《个人信息的财产权保护》，《法学研究》2007 年第 3 期。

② 王融：《大数据时代数据保护与流动规则》，人民邮电出版社 2017 年版，第 17 页。

③ Jessica Litman，"Information Privacy/Information Property"，*Stanford Law Review*，Vol. 52，No. 5，2000，p. 1283.

④ Troy Wolverton：《美国 FTC 对 Facebook 的 50 亿美金罚款毫无意义，这只会让小扎想知道他不能逃脱什么》，何渊译，https：//mp. weixin. qq. com/s/6TGdBwyE_kJM9bGCGgI0Bw，2019 年 7 月 29 日。

或复杂的操作程序等方式，增加了数据主体选择退出的难度。其次，给数据主体强加退出负担。选择退出模式将"声明不得处理个人数据"的义务配置给数据主体，如果数据主体没有选择退出，则需承担个人数据被他人收集、使用、转移的后果。数据主体是个人数据的当然权利人，又非主要获益方，却要承担不退出的后果，这是数据产业优先发展立场的逻辑结果，不利于保护数据主体的权利。最后，选择退出的范围有限。在数据主体选择退出之前，数据控制者已经收集其个人数据并利用，此时数据主体选择退出，只能拒绝数据利用而不能拒绝数据收集，在退出之前已经收集的个人数据是被冻结（但保留）还是完全擦除尚无统一解释。实践中，数据控制者仍会留存选择退出的数据主体的个人数据，并将个人数据用于数据主体未明确退出的其他用途。因此，选择退出规则的主要效果在于明确了数据控制者收集、利用个人数据的正当性，终极目的在于促进数据利用，推动数据经济发展。被誉为美国迄今"最严厉、最全面"的个人数据隐私保护法案的《加州消费者隐私法案》也对产业利益更为关注，偏向于规范个人数据的商业化利用。比如，该法案第 1798.125 节提出了"财务激励措施"：在提前告知消费者并征得其同意的前提下，企业可以为个人数据的收集、出售或删除向消费者提供财务激励，还可以根据数据产生的价值按不同的价格、费率、水平或质量向消费者提供商品或服务。2014 年，美国总统执行办公室发布的《大数据：把握机遇，守护价值》白皮书显示，美国在平衡技术进步、经济发展与个人数据保护关系中的基本价值取向——对技术进步与经济发展更为关切。这反映出美国未将个人数据的保护拔高到个人基本权利保护的高度，而是将其放在促进技术进步和经济发展的理念之下需要兼顾的目标。技术进步和经济发展客观上要求个人数据能够自由流通和交易，因此，个人数据商品化在美国大行其道。个人数据商品化的基本理念是将个人数据默认为数据主体的财产，从而可将个人数据作为商品在市场中自由交易，不仅数据主体可以出卖自己的个人数据，企业通过交易获得数据后，也可使用、转让、公开这些数据，只要不滥用即可。2018 年 6 月美国国立卫生研究院发布《数据科学战略计划》，该战略借助机器学习、虚拟现实等新技术，支持个人数据的存储和共享，将临床和科研数据整合到生物医学数据科学中，以促进数据生态系统的现代化建设。

综上,美国为促进数字经济的持续发展,注重个人数据的流通和利用,对个人数据的保护更多的是从财产角度来考虑,而非出于数据主体人格利益保护的目的。

二 欧盟:严格保护个人基本权利的倾向

GDPR 是欧盟最重要的数据保护法,它在第 1 条开宗明义指出:该法制定的目标在于保护自然人的基本权利和自由,尤其是自然人保护其个人数据的权利,但是不得以保护个人数据中的相关自然人为由,限制或禁止个人数据在欧盟内部的自由流动。简言之,GDPR 秉持了保护个人基本权利和促进区域内个人数据流动的二元立法目的。但是,在具体规则设计上,GDPR 更偏重于保护个人基本权利。这种价值取向一方面与欧盟的人权保障传统和已经建立起来的人权保障机制相关;另一方面也与欧洲的互联网业态相关,它主要是互联网产业的服务需求方而非服务供给方。[①] 早在 1981 年 1 月,欧洲理事会就签署了《欧洲系列条约第 108 号条约:个人数据自动化处理中的个人保护公约》,该公约的目的是在对个人数据进行自动化处理时,确保各缔约国领域内的每个人,不论其国籍或住所,其人权和基本自由均应受到尊重,尤其是对其隐私权的尊重。该公约确立了个人数据保护权(the right to the protection of personal data),并将其定性为一项基本人权。GDPR 沿袭了这一基本理念,个人数据保护权"被认为是一种内在于主体、攸关主体人格尊严、不具有经济属性、不可转让的基本人权"。在互联网业态上,美国企业牢牢占领了欧洲互联网市场,面对此严峻的局面,欧盟"更希望通过严格的个人数据保护政策来约束和打压美国企业"[②],显示出欧盟宁愿牺牲一些商业机会,也要捍卫人权的决心。

GDPR 偏重保护个人基本权利的目的主要通过细致规定个人数据保护权以及严格处罚违法行为来实现。GDPR 第 4 条第 11 款、第 7 条、第 8 条、第 9 条第 2 款第 a 项分别规定了数据主体同意的定义、条件,并将数据主体的同意作为数据控制者处理数据的主要合法性依据。有效的同意要

---

① 裴炜:《欧盟 GDPR:数据跨境流通国际攻防战》,《网络空间战略论坛》2018 年第 7 期。

② 王融:《大数据时代数据保护与流动规则》,人民邮电出版社 2017 年版,第 17 页。

求数据主体自由、具体、知情和毫不含糊地采取书面声明的方式做出，若还涉及其他事项，同意还应以易于理解且与其他事项显著区别的形式呈现。数据主体的同意以数据处理知情为前提，GDPR 第 12—14 条规定了信息透明度和信息机制，要求控制者应当以简单透明、明晰且容易获取的方式，通过清楚明确的语言，采取合理措施向数据主体提供其应披露的信息。GDPR 第 15—22 条较全面规定了个人数据保护权，包括数据访问权、纠正权、删除权（被遗忘权）、限制处理权、数据携带权、拒绝权和自主决定权，尽可能地增强数据主体对其个人数据的控制力。同时，数据控制者和处理者若违反数据处理原则、同意的条件等处理数据，或侵犯数据主体权利等，将被处以最高达 2000 万欧元的行政罚款，或就一项经营而言，最高可处以上一财政年度全球年营业额的 4% 的行政罚款，罚款要达到有效、相称和具有劝阻性的效果。GDPR 通过规定严厉、全面的数据保护措施，实现对数据主体基本权利和自由的保护，由此给全球很多企业带来了"隐私保护恐慌"①。

GDPR 促进区域内数据流动的目的主要通过设计大量的但书、克减条款以适当限制个人数据保护权和适当豁免数据控制者、处理者的数据保护义务和责任来实现。个人数据保护权受到诸多限制。例如，GDPR 第 17 条第 3 款对被遗忘权作出了必要的限制，即基于言论和信息自由、履行法律职责需要、科学、历史研究或统计目的等公共利益需要、合法权利的行使需要等原因，控制者可以不删除相关数据。为设立、行使或捍卫合法权利，保护其他自然人或法人的权利，以及保护重要公共利益需要等原因，数据主体不能限制控制者处理数据。第 21 条第 5 款对数据主体的拒绝权进行限制。此外，专设"限制"一节，明确个人数据保护权受到限制的各种情形，并授权成员国可以继续围绕上述利益通过制定本国法规的方式，进一步作出例外和克减规定，这实际上为 GDPR 未来的落地执行留下更大的空间。GDPR 还对数据控制者保护个人数据的义务也规定了多种豁免。比如，规模在 250 人以下的中小企业可以豁免数据活动文档化记录义务；满足一定条件下，控制者无须将数据泄露情况通知数据主体，以减

---

① 王熙：《史上最严数据监管法"GDPR"实施在发展与安全中寻找平衡》，《通信世界》2018 年第 15 期。

轻控制者的负担。此外，GDPR 还规定除了用户同意外的其他五种数据处理的合法依据，尤其是数据控制者或第三方为追求自身合法利益，可不经数据主体同意而对数据进行必要处理。在特殊种类的个人数据原则上禁止处理的情况下，规定了用户同意的例外。在数据跨境转移中，构建了多种合规数据转移路径。在个人数据使用目的限制、数据留存期限等方面"留了口子"，尽量为大数据开发利用开辟可能的路径。[①] GDPR 在加强个人基本权利保护的同时，通过设置大量的但书、克减条款来兼顾数据流通利用的需要，以推动数据产业发展。

GDPR 开创性地规定了被遗忘权、数据携带权等个人数据保护权，并将此权利上升至人权的高度，体现了严格保护个人基本权利与自由的倾向。虽然 GDPR 也注重促进数据流动，但须以个人基本权利保护为前提。

个人数据保护与促进数据利用之间存在天然的矛盾，权衡二者的关系是一个此消彼长的过程，强调保护个人数据就意味着需对数据利用进行适当限制，强调数据利用就可能损害个人数据所承载的个人合法权益，所谓二者平衡，无非是看政策导向对二者之间利益平衡的侧重变化。欧盟自古以来就重视保护人权，因此数据保护的规则设计就偏重于保护个人基本权利。美国崇尚自由，追求经济发展，也没有欧盟那样深厚的人权保护历史基础，虽然也强调保护隐私权，但是保护隐私权的目的在于促进数据的利用。我国虽然没有欧盟那样深厚的人权保护历史，促进经济发展又是当前的迫切需求，但是我国是大陆法系国家，也没有美国那么健全的行业自律规则，美国式的个人数据保护与数据利用的平衡方法不一定适合我国。我国个人数据保护与数据利用的平衡思路应当立足于本国国情，取欧盟和美国两家之长，既不能以牺牲个人基本权利为代价，放任数据利用以推动数字经济发展，也不能为实现个人数据权益的绝对性保护，而忽视数据利用的需要。

在美国、欧盟关于个人数据保护的已有法律架构下，个人数据保护和数据利用关系的处理，主要是从个人角度出发，将个人数据纳入隐私权或某种独立的人格权来加以保护，个人是被保护的唯一主体。[②] 然后在此基

---

① 王熙：《史上最严数据监管法"GDPR"实施在发展与安全中寻找平衡》，《通信世界》2018 年第 15 期。

② 龙卫球：《数据新型财产权构建及其体系研究》，《政法论坛》2017 年第 4 期。

础上，根据知情同意规则允许个人通过服务协议授权他人处理其数据，并辅之以一些数据处理的管理规范，以协调个人数据上的利益关系。这种已有法律模式建构在早期互联网活动的基础之上。一开始，互联网只是人们提高效率的工具，远未到改变经济模式和资产方式的程度，网络上的个人信息也没有表现出某种经济价值。后来随着网络经济的出现，人们开始在网络上检索资源、购物、社交等，个人的隐私信息不断地被留存在网络之上，垃圾邮件、骚扰电话、网络诈骗等也接踵而来，人们开始担忧其个人信息被滥用，网络上个人信息的保护问题由此进入各国立法和理论研究的视野。在这种社会背景下，各国个人信息保护立法主要是站在缓解用户焦虑的角度，基于个人权利保护的思维，对信息处理行为进行规范，要求互联网企业承担保护个人信息的义务。① 但是，这种个人信息单边保护的状态迎来了数据经济及数据资产化发展的冲击。由于大数据等信息技术的推动，个人数据的经济价值爆发，互联网企业通过挖掘个人数据的价值以优化产品或服务质量，提高市场竞争力，由此催生了互联网企业对数据资产的利益需求。个人数据不再只涉及个人权利的保护，而是卷入更加复杂的经济利益关系之中，尤其是随着数据活动的日益深入，已有的个人信息保护法律架构渐渐捉襟见肘，越来越无法应对愈加复杂的数据利益需求。② 因此，在当前的大数据环境下，仍简单地将个人作为个人数据价值的唯一主体，已不合实际，无法适应数据经济日益发展的需要，应当重新考虑个人数据上的利益关系。当然，重新考虑这个关系不是说个人数据保护已经不重要，恰恰相反，应当以一种更加重视的态度来对待个人数据的保护问题。只不过在此过程中，也应当承认数据业者对个人数据可以享有某种合理的权益，在权益限制范围内规范数据利用行为，在保护个人数据的同时，兼顾数据业者的数据利益需求。

第二节　个人数据上的权属观点

从民事权益构造角度来看，与个人数据相关的利益主体是数据主体和

① 龙卫球：《数据新型财产权构建及其体系研究》，《政法论坛》2017年第4期。
② 龙卫球：《数据新型财产权构建及其体系研究》，《政法论坛》2017年第4期。

数据控制者，二者在个人数据产生、保护和利用中发挥了不同作用，学者们试图通过构建个人数据上的权利来缓解个人数据保护与数据资产化需求的利益冲突，由此形成了权属统一论和权属牵连论的确权观点。权属统一论将个人数据上的权益统一归属于数据主体或数据控制者，权益主体享有完整的数据权益。权属牵连论认为数据主体和数据控制者都是个人数据的权益主体，只不过权益内容和地位不同，二者享有的权益互相牵连。

一 权属统一论

目前，学界对个人数据承载着人格利益和财产利益已有共识，但对财产利益是人格权商品化的体现还是一种独立的财产权存在争议。如果个人数据的财产利益仅是人格权商品化的体现，则该财产利益属于个人。如果个人数据的财产利益可形成一种独立的财产权，则其权利主体是个人还是数据控制者具有较大争议。主张个人权益论的学者认为，个人是其个人数据权益的唯一适格主体。比如，王利明认为，数据商品化现象给个人隐私、信息安全带来极大伤害，个人应享有优先的数据财产权。[①] 张新宝认为，承认数据主体的个人数据财产权，既能恢复其在数据利用过程中丧失的数据控制力，又能有效解决个人数据商品化带来的道德风险、市场失灵风险等难题。[②] 郭明龙从有利于促进数据产出的角度，将个人数据的产权划归个人。[③] 谢永志认为个人是其个人数据载体的拥有者，该事实不随他人对其个人数据的获取方式、知悉程度而改变。[④] 温昱将数据主体享有的个人数据权分为个人数据人格权与个人数据财产权两类。[⑤] 张宇认为数据主体在平台经济发展中应享有公民数据权，包括公民数据人格权与公民数据财产权。[⑥] 申卫星在确定个人信息和个人数据的关联性基础上，认为个

① 王利明：《人格权法研究》，中国人民大学出版社 2012 年第 2 版，第 283 页。

② 张新宝：《"普遍免费+个别付费"：个人信息保护的一个新思维》，《比较法研究》2018 年第 5 期。

③ 郭明龙：《个人信息权利的侵权法保护》，中国法制出版社 2012 年版，第 61 页。

④ 谢永志：《个人数据保护法立法研究》，人民法院出版社 2013 年版，第 13 页。

⑤ 温昱：《个人数据权利体系论纲——兼论〈芝麻服务协议〉的权利空白》，《甘肃政法学院学报》2019 年第 2 期。

⑥ 张宇：《平台经济规范发展中的公民数据权 ——兼析"数据公共物品"》，《江苏大学学报》（社会科学版）2022 年第 6 期。

人信息权是同时承载着信息主体的人格利益和人格要素商事化利用产生的财产利益的人格权，主张对载有个人信息的数据设置个人数据所有权，且归该个人所有，信息处理者在得到个人的授权后可获取数据用益权。① 这些学者都认为，无论是个人数据的人格利益，还是个人数据的财产利益，都归属于数据主体，并试图利用财产权保护思路来加强对个人数据的保护。我国个人数据保护的相关立法虽未明确指出个人数据的权利主体是个人，但是确立的基本规则——非经用户同意，不得处理个人数据，隐含着个人数据归属于用户，用户对其个人数据享有控制权的意思。

　　还有一些学者从个人数据的集合状态或加工后的价值构成角度加以审视，主张数据控制者是数据权益的适格主体。例如，王玉林等认为，个人数据产生的权益虽然肇始于个人，但个人数据的真正价值却是数据集聚状态下产生的，数据财产权只能是数据控制者财产的组成部分，是数据控制者的数据资产。② 陈永伟经过成本收益分析后认为，相较于消费者，将数据产权划分给平台企业更有效率。③ 刘士国认为，信息收集的工作性质和任务决定数据收集者享有所收集之个人数据的所有权，个人仅享有对其数据使用的控制权。④ 周学峰将用户提供并存储在网络平台上的数据认定为网络平台经营者的营业财产的一部分，网络平台经营者对其享有营业权。⑤ 这些学者虽然主张将个人数据集合或加工后的财产权益分配给数据控制者，但是对分配的到底是何种权利存在争议，而且数据控制者权益的配置及行使受限于个人数据关涉的个人隐私权等人格权的保护需要。但是产业界的代表立场认为，数据控制者享有绝对的数据所有权。阿里云于2015 年 7 月发布数据保护公开倡议书指出，运行在阿里云平台上的数据，所有权绝对属于其客户。这里的"客户"主要是指开发者、公司、政府、社会机构等数据控制者，即阿里云认为数据控制者享有数据所有权，而个

---

① 申卫星：《数字权利体系再造：迈向隐私、信息与数据的差序格局》，《政法论坛》2022 年第 3 期。

② 王玉林、高富平：《大数据的财产属性研究》，《图书与情报》2016 年第 1 期。

③ 陈永伟：《数据产权应划归平台企业还是消费者?》，《财经问题研究》2018 年第 2 期。

④ 刘士国：《大数据背景下民法典编纂应规定的条款》，《法治研究》2016 年第 6 期。

⑤ 周学峰：《网络平台对用户生成数据的权益性质》，《北京航空航天大学学报》（社会科学版）2021 年第 4 期。

人不能主张任何权利。产业界试图最大限度地占有数据权益。

　　还有学者将个人数据进行分类，并分别将其权益配置给数据主体或数据控制者。例如，陈筱贞将数据分为单方数据和交互性数据，其中被记录方单方信息数据的所有权归数据被记录者；用户使用网络服务产生的交互性数据是合同履行行为的记录，属于合同参与方共同共有。[①] 郭瑜则分别对不同财产属性的个人数据给予不同的权益保护，一般个人数据是公有信息；他人劳动产生的个人数据属于所有者的私人财产；还有些数据构成商业秘密的一部分；在数据库中的个人数据则可能作为数据库的一部分，受数据库所有人的知识产权保护；但是不管个人数据属于谁所有，其财产权都要受到数据主体对"数据处理"的财产权的限制或影响。[②] 邢会强将个人信息分为个人基本信息、伴生个人信息和预测个人信息，其中个人信息的人格权均属于个人，财产权则不同：个人基本信息的财产权完全属于个人，伴生个人信息和预测个人信息的财产权由个人与信息企业共有，两主体享有的财产份额有差异。[③] 这些学者认识到不分个人数据种类笼统进行权益配置的不足，主张按照个人数据的不同种类分别赋权，这种做法值得称道，但是个人数据的分类标准较为混乱，而且各种分类存在边界模糊的通病。比如，用户使用网络服务会产生行为数据，而且这类数据必须基于平台的服务才能产生，例如用户的网页浏览数据、网络购物数据、微信聊天记录等，那么这些数据到底是被记录方单方数据、具备人格属性、一般性个人数据，还是交互性数据、不具备人格属性、他人劳动产生的个人数据，这是存疑的。这些分类标准不仅不利于厘清个人数据上的权属架构，甚至可能使问题更加复杂化。

　　原则上只有自然人才具有人格属性，因此，个人数据所蕴含的人格利益仅属于数据主体。权属统一论实际上是将个人数据上的财产权益完全归属于数据主体或数据控制者。如果将个人数据上的财产权益完全配置给数据主体，忽视数据业者为收集、存储、处理个人数据所进行的投入，将挫

---

　　① 陈筱贞：《大数据权属的类型化分析——大数据产业的逻辑起点》，《法制与经济》2016年第3期。

　　② 郭瑜：《个人数据保护法研究》，北京大学出版社2012年版，第221页。

　　③ 邢会强：《大数据交易背景下个人信息财产权的分配与实现机制》，《法学评论》2019年第6期。

伤数据业者进行数据投入的积极性。如果将个人数据上的财产权益完全配置给数据业者，则其独占个人数据就具有正当性，可能会阻碍数据的流通和利用，同时也可能导致数据滥用，损害数据主体的基本权利和自由。因此，将个人数据上的财产权益完全配置给数据主体或数据控制者都有偏颇之处，均体现出"一刀切"特点。[①] 个人数据是与个人有关、能够反映个人身份、行为属性的信息，关涉数据主体的人格利益；同时，个人数据的生成、收集、处理还需要数据控制者进行实质性投入，个人数据是数据主体与数据控制者共同努力的结果，其财产权属的认定应当兼顾双方的利益。

二 权属牵连论

有些学者构思在个人数据之上设立相互牵连的数据权属，分别满足个人权利保护和数据资产化的需求，缓解数据主体与数据控制者之间的利益冲突。例如，张新宝认为个人信息权益的内部构造由"本权权益"与保护"本权权益"的权利构成，"本权权益"主要包括人格尊严、人身财产安全等利益，不包括财产利益；处理者对合法处理所得的个人信息数据享有财产利益；国家机关对个人信息数据不享有财产利益。[②] 彭诚信认为个人信息具有固有的人格与天然的财产双重价值，决定了个人信息权在本质上是包含财产利益的人格权，其中个人信息中的人格权益专属于个人，财产权益即数据财产权主要由数据生产者控制。[③] 龙卫球和程啸是主张在个人数据之上构建企业新型数据财产权的典型代表。龙卫球主张在区分个人信息和数据资产的基础上进行两个阶段的权利建构，在个人信息层面为用户同时配置人格权益和财产权益，在数据资产层面为数据经营者配置数据经营权和数据资产权。[④] 数据资产权属于最狭义的数据财产权，是一种可以比对所有权、知识产权来设计的专有排他权，其私益结构部分体现为企业对其数据在特定范围享有占有、使用、收益和处分的权利。数据经营

---

① 王融：《关于大数据交易核心法律问题——数据所有权的探讨》，《大数据》2015 年第2 期。

② 张新宝：《论个人信息权益的构造》，《中外法学》2021 年第 5 期。

③ 彭诚信：《论个人信息的双重法律属性》，《清华法学》2021 年第 6 期。

④ 龙卫球：《数据新型财产权构建及其体系研究》，《政法论坛》2017 年第 4 期。

权，是企业对于数据得以经营的一种主体资格，有一般经营权和特殊经营权之分。① 程啸认为，大数据时代的个人数据权利应当协调自然人的民事权益保护与数据企业的数据活动自由之间的关系。自然人享有的个人数据权利是消极的防御性权利，而非可积极利用的绝对权。数据企业的数据权利是一种新型的财产权，是企业原始取得的绝对权，不仅能获得反不正当竞争法的保护，而且可获得与物权、人格权同等程度的保护。② 他强化了企业对其控制的个人数据享有支配性、排他性、绝对性的财产权利，而将个人对其数据的权利限定在非常狭窄的范围内，即在因个人数据被违法收集、使用而侵害个人既有的人格权与财产权时提供侵权法上的救济，个人处于非常被动的地位。两位学者都从促进数据经济发展的角度构建个人数据上的权益体系，非常重视数据的资产化发展，但是一味地强化企业的数据财产权，而弱化对个人权利的保护，最终很可能导致个人的数据权利形同虚设。

有些学者主张分别构建数据内容和数据库的权属。例如，涂燕辉将数据分为个体数据和整体数据，个体数据直接来源于个体的行为，属于个人信息，其权利归属于提供数据的个人；整体数据则是海量个体数据的集合，即通常意义上的"大数据"，其财产所有权归属于数据控制者，而且对大数据的搜集和利用须以不侵犯个人信息权为前提。③ 李延舜认为个人数据库上存在以人格尊严、人格利益为核心的数据主体权利和以财产利益为核心的数据库权利，分别归属于个人和数据库控制者，数据库权利的行使不得损害数据主体的权利。④

还有学者在数据分类基础上分别构建数据主体与数据控制者的权益。例如，孙敏、徐玲将个人数据划分为直供数据、行为数据和衍生数据，其中直供数据的准财产权赋予数据主体，行为数据产权分割为数据所有权和数据用益权，数据所有权保留在公共领域，数据用益权赋予数据业者；衍

---

① 龙卫球：《再论企业数据保护的财产权化路径》，《东方法学》2018 年第 3 期。

② 程啸：《论大数据时代的个人数据权利》，《中国社会科学》2018 年第 3 期。

③ 涂燕辉：《大数据的法律确权研究》，《佛山科学技术学院学报》（社会科学版）2016 年第 5 期。

④ 李延舜：《数据库开发与应用中的隐私权限制》，《东北大学学报》（社会科学版）2017 年第 2 期。

生数据的知识财产权赋予数据业者，数据主体仅享有特定权利。[①] 陈兵、顾丹丹将数据划分为原始数据、衍生数据及派生数据，原始数据上关注的重点是用户的个人数据权益保护问题，衍生数据上承载着经营者和用户的权益，共享衍生数据应获得经营者和用户的同意，派生数据的共享无须获得衍生数据上权益主体的许可。[②]

此外，还有学者侧重于从个人的数据权利保护出发，限制数据控制者对个人数据享有的权益。比如，孙宪忠认为，数据获得者对其收集的个人数据仅有占有的权利，而无所有权，同时对其获得的个人数据负有严格保护及依法使用的义务等。[③] 汤擎认为个人对其个人数据享有无可争议的所有权，数据采集者在履行了保障个人数据所有者合法权益的义务之后，享有在个人数据所有者许可的范围内对不涉及个人权利的数据抽象的使用权。[④] 余晓红也认为数据集管理者在满足征得数据源所有权人的许可以及不侵犯相关权利人人权利的条件下，享有限制性的数据使用权。[⑤] 朱静洁认为，原始网络数据受制于用户的控制，网络运营商仅能依据与用户的约定对原始网络数据享有有限使用权。[⑥] 这些学者虽然肯定数据业者对其控制的个人数据享有一定的财产权益，但是更侧重于保护个人的数据权利。

权属牵连论的主要特点在于，试图通过在个人数据之上构建双重权属来平衡个人权利保护和企业数据资产化之间的关系，但是侧重点不同。有些学者更强调保障企业对个人数据的财产权益，以推动数据经济的发展；而有些学者则侧重于保护个人的数据权利，防止个人成为数据经济发展的"牺牲品"。本书认为，简单地将数据主体或数据控制者认定为个人数据

---

① 孙敏、徐玲：《数字时代个人数据产权体系研究——基于全生命周期的个人数据分类视角》，《宁夏社会科学》2023 年第 2 期。

② 陈兵、顾丹丹：《数字经济下数据共享理路的反思与再造——以数据类型化考察为视角》，《上海财经大学学报》2020 年第 2 期。

③ 孙宪忠：《关于尽快制定我国〈个人信息保护法〉的建议》，http：//ex.cssn.cn/fx/201710/t20171016_3668348_2.shtml，2019 年 8 月 14 日。

④ 汤擎：《试论个人数据与相关的法律关系》，《华东政法学院学报》2000 年第 5 期。

⑤ 余晓红：《对〈民法总则〉数据保护规定的检视与完善》，《湖南广播电视大学学报》2018 年第 1 期。

⑥ 朱静洁：《我国首例大数据产品不正当竞争纠纷案的法律启示》，《人民法院报》2018 年 9 月 26 日第 7 版。

的唯一权益主体是武断的，应当根据个人数据上存在的个人权利保护与数据资产化的利益关系，在数据主体与数据业者之间合理配置权益，同时在满足数据业者的数据资产化需求时应避免过度赋权，注意防止助长数据垄断，满足社会对数据流通利用的合理需求。

第三节　个人数据上的双重权属架构

我国已有的个人数据保护法从个人权利保护的角度出发，强调数据控制者的个人数据保护义务。但是，随着数据经济的快速发展，这种个人数据单边保护的法律模式与数据资产化发展的社会实际产生抵触，难以有效协调个人数据之上数据主体与数据业者间的利益冲突关系。在保护个人基本权利和自由的基础上，回应数据业者对数据资产化的利益需求，在个人数据之上构建自然人的个人数据权和数据业者的数据权利不失为一条合理的协调路径。

一　协调个人数据上利益的基本思路

（一）基础与前提：保护个人基本权利与自由

在"一切被记录"的大数据时代，人始终处于被滋扰、被精心设计、被利用、被监视的处境中。个人数据不再是个人单纯的线上活动记录，而是个人在网络中"裸奔"并被无限"商品化"的客观证明，人的自主性受到严重威胁。正如人类历史上历次新技术发展会对当时的规则制度造成冲击一样，大数据技术也给人类带来新的挑战，要求我们制定新的规则制度以应对新技术的挑战。但是，无论科学技术如何发展，都应体现对人的价值与尊严的尊重，技术进步要以人为本，社会发展要以人为善。[1] 个人数据是网络世界中个人基本权利和自由的承载方式，"个人信息保护的首要核心应该是对其负载的人格意义的保障"[2]。

人类尊严神圣不可侵犯是全球性的规范准则，是"放之四海而皆准"

---

[1]　王治东：《技术化生存与私人生活空间——高技术应用对隐私影响的研究》，上海人民出版社 2015 年版，第 176 页。

[2]　刘岩、宋吉鑫：《大数据伦理问题中的权利冲突及法律规制——以个人信息权为中心》，《辽宁大学学报》（哲学社会科学版）2018 年第 6 期。

的伦理价值观，已被实际应用于全球性的法律框架。① 《世界人权宣言》开篇即言"鉴于对人类家庭所有成员的固有尊严及其平等的和不移的权利的承认，乃是世界自由、正义及和平的基础"。《欧洲联盟基本权利宪章》第 1 条就宣称"人性尊严不可侵犯，其必须受尊重与保护"。我国《宪法》第 38 条规定："中华人民共和国公民的人格尊严不受侵犯。"《民法典》第五章"民事权利"首条（第 109 条）也宣称"自然人的人身自由、人格尊严受法律保护"。"所有法律的终极目的是促进和保障人的尊严"②，因此，直接关涉人格尊严和个人自由的个人数据应当受到法律的严格保护。

隐私权是个人数据保护语境下与人格尊严和自由联系最密切的个人权利之一。美国在隐私概念下保护人格尊严和自由，个人数据保护问题被纳入广义隐私保护范畴之内。而欧盟是在"人权+人格权"的体系下保护个人自由和人格尊严，个人数据保护被视为与隐私保护有交叉但又有区别的个人权益保护问题。③ 隐私权是重要的人格权类型之一，隐私与人类最基本的目标——尊重、爱情、友谊、信任等有关，没有隐私，这些价值根本不可能实现，人们也不可能快乐地生存。④ 安妮塔·L. 艾伦教授认为，隐私是一种基本人类利益，对于自由民主社会至关重要，在某些情况下，必须强制保护隐私：为了保障人类基本利益，自由社会应合理约束关于隐私保护的政府监管和个人选择。⑤ 朱莉·E. 科恩批评将隐私视为可以与其他商品进行交易的东西。⑥ 在许多场景下，个人不应该放弃隐私，放弃隐

---

① 王敏：《大数据时代个人隐私的分级保护研究——基于传播法规及伦理的视角》，博士学位论文，武汉大学，2016 年，第 128—129 页。

② 王敏：《大数据时代个人隐私的分级保护研究——基于传播法规及伦理的视角》，博士学位论文，武汉大学，2016 年，第 129 页。

③ 高富平：《消除个人信息保护的五大误区》，大数据产业峰会之"大数据法律规则与实践论坛"上的主题发言，北京，http：//www. the paper. cn/news Detail_forward_1731994，2017 年 3 月。

④ Charles Fried，"Privacy：Economics and Ethics—A Comment on Posner"，*Ga. L. Rev*，Vol. 12，1987，p. 477.

⑤ Anita L. Allen，*Unpopular Privacy：What Must We Hide*，New York：Oxford University Press，2011，p. 13.

⑥ Julie E. Cohen，*Configuring the Networked self：Law，code，and the Play of Everyday Practice*，Yale University Press，2012，p. 148.

私会导致减少创造力并影响自我发展，隐私是自由民主政治制度不可或缺的结构特征。① 严格的数据隐私权保护是促进个人自治、保护个人尊严以及发展个人参与社会和政治生活的能力的最佳方式。② 侵犯隐私会给个人带来精神损害。阿瑟·R. 米勒观察到，有些人在披露或交换有关他们的私人信息时会感到阉割，即使数据准确无误，也不会遭受任何职业或社会损害。③ 例如，申请获得免费救济品的妇女可能会害怕羞辱而反对披露她们的信息。侵犯隐私还可能给个人带来其他人身伤害。例如，想要复仇的罪犯获得办案警察的家庭住址，可能威胁警察的人身安全；因电话号码、电子邮箱泄露"不请自来"的骚扰电话和信息，侵害个人的生活安宁权。新冠疫情期间，一些地方、社区、村落详细收集、公开涉疫人员的姓名、身份证号、家庭住址、返程日期、返程车次/航班等隐私信息，甚至堂而皇之地在微博、微信朋友圈、微信群当中泄露及传播，一旦滥用可能危害这些人员的人身和财产安全，导致个人名誉、身心健康受到损害或歧视性待遇。

有人认为，个人信息保护立法的目的是促进个人数据的流通和利用，而保护个人权益则是手段。④ 手段为目的服务，目的保持不变，而手段可以多样化，"保护个人权益"这一手段很可能会为了实现"促进数据流通和利用"这一目的而被"放弃"。促进数据流通利用以促进经济发展往往被声称是公共利益需要，其最终目的是全人类的幸福。但是，全人类的幸福是由无数个人的幸福组成，在网络社会中，个人成为千千万万个"符号"，这些"符号"的利益趋同且容易被批量化侵害，牺牲个人利益以"成全"全人类的幸福是站不住脚的。此外，数据利用意义上的全人类幸福主要指向经济利益上的幸福，而个人权益更多地指向个人尊严、个人自由等人格利益，这是个人安身立命、称之为人的最根本的东西，为了经济

---

① Julie E. Cohen, "What Privacy Is For", *Harv. L. Rev*, Vol. 126, 2013, p. 1905.

② Julie E. Cohen, "Examined Lives: Informational Privacy and the Subject as Object", *Stan. L. Rev*, Vol. 52, 2000, p. 1386.

③ Arthur R. Miller, *The Assault on Privacy*, Michigan: University of Michigan Press, 1971, pp. 48-49.

④ 高富平：《消除个人信息保护的五大误区》，大数据产业峰会之"大数据法律规则与实践论坛"上的主题发言，北京，2017 年 3 月，http: //www. thepaper. cn/news Detail_forward_1731994。

利益去牺牲人的本质，就是舍本逐末，因为人不仅要活着，更要有尊严地活着。公司和政府都是为人类服务的拟制工具，这些实体本身并不是目的，[①] 个人才是经济社会发展的根本和目的，人的自由和尊严才是国家和法律的终极关怀。一味地为了利用数据促进发展而牺牲个人的基本权利，会导致个人对国家、社会缺乏安全感、信任感，长久以往，终将反馈到经济发展之上，进而阻碍经济社会的持续发展。对于当下的我国来说，为了提高数据业者的国际竞争力，促进数字经济增长，赶超世界信息化进程，"大数据战略""电子商务""信息化""智慧城市""电子政务"哪个都很重要，但是，来自各方面的现实压力不应该扭曲我们对法律保护个人基本权利和自由这一终极目的的认识。为了满足数字经济、数字政务等对数据流通和利用的需要而牺牲个人基本权利的做法，秉持的是"先发展后保护"的思路，非常类似于"先污染后治理"的老路，既损当代人的合法利益，又将显著增加将来治理的成本。合理的发展路径应当是个人权利保护和数据利用都要抓，发展应当以保护为前提，而保护也要为发展留足空间，数据流通和商业价值的创造必须以尊重个人基本权利和自由为基本前提。换言之，保护个人基本权利和自由才是个人数据保护立法的主要目的，而促进数据的流通和利用只能是"第二位的立法目的"[②]，应当在严格保护个人权利的基础上，正当合理地利用个人数据。

有人认为，严格的个人权利保护会阻碍数据流通和利用，从而导致数据市场萎缩。事实上，"推动高标准的个人权利保护制度，会增加产业合规成本，也可能对技术业务创新带来抑制作用，但是，更高的权利保障标准和用户信任水平，也将有利于我国在数字经济中塑造独特竞争优势"[③]。当我们将隐私等个人权利视为非价格层面上的竞争时，企业切到的饼，也可能比之前更可观。

也有学者认为，用户因披露其个人数据而给自己招致损害的行为属于自我危害行为，是其行使权利的行为。如果政府要采取措施强制保护隐私或推动用户披露更少，就必须要有正当理由，否则可能阻碍公民行使其权

[①]　Edwin C. Baker, "Paternalism, Politics, and Citizen Freedom: The Commercial Speech Quandary in Nike", *Case W. Res. L. Rev*, Vol. 54, 2004, p. 1163.

[②]　孙平：《政府巨型数据库时代的公民隐私权保护》，《法学》2007 年第 7 期。

[③]　王融：《大数据时代数据保护与流动规则》，人民邮电出版社 2017 年版，第 169 页。

利，从而侵犯用户信息自决权。[①] 用户享有信息自决权，有权决定披露和处理其个人数据，例如用户上网进行账户注册填写个人信息、电子购物提供基本信息等行为都是用户自愿披露其个人数据的行为。这些行为是用户行使个人权利的行为，非有合法理由，任何人不得干涉。从这个角度而言，各国数据保护立法规范用户的数据披露行为，具有干涉用户信息自决权之嫌。但为什么各国数据保护法都会规定数据处理的基本原则，并强调数据控制者的数据保护义务呢？公民的个人权利应在自由、平等、公平的环境下行使，但是在网络世界中，数据控制者处于绝对优势地位，用户信息的自我披露并非是在自由、平等、公平的环境下实现的。例如，如果微信没能严格保护个人数据，当用户的好友都在使用微信进行社交时，该用户也只能选择微信，其信息的自我披露是不自由、不平等的。因此，需要法律介入以调整用户与平台之间的不平等关系。基于保护用户这一弱势群体的利益需要，法律需要在用户和网络运营商之间重构公平、自由、平等的协议环境，其中一个有效的方法，就是促进信息对称，要求平台承担信息披露义务，同时限制平台收集、处理、使用个人数据的行为，以实现对公民基本权利的保护。但是法律介入的限度需要把握，介入太深，容易导致侵犯用户信息自决权的极端；介入太浅，不足以逆转用户不平等、非自由的劣势，因此，应当在保护个人基本权利和自由的基础上，合理协调个人与数据业者的利益关系。

个人数据除了具有关涉个人尊严等私权属性外，还具有公共属性，这是个人数据的使用不能由个人完全决定的深层理由，也是各国强调个人数据保护与数据利用平衡的根源。个人数据保护的核心价值是保护人格尊严，维护个人的独立和自由，体现为对个人隐私等私权利的严格保护。但是数据具有公共属性，是维持信息社会持续发展的重要资源，我国作为信息化的后起国家，传统产业、服务业的改造、转型和发展都需要大力挖掘数据资源的利用价值。[②] 因此，在严格保护个人权利的基础上促进数据资源的优化配置，是个人数据上权利构造的基本价值取向。需要注意的是，

---

① Barbara Sandfuchs and Andreas Kapsner, "Coercing Online Privacy", *ISJLP 185*, Vol. 12, 2016, pp. 206-207.

② 张新宝:《从隐私到个人信息: 利益再衡量的理论与制度安排》,《中国法学》2015 年第 3 期。

对个人数据的严格保护，并不是要将个人"装到权利保护的套子里面"①，隔离外部世界，不允许个人数据利用，而是通过合理的制度安排尽量减少数据流通利用对个人私权利的负面影响。个人数据的保护应注重于数据所表达的与个人隐私等合法权益相联系的意义、内涵，保护个人数据所蕴含的个人合法权益，不强调对数据本身的独占。

（二）回应现实：合理满足数据业者的数据资产化需求

协调个人数据上的利益关系，除了应加强个人的基本权利与自由的保护外，还应回应数据资产化的社会现实，合理满足数据控制者对数据的权益需求。数据虽然早已存在，但随着信息社会、信息经济的到来，尤其是大数据的发展，人们对数据的认知发生了质的变化。数据已不仅仅是信息的表现形式，而是正在成为一种能够改变商业模式的新的生产资料。数据业者通过对收集、控制的个人数据进行分析、挖掘，可以将个人数据转化为商业洞察力以及市场竞争优势。麻省理工学院的学者们通过对 179 家大型上市公司的业务和信息技术投资数据进行研究后发现，采用"数据驱动决策"的公司的生产率比使用其他投资和信息技术的公司的生产率预期高出 5%—6%。② 沃尔玛的"零售链接"库存管理系统，能使供应商在每个精确的时刻查看每个商店的每个货架上产品的确切数量。亚马逊的"购买此商品的客户"功能，向其用户推荐他们可能感兴趣的其他商品。越来越多的零售商正在通过收集客户的实时位置数据，以分析客户的购物模式，从而改善商店布局、产品组合和货架定位。可见，数据已经成为许多经营者生产经营的核心资源。因此，个人数据上的权益架构应当突破已有个人数据保护法将个人视为唯一权益主体的限制，适当考虑数据业者对数据资产化的利益需求，在加强个人数据保护的基础上，通过确认数据业者的数据权利的方式，来促进数据利用，以推定数据经济的发展。

回应数据业者的数据资产化需求应当合理且适当，注意防止过度赋权助长数据垄断优势而阻碍数据流通和利用。平台经济的兴起及发展造就了

---

① 梅夏英、刘明：《大数据时代下的个人信息范围界定》，《社会治理法治前沿年刊》2013 年。

② Erik Brynjolfsson, Lorin M. Hitt and Heekyung Hellen Kim, "Strength in Numbers: How Does Data-Driven Decision Making Affect Firm Performance?", April 22, 2011, https://ssrn.com/abstract=1819486.

许多超大型平台，许多市场领域逐步形成了一家或多家独大的垄断格局。在美国，95%的年轻网民使用脸书的产品；谷歌占据89%的搜索份额；亚马逊拥有75%的电子书销量。[①] 这些公司不是单寡头垄断就是双寡头垄断：谷歌和脸书去年吸收了63%的在线广告开支，谷歌和苹果提供了99%的手机操作系统，苹果和微软供给了95%的桌面操作系统。[②] 在德国，脸书占有社交媒体市场90%以上的份额，拥有市场主导地位。[③] 在中国，百度、阿里巴巴和腾讯分别把持着搜索引擎、电子商务和社交网络市场。根据易观国际数据显示，阿里和腾讯的第三方支付服务占据了中国市场的九成。[④] 这些超大型平台利用网络"雪球效应"壮大自己，在相关市场形成垄断地位。"雪球效应"是指"平台已有的用户优势会吸引更多的潜在用户加入进来，新用户的增加又进一步对已有用户产生锁定效应，而用户的集中也意味着个人数据的集中"[⑤]。在看似公平自由的市场上，巨型平台利用其巨大的技术优势、数据优势和资金实力优化服务，提升"用户黏度"，用户逐渐集中到这些平台，进而形成"多边市场效应"或"双边市场效应"。例如，滴滴和快的合并使得用户和出租车司机都大幅增加，也使得双方更容易找到对方并发生交易。阿里巴巴网站商家越多，对买家的吸引力就越大，反过来又会招来更多商户的入驻，从而实现自我强化。[⑥] 人的精力是有限的，在信息爆炸的时代，信息膨胀导致注意力短缺，注意力因而成为"一种珍贵的财产"。但是，注意力这种稀缺资源本身并不能被直接控制，需要通过直接控制个人数据而间接实现对用户注意

---

① 陶凤、汤艺甜：《美科技巨头面临监管"审判"》，《北京商报》2018 年 9 月 7 日，http：//www.bbtnews.com.cn/2018/0907/264908.shtml，2020 年 2 月 5 日。

② 书聿：《华尔街日报：科技巨头那么强大 是否要开始反垄断？》http：//tech.sina.com.cn/it/2018-01-18/doc-ifyqtwzu3271718.shtml，2019 年 8 月 7 日。

③ 李明：《德国反垄断局：Facebook 数据收集有问题滥用市场地位》，https：//tech.sina.com.cn/i/2018-04-23/doc-ifzfkmth7155094.shtml，2019 年 8 月 7 日。

④ 王晓洁、王新明：《大数据产业遭遇"垄断"和"孤岛"》，http：//www.jjckb.cn/2016-10/20/c_135767680.htm，2019 年 8 月 7 日。

⑤ 吴汉东：《人工智能的数据垄断与反垄断法的时代使命》，《光明日报》2018 年 7 月 23 日第 11 版。

⑥ 周学峰：《网络平台在网络空间治理中的地位和责任》，第一届互联网治理青年论坛主题发言，北京，2017 年 11 月。

力的"控制"。大型平台拥有海量用户数据，相当于被分配了绝大多数的用户注意力。因此，巨型平台"挟数据以令天下"，一方面可能会引发个人数据侵权问题，因而有学者建议将消费者隐私保护纳入反垄断法的规制范围；① 另一方面平台可能利用其数据垄断优势，封锁个人数据源，客观上为新经营者设置了极难跨越的新型市场壁垒。②

　　美国谷歌、脸书、亚马逊等互联网巨头曾一度陷于"滥用个人数据"的旋涡中。这些科技巨头正在比拼谁能收集更好更全的用户数据，比拼谁能更好更精准地为用户"画像"，同时阻止竞争对手获得个人数据，成为反垄断法规制的新对象。2017 年 6 月，谷歌根据用户的关键词搜索数据将用户引向自己的购物比价网站，被欧盟指控滥用其在比较购物服务市场和在线搜索广告服务市场的支配地位，对其开出了 24.2 亿欧元的巨额罚单。③ 自 2016 年起，德国联邦卡特尔局就对脸书滥用市场地位进行调查，并于 2019 年 2 月认定，脸书在具有市场支配地位的情况下，通过其不公正（剥削性）的用户协议条款，迫使用户接受脸书收集其在其他社交网络或第三方平台使用的个人数据，使用户无法避免这些个人数据的融合以及融合后个人数据的使用和传输，损害了用户受宪法保护的个人信息自主权利；同时，由于融合用户个人数据后产生的身份识别网络效应和用户锁定效应，脸书可以排除、限制其他竞争者在广告投放方面的竞争，为此判定脸书的行为构成滥用市场支配地位的垄断行为，并对其进行处罚。我国发生的华为与腾讯、菜鸟与顺丰等典型个人数据抓取纠纷，也引起公众对个人数据垄断方面的担忧。

　　在大数据时代，数据将是最重要的生产要素，也将是产业主体最为关键的市场竞争要素。④ 以无人驾驶为例，这项技术需要"消耗"海量的个人数据，为加快该技术实现，早在 2013 年，Uber 就与谷歌建立了合作以

---

　　① 吴汉东：《人工智能的数据垄断与反垄断法的时代使命》，《光明日报》2018 年 7 月 23 日第 11 版。

　　② 陈兵：《大数据的竞争法属性及规制意义》，《法学》2018 年第 8 期。

　　③ 蒋小天、唐孜孜：《数据垄断首纳入反垄断执法》，《南方都市报》2019 年 2 月 1 日，http://epaper.oeeee.com/epaper/A/html/2019-02/01/content_3815.htm。

　　④ 吴汉东：《人工智能的数据垄断与反垄断法的时代使命》，《光明日报》2018 年 7 月 23 日第 11 版。

共享个人数据。① 在网络化的"流动空间"中，所有形式的流动都以数据作为载体或"中介"，"数据不仅构成在线空间中社会实践持续生产和再生产的资源，而且还影响线下空间中各种社会实践中的自然和社会资源的再配置"②。数据的流通和利用日益成为社会的普遍认知和客观需求。如果不能有效规避数据垄断，防止科技巨头们滥用垄断优势，极有可能会给个人权利保护、市场经济秩序甚至是政治社会管理带来极难应对的挑战。

目前，数据垄断问题是一个远未达成共识的问题，数据垄断的定义、判定标准、产生的后果等都没有确切的标准和共识。从当下的社会实践来看，数据杀熟、数据歧视、算法合谋、数据型企业并购等都可能触发反垄断审查。数据垄断的规制无法脱离反垄断法的规制范围，但是传统反垄断规则在规范数据垄断方面的作用有限。反垄断法的作用主要是确保具有市场支配地位的主体不能滥用其支配地位，采用非法手段妨碍或阻止他人进行正当竞争，破坏竞争秩序。某个或某几个公司获得数据垄断地位是其竞争优势的结果，只要市场条件为其他人提供了在该市场中进行竞争的机会，那么不能仅仅因为它们在特定的个人数据市场上占据支配地位，就依据反垄断法对其采取法律措施予以规制。在对数据垄断公司采取法律措施之前，必须先确认该公司已经实施了某种反竞争行为。大而全的个人数据库需求市场会将数据业者导向自然垄断或寡头垄断，虽然其他公司具有进入该数据市场的机会，但现实是，其他公司很难获得竞争优势，数据垄断公司的市场支配地位及妨碍竞争的目的大多数情况下无须实施反竞争行为即可实现，因此，传统反垄断法规范数据垄断行为的作用非常有限。只有当垄断企业具有滥用市场支配地位的行为或为了实现非法目的使用实质性市场支配力的行为时，反垄断法才有"用武之地"。例如欧洲法院在麦吉尔案的判决中，认定在爱尔兰电视周刊市场上占有支配地位的电视公司RTE 和 ITP 滥用其支配地位，拒绝授予麦吉尔电视指南公司许可使用其节目表以创建一个综合性每周电视指南，实际上正在阻止一种新产品的出现。该判决确认，占据市场支配地位的公司仅拥有知识产权本身或拒绝授予许可的行为都不构成滥用市场支配地位，只有存在超常行为，例如阻止

---

① 龙卫球：《再论企业数据保护的财产权化路径》，《东方法学》2018 年第 3 期。

② 黄璜：《对"数据流动"的治理——论政府数据治理的理论嬗变与框架》，《南京社会科学》2018 年第 2 期。

新产品出现，或有证据证明拒绝许可会导致完全排除市场竞争时，才能认为其滥用市场地位。① 由此，数据业者拥有数据的垄断优势或拒绝许可他人使用其控制的个人数据的行为本身不足以招致反垄断法的规制，只有存在滥用垄断优势阻止他人进入相关市场的行为或拒绝许可会导致完全排除市场竞争的效果时，才能认为其滥用市场支配地位。相较于反垄断机构只有有限的手段去监控或起诉滥用市场支配地位的行为，数据业者往往有更多的手段和经济实力来应对，这也是反垄断法适用频率不高的原因。

要利用反垄断法来规制数据垄断问题，必须解决的一个前提问题是平台企业到底能不能垄断个人数据。个人数据具有易复制性，同一个人的数据可为不同数据控制者获得，从这个意义上说，同一相关市场的产品或服务的经营者之间一般不存在一方独占个人数据，另一方难以获取个人数据的可能性。② 此外，新数据无时无刻不在生产中，无处不在且源源不绝，而且个人数据是典型的时效品，会随着时间推移越来越没有价值，因此，有人认为"个人数据的可替代性较强"，控制海量个人数据的企业无法形成数据垄断。③ 但是在"雪球效应"影响下，最新的、最优的个人数据被一家或几家数据平台所控制。这些数据平台的商业模式具有封闭性特征，它们将收集的大多数个人数据作为商业秘密或战略资产予以封闭，用于内部经营，极少开放给其他经营者或社会大众使用。例如，阿里巴巴收购高德地图后，不再向外界公开地图数据。④ 为了获得最新、最优、最具有价值的个人数据，其他经营者只能向数据垄断平台申请 API 接口，但是由于其他经营者欠缺谈判的筹码和实质上的对抗力，在定价及运营模式上均无法做到真正的公平公正，凸显出个人数据源的闭锁效应。⑤ 因此，巨型平台客观上可以垄断个人数据。

面对巨型平台封锁其控制的海量数据源，限制数据流通，破坏竞争秩

---

① ［澳］马克·戴维森：《数据库的法律保护》，朱理译，北京大学出版社 2007 年版，第 47—48 页。

② 叶明、张洁：《数据垄断案件的几个焦点问题》，《人民法院报》2018 年 12 月 5 日第 7 版。

③ 陈永伟：《数字经济时代数据性质、产权和竞争》，《财经问题研究》2018 年第 2 期。

④ 王晓洁、王新明：《大数据产业遭遇"垄断"和"孤岛"》，http://www.jjckb.cn/ 2016-10/20/c_135767680.htm，2019 年 8 月 7 日。

⑤ 陈兵：《大数据的竞争法属性及规制意义》，《法学》2018 年第 8 期。

序的行为，立法及行政监管都力有不逮，可从构建个人数据上权益的角度，缓解数据垄断对自由竞争带来的恶性后果。可以根据个人数据的不同种类及性质，有限承认"平台授权"的合理性，通过赋予平台受限而非绝对的数据权益，提高其他主体合法接近并利用个人数据的可能性。通过赋予数据业者合理的数据权益，一方面激励数据业者投入以促进数据总量的增加；另一方面将该权益限制在一定的范围和时期内，以促进个人数据在数据提供者和需求者之间合理流动，协调数据权益人合法利益保护与公众数据利用需求满足之间的关系。

综上，个人数据上的权益构建应当遵守下列原则：一是个人数据关涉的个人基本权利与自由应当得到严格保护。保护个人基本权利与自由和促进数据利用这两个价值之间存在一定的冲突，在二者的取舍上必然带有价值倾向性，无法做到真正的并驾齐驱。保护个人基本权利和自由应当是法律的终极关怀，是促进社会经济发展的最终目标，因此，构建个人数据上权益的首要目标是确认及保护个人的基本权利和自由，数据的利用必须以尊重个人权利为基础和前提。二是合理满足数据业者的数据利益需求，协调数据垄断与数据流通之间的关系。数据业者为处理个人数据获得了数据主体的授权且进行了实质性投入，在设计个人数据上的权益时应注意保障其合法权益，为其生产更多数据提供适当激励；同时，应当防止对数据业者过度赋权而不当助长其数据垄断优势，要兼顾数据流通需要，以推动数据经济发展。

二　个人数据上权益的理性架构

个人数据上的权益构建是一种"复杂秩序安排，并非一种完全自在自为的绝缘化权利空间，除了私益部分建构之外，还应设计出许多限制结构，以使其具有足够的弹性和外接性，以便对接或协同各种功能和利益关系的实现"[①]。个人数据上的权益设计应当致力于保护数据主体的基本权利和自由，同时激励数据业者进行数据投入，满足数据业者对数据资产化的合理需求。而且在保障数据主体和数据业者的数据权益的同时，通过对权益的限制，协调个人数据上的各种利益关系。

---

① 龙卫球：《再论企业数据保护的财产权化路径》，《东方法学》2018 年第 3 期。

（一）区分个人数据类型的权属架构

考虑到个人数据种类的复杂性，科学的权属架构需区分不同的个人数据种类予以判断和分析。根据个人数据的不同种类构建不同的权属架构，首先要确定一个边界较清晰、周延性较好的分类方法。将个人数据分为隐秘个人数据和公开个人数据、原始个人数据和衍生个人数据不失为一个较优的分类方法。以个人数据能否被社会不特定主体知悉为标准，可将个人数据分为公开个人数据和隐秘个人数据。这种分类方法的核心在于"社会不特定主体"的认定。"不特定主体"是民法的基础概念，例如绝对权的义务人是"不特定"的，其认定是较为容易的。由此可推断，公开个人数据和隐秘个人数据的边界是较为清晰的。原始个人数据是初始产生的本源数据，可通过用户自愿提供或数据控制者利用设备或系统主动采集而产生。被合法的收集、记录和储存是原始个人数据的重要技术特征。衍生个人数据是数据收集者利用信息技术对原始个人数据进行清洗、加工、计算、聚合和重构，但未能彻底去除个人可识别信息的派生数据，清洗、脱敏、加工、计算、聚合等处理是衍生个人数据的重要技术特征。原始个人数据表现为对事实或行为的客观记录，而衍生个人数据体现为相关主体根据其意愿加工处理原始个人数据后获得的新数据，二者的边界也是较为清晰的。同时，公开个人数据和隐秘个人数据、原始个人数据和衍生个人数据之间都是非此即彼的关系，这两种数据分类方法也是周延的。因此，个人数据上的权属可架构于隐秘个人数据和公开个人数据、原始个人数据和衍生个人数据的分类之上。

个人数据上的权属架构应当考虑个人数据是公开状态还是隐秘状态。个人数据具有公共属性，公开的个人数据要比隐秘的个人数据更强调数据的流通利用，因而相关权益人行使权利将受到更多的限制。实务中，公开个人数据的商业利用主要是通过爬虫技术自动抓取个人数据来实现的。爬虫技术是一种常见的数据抓取技术，是按照一定的算法，自动从互联网上提取网络信息的程序或脚本。合理使用爬虫技术有利于数据共享和分析，推动互联网生态的繁荣。Imperva 发布的《2016 年机器流量报告》（*Bot traffic report 2016*）显示，超过一半以上的互联网访问是由自动程序产生的，这意味着接近每 20 次互联网访问中，就有一次是爬虫，爬虫技术已经成为互联网访问的重要组成部分。为了规范爬虫技术的使用，互联网行业形成了爬虫的自律协议，网站通过该协议可以告诉爬取者哪些数据可以爬取，哪些数据不能爬取。但是由于爬虫协议是一个未经标准组织备案的非官方标准，也不属于任何商业组织，对企业来说，相当于一个"君子约定"，它不能避免企业的数据被爬取，也不能成为市场竞争维护垄断的工具。在2017年HiQ诉LinkedIn案发生之前，美国法院主要援引《计算机欺诈与滥用法》（*Computer Fraud and Abuse Act of 1986*，CFAA）第1030（a）（5）（A）（2008）条来处理爬虫爬取公开个人数据的问题。该条规定，未经授权或超过授权访问权限故意访问任何受保护的计算机并从中获取信息的，将要承担法律责任。"未经授权""超过授权访问权限"以及"受保护的计算机"三个要点，成为法官能否启动CFAA对爬虫行为追责的重要依据。2017年，加利福尼亚州法院在HiQ诉LinkedIn案中第一次正面回应爬取公开个人数据的法律问题。法院认为，公开数据未被采取相应措施加以保护，其不同于"受保护的计算机"，因此，爬取公开数据不构成CFAA规定的"未经授权"或"超过授权访问权限"的行为。通过技术手段爬取公开个人数据，不过是将用笔手动将数据誊抄在纸上再录入电脑的行为，转换成了更快捷的技术手段罢了，法院不重点关注企业能否爬取他人网站的公开个人数据，而是重点关注爬取获得的公开个人数据能否以及如何使用的问题。因此，法院用预先程序禁止令命令LinkedIn移除技术障碍，认可HiQ爬取LinkedIn公开个人数据的行为。这个判决可能标志着CFAA对网络爬虫行为责任认定的转变。对于网站经营者而言，事先声明不允许爬取或使用技术障碍阻止他人爬取其公开个人数据的行为可能是不被许可的，意味着公开个人数据的使用开始更多地考量公共利益的优先性。[①] 在我国汉涛诉百度案中，法院没有直接否定百度抓取汉涛公开数据的行为，而是从百度利用爬取的公开数据构成"搭便车"的不正当竞争行为角度否定百度的数据使用行为。两国法院均未对爬取公开个人数据的行为直接作出否定性的评价。如果权利人自愿选择公开其个人数据，至少说明权利人不反对借助网络强大的传播功能扩大其个人数据的传播，也意味着其对个人数据将会被用于各种用途有一定的预期，此时不

---

① Martin：《美国数据爬虫相关案例判决梳理》，https://mp.weixin.qq.com/s/udRYPM-wD6nKx5L0HSn888g，2019年12月16日；田小军、曹建峰、朱开鑫：《企业间数据竞争规则研究》，《竞争政策研究》2019年第4期。

应强调权利人对其个人数据的控制性，而应更注重保障他人合理使用这些公开个人数据的可能性。因此，一般而言，公开个人数据原则上可为公众自由获取，包括使用技术手段自动抓取。

在实务中，公开个人数据不一定可被自由获取。数据控制者会在其用户协议中声明拒绝他人爬取公开个人数据，例如企查查作为一款企业信用信息查询工具，在其《用户协议》中声明：未经朗动网络书面授权许可，任何人不得擅自获取或使用企查查平台的数据、信息和资料，不得擅自以软件程序自动获得企查查数据。[①] 同时，控制者会设置技术障碍防止他人大规模爬取其公开个人数据，比如设置身份验证技术保护措施，他人只有注册并通过身份验证才能获得控制者的"授权"。有些个人数据虽然公开可访问，但是却不一定采取可机读格式，导致公众无法提取，比如上海地铁的实时客流数据，公众可自由访问，却无法提取这些数据。控制者之所以设置这些技术障碍，是因为爬虫获取数据，会给企业带来一些问题，比如爬取方频繁的访问可能会对控制者的服务器造成压力；爬虫会破坏网站或 App 运营的方式和逻辑，侵害其未来的价值；爬虫可能会让企业的一些盈利模式不能再继续下去，比如电商的竞价排名等。对于过度爬取可能会给控制者的服务器造成压力的问题，可以通过限制爬取流量等技术手段解决。[②] 其他问题主要是公开个人数据滥用行为所导致的，可以通过规范及合理限制公开个人数据的使用行为来解决。

公开个人数据上的权益设计应在合理保障个人和控制者的利益的基础上，倾向于促进数据流通和利用。隐秘个人数据是个人的私密信息，其上的权益设计应注重保持个人数据的私密性，倾向于严格保护个人的合法权益，强调控制者的内部使用性，严格限制对外传播。

原始个人数据保留了显著的个人信息特征，直接关涉个人的隐私、名誉、肖像、尊严、自由等人格利益，而且数据控制者主要进行的是粗放式的收集工作，因此，在权属设计上应当侧重于保障个人的合法权益，防止数据控制者滥收、滥用原始个人数据而使个人受害。数据控制者通过分析、挖掘原始个人数据的潜在价值，产生了具有新价值的衍生个人数据，

---

① 《企查查用户协议》，https://www.qichacha.com/cm_14，2019 年 7 月 12 日。
② 参见丁晓东《论企业数据权益的法律保护——基于数据法律性质的分析》，《法律科学》（西北政法大学学报）2020 年第 2 期。

因此，衍生个人数据上的权属设计一方面要考虑数据控制者对数据新价值的贡献而赋予其合法权益，另一方面还需保障数据涉及的个人合法权益不受侵害。

（二）个人数据上的双重权属架构

大数据应用带来了两面性：一方面，数据成为与物质、能源同等重要的国家基础性战略资源，数据的流通和利用成为大数据产业发展的基础需求；另一方面，伴随而来的隐私、个人数据保护、数据安全等问题日益凸显，尤其是个人生活的点滴都被记录下来，个人成为网络世界中的"裸奔者"，引爆了个人隐私等基本权利危机。换言之，在大数据时代，数据流通共享的价值或福利是集体体验，而风险却是由个人承担。[①] 因此，大数据产业要持续、良性发展，必须在促进数据流通与利用的同时，防范个人数据滥用风险，切实保障个人基本权利和自由。个人数据的采集、加工、利用、交易等环节可能涉及多个参与方，各参与方能否获得以及获得何种数据权益，涉及多种利益的博弈和平衡。

目前，学界对个人数据上的权属认定存在较大争议，除了少数学者从数据的多维角度对个人数据上的权属进行多层次的构建外，大部分学者都是从统一视角论述个人数据上的权属问题。统一视角的个人数据上的权益界定，在平衡数据主体及数据控制者的利益方面存在顾此失彼的不足。以个人数据为研究对象，需要在现实中仔细观察个人数据的特点及利用方式，从价值冲突层面去正视无可回避的权益困境，如此方能构建出一个利益相互协调的权属体系。

玛格丽特·简·拉丁的人格财产理论引入了一项革命性的观点：如果我们将某些占有性利益视为"财产"，我们就会认识到一种全新的并行财产的可能性，其特征是在所拥有的东西中重叠主体和功能不同的利益。[②] 个人数据之上可以重叠主体和功能不同的利益。个人数据来源于数据主体，承载着数据主体的人格利益和财产利益，数据主体通过授权的方式将其个人数据提供给数据控制者；数据业者进行实质性投入而收集、存储、处理个人数据，使个人数据增值；个人数据具有公共属性，影响着公

---

① 王融：《大数据时代数据保护与流动规则》，人民邮电出版社 2017 年版，第 6 页。

② Margaret Jane Radin, "Property and Personhood", *Stan. L. Rev*, Vol. 34, 1982, p. 957.

共部门的公共管理和服务水平，公共部门可在其职权范围内依法采集自然人的个人数据，同时须承担保护个人数据的义务。因此，个人数据上的权属构造不是单一的、线性的规则缔造，而是人身利益、财产利益和政策利益交融、相互影响的过程。个人数据之上利益交叠、价值多元，不宜贸然地将个人数据锁定为新型财产并进行财产化，过强的权利配置可能会导致依附在个人数据之上的各重要价值失调。例如，过于强调个人数据的财产化，其上承载的个人隐私等人格利益可能会受到严重损害；过于强调数据控制者对数据的绝对性支配，其承载的共享利用的社会公共利益可能无法获得合理满足。因此，在当前的大数据环境下，我们应立足于个人数据产生、利用的客观实践，在动态的、多维的、层次的视角下进行个人数据上的权益构造。

在个人数据的产生和增值过程中，数据主体是个人数据的最初来源者，也是侵害数据人格利益的最终承受者，数据资源的整合与挖掘不能以牺牲个人基本权利和自由为代价，因此，个人数据上的权属架构应当立足于保护数据主体的基本权利和自由。个人数据的价值在于其反映的被记录主体的信息，因此，个人数据基础权益的生成应落脚在被记录主体的身上。比如，某一个人数据被多家公司不同的电脑存储和处理，个人数据的内容不受影响，换言之，个人数据由谁来处理、用什么工具来处理不那么重要，重要的是被记录的主体是谁。由于个人数据的价值起源于被记录的主体，个人数据与被记录主体紧密相连；而处理者及其处理工具与个人数据内容的关系则是可置换的、松散的，不是个人数据价值的起源。故而个人数据基础权益属于被记录主体，这是学理和社会道德支持下的自然选择。虽然个人数据的处理离不开处理者和处理工具，处理者也因对个人数据进行实质性投入而产生了数据权益，但是这种权益不能动摇数据主体对其个人数据享有的基础权益。

在大数据时代，单条个人数据本身并无多少价值，真正有价值的是数据控制者收集、存储的海量个人数据的集合。个人无法使其数据增值，甚至没有数据控制者的协助，许多个人数据都无法记录或留存。数据控制者利用其掌握的信息技术，不仅催生了个人数据本身，而且通过分析、挖掘个人数据的价值实现了数据的增值，创造了数据经济的新应用、新业态。因此，个人数据上的权属架构应当考虑数据控制者对数据的利益需求。数据控制者获得数据主体的授权合法收集、使用原始个人数据，并为加工、处理个人数据进行了实质性投入，为个人数据的价值增值做出了贡献，因而在个人数据之上形成了控制者的数据权利。在某些情况下，数据业者对个人数据可识别出来的特定个人是谁不感兴趣，因为它们为个人量身定制产品和服务的能力决不会因缺少此类信息而受到限制，因此，数据控制者的数据权益往往以个人数据集合为客体，强调数据集合的可利用性、财产性。

在个人数据上并存着数据主体和数据控制者的双重利益需求，因此，构建个人数据上的权益体系，须注意以下三个问题：第一，明确个人数据上的权益配置，并在数据权益中留出公益利用及其他主体合理利用个人数据的余地，实现私益与公益、私益与私益的平衡。第二，厘清双重权益之间的界限。个人数据之上可以形成相互叠加、相互牵连的数据主体和控制者的双重权益，而且这两种权益具有位阶高低之分，数据主体的个人数据权益是基础权益，其权利位阶要高于数据控制者的数据权益，数据控制者在行权时应受限于个人数据权益。不同于所有权人对其所有物的占有、支配一体性的特征，数据主体往往与个人数据的占有者、控制者分离，其很难占有、支配自己的个人数据，个人数据事实上被控制者牢牢地掌握在手中，从而给控制者肆意处理个人数据提供了便利，数据主体很可能成为控制者利益最大化追求下的"牺牲品"。因此，个人数据之上的权益构建应当正视这个问题，既要保障数据控制者的合法权益，促进个人数据的合法合理使用；更要通过限制数据控制者的数据权利来保障数据主体的合法权益，防止个人数据基础权益成为空壳，数据主体沦为控制者的附庸。第三，数据是一种流转的资源，不同于土地资源等强调静态的使用价值，而是通过自由流通来创造价值，因此，在确定数据控制者的数据权益时，须在保障数据主体个人数据基础权益的基础上，着重从数据流转的角度去赋权。具言之，赋予数据控制者以数据权益，最终目的不是强调对权益人独占数据状态的保护，而是通过对数据权益源头的规范控制，使个人数据能良性、有序流转。

第三章　数据主体的个人数据权构造

第一节　原始个人数据权的构成

数据控制者收集、储存的海量原始个人数据，包括用户身份信息、银行账号、交易记录、搜索记录、支付记录等，是各种结构化、非结构化个人数据的简单集合。目前我国个人数据保护法虽然规定控制者处理个人数据必须获得数据主体的同意，但是却没有行之有效的保障数据主体授予有效同意的方法，而且在数据争夺司法实务中，法院确立了"三重授权"规则，他人收集使用个人数据必须获得控制平台的授权，这导致数据控制者成为个人数据的实际权益人，而数据主体则成为需要兼顾的利益相关者。这种个人数据上的权益状况应当予以纠正，应当明确数据主体对其个人数据享有的基础权利，以权利限制控制者处理个人数据的行为。

一　个人信息权的确立争议

在大数据时代，数据主体对个人数据的控制力、自决能力非常薄弱，因信息不对称问题的存在，数据主体也无法预测提供个人数据的后果，数据主体相较于数据控制者不是一个等量的交易对手，因此，个人的数据权利保护须仰仗企业或者政府。企业以追求利益最大化为目标，具有收集、利用个人数据的强烈动机，它没有动力去保护个人权利。政府是个人数据最大的收集者、控制者，而且政府考虑问题多是从维护公共利益的角度出发，当数据共享能够提高经济效益、促进经济发展时，个人的数据利益有可能得不到应有的保护。因此，把保护个人利益的希望完全寄托在企业或政府上是不妥当的；个人是其利益的最佳判断者，应通过增强个人对其数据的控制力来保护自身合法权益。增强个人对其个人数据的控制力，是信息时代保障人格尊严和独立的具体表现，是个人作为社会和经济活动的主体而非客体的必然要求。① 个人要有尊严地活着，不仅应享有一定的"独处权利"，而且应享有安全地参与社会生活的权利，以此维持个人行动、语言乃至思维的自由，避免沦落到被监控、被剥夺、被操纵的恐怖境地。

个人数据承载的个人利益具有多样性，包括隐私利益、肖像利益、名誉利益、信息自决等人格利益和财产利益，需要根据所涉利益性质及种类来确定个人数据上的权益类型及保护路径。《民法典》第 1034—1039 条及《个人信息保护法》规定了个人信息的保护要求，但未明确提出个人信息权。我国学者对个人信息权利化持更加积极的态度。例如，王利明建议应单独规定个人信息权，并将个人信息权作为一种具体的人格权加以保护。② 齐爱民等人也持相同观点。③ 刁胜先等认为个人信息权是一种人格权，而且采用"个人信息权"这一统称概念，既直观贴切，又更能体现人文关怀和保护目的。④ 王成从立法论的角度论证我国民法应当确立独立的个人信息权，认为确立个人信息权能为个人信息提供确定的权利基础，更有利于保护个人信息，也有利于防止科技和商业的非理性发展和人格权编的体系和谐。⑤ 吕炳斌以知识产权为参照，证成个人信息权。⑥ 个人信息权利化的术语拟定最好既能肯定自然人的权利主体地位，又能反映权利实现需要数据控制者承担个人数据保护义务来促成的特点，因此，使用个人数据受保护权更妥。

学者对个人信息权利化的质疑，主要表现在两个方面：一是个人数据受保护权是一种人格权，其支配性、绝对性可能会阻碍数据流通和利用；二是个人无法有效控制及保护其个人数据，即便确立个人数据受保护权，

---

① 郭瑜：《个人数据保护法研究》，北京大学出版社 2012 年版，第 90—91 页。

② 王利明：《论个人信息权的法律保护——以个人信息权与隐私权的界分为中心》，《现代法学》2013 年第 4 期。

③ 齐爱民：《论个人信息的法律保护》，《苏州大学学报》2005 年第 2 期；杨咏婕：《个人信息的私法保护研究》，博士学位论文，吉林大学，2013 年，第 32 页。

④ 刁胜先等：《个人信息网络侵权问题研究》，生活·读书·新知三联书店 2013 年版，第 6 页。

⑤ 王成：《个人信息民法保护的模式选择》，《中国社会科学》2019 年第 6 期。

⑥ 吕炳斌：《个人信息权作为民事权利之证成：以知识产权为参照》，《中国法学》2019 年第 4 期。

该权利也是虚化的，甚至可能成为数据控制者逃避个人数据保护义务的借口。确立个人数据受保护权可能会阻碍数据流通和利用的质疑主要落脚于数据主体的同意权，即个人数据的处理应当获得数据主体的同意，一方面获得数据主体同意可能会增加数据控制者的负担，从而降低经济效率；另一方面，数据主体可能基于个人权利保护的考虑，从而拒绝个人数据的处理。其实，在当前大数据环境下，用户知情同意的落实遭遇重重认知和结构障碍，自然人作出的同意更多的是形式上的同意，试图通过用户同意来阻挡数据流通"洪流"无异于螳臂当车。即便自然人确实可以作出实质同意，由于数据处理给个人带来的便利极易形成个人同意的"绑定"效益，再加上与数据控制者相比，个人在数据处理实践中的天然弱势，同意都不可能成为阻碍数据流通和利用的真正力量。因此，第一个质疑是站不住脚的。个人数据受保护权的虚化也不应成为否定该权利的适当理由。正是由于个人无法有效控制、保护其个人数据，才需要法律强化其权利保护。立法确认个人数据受保护权，可以宣传、提高自然人对其个人数据的保护意识，教育自然人以权利主体的角色自觉保护其个人数据，同时划定数据控制者处理个人数据的行为边界，防止个人数据成为人人争夺的"案上肉"。当下，数据控制者通过修订其用户协议或隐私政策，让用户尽可能多地同意个人数据处理事项，用户协议或隐私政策通常更多地为控制者提供免责声明而不是保护自然人个人数据的承诺，自然人同意变相地成为数据控制者自由处理个人数据的"尚方宝剑"。但是，这一弊病可以通过强调同意必须是实质的有效同意，并限制将自然人同意作为免责事由的适用范围，同时加强对个人数据处理行为的实质性限制来克服。因此，第二个质疑也不是否定个人数据受保护权的适当理由。自然人是个人数据的内容主体，也是个人数据处理后果的最终承担者，不仅需要从数据控制者承担个人数据保护义务的角度保护个人数据，还应赋予自然人个人数据受保护权以推动自然人积极、主动地保护其个人数据。

二　确立个人数据权的正当性

数据主体之所以对个人数据享有更强的道德主张而能够享有个人数据基础权利，主要基于以下几个理由。

第一，个人是其信息的在先权利人。一般认为，基于劳动应得的观点，洛克的劳动财产理论会导向收集者享有个人数据的财产权益，但是个人信息是先有所属的，并不属于劳动应得的范围。只有在物品尚未被其他人拥有的情况下才能因投入劳动而获得该物品的所有权。每个人都是他自己的"财产"，而且人是社会中的人，人的社会身份是定义一个人的基本方式，个人拥有其社会身份。个人信息是个人社会身份的反映，这些独特的关于个人的事实信息使其成为不同于他人的个体。因此，个人拥有其个人信息的原始权利，即个人信息不处于自然状态，它已经有所有人，不应允许个人数据的收集者获得优于个人权利的财产权。①

第二，从功利主义角度看，权利的配置应当有利于最大化社会福利和社会满意度。那些主张把个人数据上的权益优先配置给数据控制者的观点，主要是从提高经济效率的角度来立论，他们忽视了这种权益构建带来的巨大社会成本。一方面，数据控制者利用个人数据的方式不一定会带来经济效率。有美国学者研究发现，电话推销员每天拨打 1800 万通电话，其中绝大多数都不成功。② 每年，美国有一亿棵树被砍伐，生产 450 万吨垃圾邮件，其中 44% 未开封和未读就直接进入垃圾堆。另一方面，个人花费过多的时间和金钱试图保护其个人隐私等基本权利与自由。如果把个人数据上的权益优先分配给企业，企业会投入更多人物财去挖掘个人数据的价值，而不会有动力去保护个人权利。据统计，美国注重隐私保护的家庭每年可花费 200—300 美元或数小时来保护他们的隐私。联邦贸易委员会估计，因隐私问题而损失的在线零售额可能高达 180 亿美元。③ 从长期效率来看，缺乏隐私保护的社会对于人际关系建构、社会经济发展等都是不效率的。此外，在数据活动中，数据控制者基本是"免费"获得用户的个人数据，如果把个人数据的初始财产利益配置给数据控制者，那么就像野生动物属于第一个捕获它的人一样，数据控制者收集个人数据既是正当的，又是低成本的，这会导致侵害个人基本权利和自由的行为泛滥。而

---

① Vera Bergelson, "It's Personal but Is It Mine? Toward Property Rights in Personal Information", *U. C. Davis Law Review*, Vol. 37, No. 379, 2003, pp. 420-421.

② Kenneth C. Laudon, "Markets and Privacy: Privacy Regulation in National Networks", *Comm. of the Acm*, Sept. 1996, p. 103.

③ Vera Bergelson, "It's Personal but Is It Mine? Toward Property Rights in Personal Information", *U. C. Davis L. Rev*, Vol. 37, 2003, pp. 422-423.

且，有许多社会价值是如此重要，即便对其加以保护会降低经济效率也应在所不惜，即这些价值的保护要优于对经济效率的考量，个人的基本权利和自由就是此类价值。保护个人基本权利和自由是构建民主社会、增强社会满意度的必然要求。

第三，个人数据为个人的发展、人格的维护所必需。个人数据是与个人紧密联系、附着有人格利益及财产利益的物质，是个人实现自我延续及发展必不可少的东西，其价值不能简单地用金钱来换算，法律应当给予个人更加强有力的权益保护。有学者认为个人对与人格权无关的个人数据享有所有权缺乏正当性的基础。他们认为，电商平台、卖家等才是个人交易数据产生的主要贡献者，用户虽也为此付出了劳动但意不在获得该种数据，而且对用户而言这些数据是无价值的。[①] 首先，不存在与人格权无关的个人数据。在大数据技术下，零散的个人数据聚合成数据库，不应单从某一个或某些个人数据角度来看待数据价值，而应从个人数据集合角度来判断某些个人数据是否与数据主体的人格权有关。之所以强调应从个人数据集合的角度来考虑问题，一方面是因为个人数据是聚合使用的。用户在电商交易平台上购物，先要提供姓名、身份证号、电话号码等进行账户注册，在自己的账户下购买了商品要提供家庭住址以便于商品邮寄，如果购买的商品是成人用品等，也容易暴露消费者的性隐私，因购物而产生的一系列个人数据集合成该消费者的个人数据库，还能认为其中某一个人数据不反映用户的人格利益吗？另一方面，单个数据的价值有限，而数据集合更有挖掘价值，因此数据控制者不会仅满足于收集用户的单个数据，它会想方设法地收集用户各方面的数据，以形成用户画像，再通过针对性营销等进行营利。数据控制者追求个人数据的整体效应，因此，从个人数据集合角度判断个人数据的性质理所应当。个人数据集合的越多，暴露的个人信息就越多，某些不直接反映数据主体人格利益的个人数据与其他反映人格利益的个人数据集合后，也成为能够反映数据主体人格利益的个人数据。其次，个人数据的财产利益是数据主体人格权的组成部分。近年来，人格权商品化早已不是新闻，比如名人的肖像权。商业发展催生了肖像的

[①] 刘铁光、吴玉宝：《大数据时代数据的保护及其二次利用侵权的规则选择——基于"卡-梅框架"的分析》，《湘潭大学学报》（哲学社会科学版）2015 年第 6 期。

资产效用，肖像权从一种天然的人格权逐渐衍生出财产价值，因而成为人格权商品化的典型代表。"爱迪生案"的大法官就认为，如果一个人的姓名是他自己的财产，那就难以理解为何一个人的肖像以及其中的金钱利益就不是他的财产，而应属于一个未经许可而擅自使用它的人。[①] 个人数据的人格权主体是个人，随着信息经济的发展，个人数据产生了资产效用，由此产生的财产利益自然也应归属于个人。黑格尔也认为，财产是人格的延伸，财产制度把个人自由的自然领域从他的身体本身拓展到了物质世界。[②]

基于以上三个理由，个人应当享有个人数据权，该权利是个人数据上的基础权利，应当获得数据保护法的优先保护。

三　个人数据权的构成

个人数据权的构造应注重于数据所表达的与个人隐私等合法权益联系的意义、内涵，同时增强数据主体对其个人数据的控制力，保护数据主体的个人信息自决、自由、防止歧视等积极法益。因此，个人数据权既要突出个人数据承载的个人既有权利的应受保护性，还要通过确定个人数据受保护权来保护数据主体在个人数据处理活动中的自主利益，同时数据主体也有权分享个人数据的财产利益。因此，个人数据权不是单一的权利形式，而是组合形式的"权利束"，主要由三大权利内容构成。

（一）隐私权等既有人格权

个人的隐私、肖像、姓名等人格因素在网络世界中可以呈现为隐私数据、肖像数据、姓名数据等，这些个人数据是隐私权、肖像权、姓名权等既有人格权的客体。隐私权等既有人格权是个人对其数据享有的防御性权利，当数据控制者处理个人数据侵害数据主体的既有人格权时，数据主体可寻求侵权法的保护。隐私权是数据主体享有的主要既有人格权，其客体是隐秘个人数据，例如个人的性生活、性取向、金融状况、

---

①　朱广新：《形象权在美国的发展状况及对我国立法的启示》，《暨南学报》（哲学社会科学版）2012 年第 3 期。

②　[德] 黑格尔：《法哲学原理》，范扬、张企泰译，商务印书馆 1982 年版，第 50 页。

婚姻状况等个人不愿公开披露且不涉及公共利益的个人数据。隐私权的侵害行为主要表现为未经数据主体同意，利用其电话、短信、即时通信工具、电子邮箱等个人数据侵扰数据主体的生活安宁；以及未经数据主体同意，处理数据主体的隐私数据，尤其是擅自披露隐私数据的行为。需要注意的是，个人数据权与隐私权不是包含与被包含的关系，而是交叉关系。隐私除了包括自然人不愿为他人知悉的私密信息外，还包括自然人的私人生活安宁以及不愿为他人知悉的私密空间和私密活动，后者不属于个人数据。人脸识别技术在我国备受推崇，已被广泛应用于机场、高铁等公共场所，甚至开始进入大学教室，全程监控学生的课堂参与情况和积极程度。[①] 该技术处理的人脸数据是肖像数据。未经自然人同意，非法收集、利用自然人的肖像数据，侵害了自然人的个人数据权，若同时将肖像数据用于营利，则涉嫌侵犯自然人的肖像权。2019 年 2 月，世界经济论坛发布《负责任地使用人脸识别技术的政策框架》，该框架提出了界定负责任使用人脸识别技术的原则，"通知""同意"是原则之一，要求在公共场所使用人脸识别技术时，应当确保用户了解使用人脸识别系统的区域，同时应当获得用户对于使用人脸识别系统的明确、肯定的同意，同时数据保留时限等问题也应当获取用户的同意。[②] 既有人格权保护的个人数据是数据主体的核心个人数据，泄露或滥收、滥用这类个人数据会给数据主体带来严重的影响和损害，因此，应予以严格保护，限制收集和处理。

（二）个人数据受保护权

确立个人数据受保护权的根本目的是确立及强化自然人在信息社会中的主体地位。个人的主体性仅靠隐私权等防御性权利来保障是不够的，还应当承认个人对其数据的积极性、主动性的权益，以此保护个人对其数据被他人收集、使用、披露、公开等处理过程中的自主决定的利益。各国个人数据保护法确立了一个普遍认识是，数据主体在数据保护中的地位应该

---

① 2019 年 8 月 29 日，中国医科大学在部分试点教室安装人脸识别系统用于学生日常考勤和课堂纪律管理，引起社会广泛争议。

② 信通院互联网法律研究中心、CAICT 互联网法律研究中心：《世界经济论坛发布〈负责任地使用人脸识别技术的政策框架〉》，https：//mp.weixin.qq.com/s/Rr_Bb-7FDW5sIQzKpaIO-aw，2020 年 4 月 19 日。

提高，应被给予实质性的授权。① 个人必须在个人数据处理活动中拥有更多的话语权，也须有能力为自己的目的而使用自身的个人数据。个人数据受保护权是增强个人话语权的关键权利。

个人数据受保护权负载的个人利益庞杂，无法特定为某一种人格利益，其与具体的人格权类型相比，更类似于"概况条款"的功能。② 正如人格尊严、人格自由等一般人格权统领整个人格权体系一样，个人数据受保护权是个人数据承载的个人信息自决、自由、防止歧视等法益受到法律保护的框架性人格权。从功能上看，个人数据受保护权"不完全是一种消极地排除他人使用的权利，更多情况下是一种自主控制信息适当传播的权利"③。它的主要内容包括以下具体权利：（1）知情权，指数据主体要求数据控制者以显著方式、清晰易懂的语言真实、准确、完整地向其告知处理个人数据的目的、方式、种类、信息来源、控制者身份及联系方式、救济途径等信息的权利。如果数据控制者通过分析、处理个人数据形成用户报告或评分等评价，并将此评价作为拒绝保险、贷款、收取更高费用或其他更改交易条件的依据，则必须向用户提供不利行为通知，说明影响不利评价的关键因素及决策依据，告知用户有权查看相关评价信息和更正不正确信息。（2）同意权，除法律、行政法规另有规定外，控制者处理自然人的个人数据，应当征得该自然人或其监护人的有效同意。④（3）查阅复制权，即自然人有权查询、复制其个人数据及被处理的相关信息，并可获得个人数据的副本。（4）更正补充权，指自然人要求控制者及时更正、补充与其相关的不准确、不完整的个人数据，以及及时更新过时的个人数据的权利。（5）删除权（被遗忘权），当法定或约定事由出现时，自然人有权请求数据控制者及时无条件地删除其个人数据，或断开与该个人数据的任何链接，销毁该个人数据的副本或复制件。（6）封锁权，当法定或

---

① *Rethingking Personal Data*：*A New Lens for Strengthening Trust*，Report of the World Economic Forum，May，2014. 转引自王融《大数据时代数据保护与流动规则》，人民邮电出版社 2017 年版，第 159 页。

② 郭明龙：《个人信息权利的侵权法保护》，中国法制出版社 2012 年版，第 52—53 页。

③ 王利明：《隐私权概念的再界定》，《法学家》2012 年第 1 期。

④ 2020 年 4 月 16 日，杭州市江干区市场监督管理局针对杭州浙荣商务信息咨询有限公司未经个人同意收集 18 万余条个人信息资料，并据此向个人推销贷款中介业务的行为，罚款 12 万元。参见杭江市监稽罚字〔2019〕21 号行政处罚决定书。

约定事由出现时，自然人有权请求数据控制者以一定方式停止或限制其处理个人数据。（7）可携权，即自然人有权以便利方式获得其被处理的个人数据，满足法定或约定条件时，还可将其个人数据自由地传输给另一控制者，在技术可行时也可直接要求数据控制者将其个人数据传输给另一控制者。

　　同意权是数据主体实现"信息自主控制的核心和基础"①。除法律另有规定外，只有获得数据主体真正有效的同意，数据控制者方能收集、存储、利用、加工、公开个人数据。同意必须满足四个条件才属真实有效：第一，同意必须是在充分知情的情况下作出。信息应以易懂、简洁、显著、直接的形式呈现，使用户在清晰准确知晓个人数据处理的方式、范围、目的和结果等情况下作出同意。第二，同意必须是用户自由作出的。"自由"意味着给予用户真正的选择和控制，如果用户没有真正的选择、感到被迫去同意或者不同意将承担负面后果，那么该种同意将无效。② 用户可在不受胁迫或损害的情况下，按照其意愿自愿作出或撤回其同意。第三，同意必须是具体的。用户应对非同类的每一个人数据处理目的均作出对应同意，无明确目的的概括式的同意是无效的。第四，同意必须是通过积极、主动的方式作出。譬如，勾选所访问网站提供的可选择的方框，选择网页浏览器的设定选项等都可以构成积极、主动的行为。用户作出的同意是否为真实有效的同意可尝试从以下方面来判断，首先，数据业者应对用户的同意是真实有效同意承担举证责任。如果数据业者能够证明拒绝同意不会给用户带来胁迫或明显不利后果等形式的损害，且该同意是用户作出的具体、知情、明确的意思表示，则认为该同意是有效同意，否则行为人将承担举证不能的后果。其次，用户与数据业者之间的关系是否对等。如果用户与数据业者之间存在地位明显不平等的情形，例如劳动者与用工单位、学生与学校、病患与医疗机构等主体之间，前者受制于后者，同意很有可能不是前者自由作出的，该同意也就可能不是有效同意。最后，核查数据业者个人数据处理实践是否与其披露的网络服务协议一致。行为人应当按照网络服务协议披露的目的、方式、范围等处理个人数据，

---

　　① 王成：《个人信息民法保护的模式选择》，《中国社会科学》2019 年第 6 期。

　　② 数据保护官沙龙：《第 29 条工作组〈对第 2016/679 号条例（GDPR）下同意的解释指南〉》，王少倩等译，第 8 页。

如果行为人的个人数据处理实践与网络服务协议不一致，则用户的同意不是有效同意。

欧盟 GDPR、《美国儿童在线隐私保护法案》《新加坡个人数据保护法案》以及我国《个人信息保护法》《儿童个人信息网络保护规定》等都规定，处理未成年人的个人数据必须获得未成年人父母或其他监护人的同意，而且同意必须可证实。由于未成年人民事行为能力受限，其无法有效理解和应对复杂的个人数据处理实践，须经其父母或其他监护人同意才能缔结有效的网络服务协议。数据业者可尝试通过以下方式证实未成年人父母或其他监护人同意的真实性：第一种是由监护人签署同意书，通过传真、邮箱等邮寄给数据业者，由给出同意的主体来对给出的同意负责。这种方式要辅之以电子签章等方法保证签字的真实性，否则无法核实作出同意的人确实是法律上适格的监护人。第二种是提问监护人。通过免费电话或视频会议等方式，数据业者指派专业人员向监护人提问一些除监护人外他人很难回答的问题。第三种方法是考虑让监护人使用银行卡、驾照、人脸识别等进行认证，认证后方能接受网络服务。根据数据最小化原则，要求选择对监护人侵犯最少的方式，而且认证完毕后应立即删除认证数据。第四种方法可以考虑通过中间人来完成验证。数据业者可以和一些能够提供监护人验证的企业或组织合作，例如微信认证。总之，数据业者可根据业务具体场景及可调动的资源，在不侵犯监护人个人数据权的前提下完成验证。

（三）个人数据的财产利益

美国智库科技政策研究所通过评估美国、德国等六个国家的消费者心目中的隐私价值，首次试图量化个人数据的经济价值。研究发现，消费者对其被采集的个人数据分类型进行定价：采集银行余额信息每月需支付8.44美元，指纹信息7.56美元，短信信息6.05美元，现金提取信息5.80美元，位置信息只需支付1.82美元，通过短信息发送广告无须支付费用。这项研究表明消费者对其个人数据的经济价值有估价的需求。[①] 另一项抽样调查还发现，有3%的受访者愿意出售他们的数据，9%的人表示

---

① 《个人隐私数据首次被标价：金融数据和生物数据价格高于位置数据?》，https://mp. weixin. qq. com/s/OpdMVVzA4SoP7GLhWHCiyA，2020 年 2 月 27 日。

是否出售其个人数据取决于购买方的出价。① 这两项研究表明，消费者认为，数据业者应就收集、利用个人数据的行为对其进行经济补偿，以此作为限制数据资产化的一种遏制手段。美国《加利福尼亚州消费者隐私法案》肯定了数据主体分享其个人数据财产价值的正当性，于第 1798. 125节提出了"财务激励措施"：在提前告知消费者并征得其同意的前提下，企业可以为个人数据的收集、出售或删除向消费者提供财务激励，还可以根据数据产生的价值按不同的价格、费率、水平或质量向消费者提供商品或服务。

在大数据时代，个人数据具有类比黄金和石油的财产价值，除了要严格保护个人数据所承载的人格利益外，还应保护数据主体对其个人数据所享有的财产利益。个人数据上的权益构建应当考虑数据主体对其个人数据财产价值的正当诉求。例如，刘德良就建议赋予数据主体个人信息财产权，以此增强数据主体在个人信息的商业化应用中的权利保护。② 王勇旗认为可将个人数据权利性质界定为具有人格性的财产权。③ 但是，数据主体对其个人数据的财产利益无须通过创设独立的个人数据财产权的方式来加以保护。理由在于：第一，独立财产权的可交易性不利于保护个人数据所承载的人格利益。在当前的大数据环境下，个人与数据控制者信息不对称、实力强弱有别，如果在个人数据之上为个人创设独立的财产权，个人即可将财产权交易给数据控制者，控制者自由使用或转让个人数据就有了正当理由，不仅可能使增强数据主体对其个人数据的控制力的目的落空，还可能导致个人数据商品化逐渐侵蚀个人数据承载的人格利益。第二，单条个人数据的财产价值有限。个人很难使其数据增值，甚至没有数据控制者的协助，许多个人数据都无法产生或记录。因此，在实践中，很少有自然人会想到去收集自己的个人数据并予以变价。真正有价值的是数据控制者收集、存储的海量个人数据的集合，个人数据能够标识和描述某具体个人的信息不足以让该个人对该数据拥有独立财产权。第三，数据主体缺乏

---

① 《个人隐私数据首次被标价：金融数据和生物数据价格高于位置数据?》，https：//mp. weixin. qq. com/s/OpdMVVzA4SoP7GLhWHCiyA，2020 年 2 月 27 日。

② 刘德良：《个人信息的财产权保护》，《法学研究》2007 年第 3 期。

③ 王勇旗：《"5G+AI"应用场景：个人数据保护面临的新挑战及其应对》，《图书馆》2019 年第 12 期。

个人数据的议价能力。互联网的普及使得个人的社会生活被高度数字化，无论个人愿意或不愿意，其个人数据都被普遍地处理，个人不可能一一地与所有的数据控制者进行协商定价。而且数据控制者也未给个人议价预留空间。个人要接受数据控制者的产品或服务，或获得某种便利，必须以交出其个人数据为代价，没有商量的余地，否则个人只能离开，导致个人根本无法就其数据的财产价值进行议价。第四，人格权性质的个人数据与财产权性质的个人数据之间界限不清晰，无法有效区分保护并存于个人数据之上的人格权和财产权。因此，虽然数据主体应当分享个人数据的财产利益，但是该财产利益不能上升为独立的财产权。

　　人格权包含精神利益和财产利益两部分，"财产利益可以进行商业化利用并作为交易的对象"[1]。而且肯定人格权的财产性，不会与人格权维系精神利益的价值取向相矛盾。[2]《民法典》第 993 条规定，除例外情况下，民事主体可将其姓名、名称、肖像等许可他人使用，明确肯定人格权商品化的正当性。人格权商品化是人格标识的商品化。[3] 个人数据以个人的身份、行为属性信息为内容，能用以刻画个人的数字画像，是数据主体人格的外在标识。[4] 个人数据资源化、资产化的发展趋向表现出非常明显的商品化倾向。不设立独立的财产权，而通过人格权商品化的路径来实现数据主体的个人数据财产利益，能在凸显对个人数据人格属性的关注和重视的前提下，回应数据主体分享个人数据财产价值的需求。

　　个人数据包括已被具体人格权化的个人数据和未被具体人格权化的个人数据。其中，已被具体人格权化的个人数据成为既有人格权的客体，可通过既有人格权商品化保障数据主体的财产利益。数据主体对未被具体人格权化的个人数据承载的财产利益，可通过个人数据受保护权的商品化来实现。数据控制者处理自然人的原始个人数据，须获得自然人的明示同

---

① 王利明：《论人格权商品化》，《法律科学》（西北政法大学学报）2013 年第 4 期。

② 黄芬：《人格要素的财产价值与人格权关系之辨》，《法律科学》（西北政法大学学报）2016 年第 4 期。

③ 房绍坤、曹相见：《标表型人格权的构造与人格权商品化批判》，《中国社会科学》2018 年第 7 期。

④ 参见张新宝《从隐私到个人信息：利益再衡量的理论与制度安排》，《中国法学》2015 年第 3 期。

意，同意的本质是自然人对其个人数据的自主处置。自然人自主处置其个人数据的意涵之一就是将其个人数据所承载的财产利益转让给数据控制者，以此作为获得产品及服务的对价，因为个人数据所承载的人格利益是无法通过同意进行转让的。就像著作权中作者的精神权利无法让与，能够转让的仅是著作权中的财产权益。数据主体始终享有个人数据的人格利益，"转让"个人数据是一种类似于知识产权的使用许可，数据控制者可在许可的范围内使用该个人数据。就像消费者将其手机一段时间内的使用权作为对价换取商品或服务后，经营者必须在约定的范围内使用该手机一样，数据控制者获得自然人的个人数据对价后，只能在自然人同意的范围内处理该个人数据。此外，数据主体仍保有个人数据所承载的人格利益，数据控制者在处置这些个人数据的财产利益时不得侵害数据主体的人格利益。例如，在网络服务协议中，数据控制者不得要求数据主体放弃个人数据受保护权。简言之，数据控制者通过受让获得的数据财产利益，受到两方面限制：一是数据主体同意的范围限制；二是数据主体人格利益的保护限制。

有学者认为，由于数据主体无法真正有效控制其个人数据，而且数据主体与数据控制者之间力量失衡，个人数据难以估价等原因，赋予数据主体个人数据上的财产权益，既无助于增强数据主体对其个人数据的控制力，也无法真正行使、实现该财产权益。[①] 在当前的数据经济环境下，数据主体行使个人数据的财产利益确实有困难，收益也可能较低，但是不能因此就否定数据主体应当享有的财产利益。公平和效率都是法律追求的价值目标，法律应尽量进行制度设计以减轻数据主体的行权困难，提高其收益，而不应为了保障数据控制者的"效率"而对数据主体的财产利益视而不见。此外，数据主体对个人数据的控制问题、数据主体与控制者之间力量失衡问题以及个人数据难以估价等问题都可以通过一定的制度和技术手段予以解决，例如，经纪人制度、第三方评估制度、分配基金制度、区块链技术和加密技术等。[②] 办法总比困难多，只要正视并致力于解决存在

---

① 参见纪海龙《数据的私法定位与保护》，《法学研究》2018 年第 6 期；孔令杰《个人资料隐私的法律保护》，武汉大学出版社 2009 年版，第 83 页。

② 邢会强：《大数据交易背景下个人信息财产权的分配与实现机制》，《法学评论》2019 年第 6 期。

的问题，未必不会带来效率基础上的数据主体财产利益的实现。此外，当数据主体享有的个人数据财产利益受侵害时，可适用人格权商品化的保护路径进行救济，例如财产损害赔偿的补救方式。当数据主体的实际损失或侵权人的获利数额无法确定时，可由法院酌定赔偿数额。[①]

个人数据权是一种由权利束组成的人格权，每项具体权利都有其特定的适用条件及边界，可为权利人所分离并予以重塑。同时，个人数据权具有人格权商品化的价值，可为数据主体带来财产利益，这种财产利益正是权利人能够"免费"获得网络服务的基础。

第二节　衍生个人数据权的构成

原始个人数据经过清洗、脱敏、匿名、加工、计算、聚合等处理后，生成了衍生数据，因此，衍生数据一般是经过匿名化处理后形成的非个人数据，数据主体不享有个人数据权利。但是匿名化技术的可能失败，导致某些衍生数据可能仍保留了与个人有关的、能够反映个人身份行为属性的信息，此类衍生数据仍属于个人数据的范畴。对于衍生个人数据，数据主体也享有个人数据权。

一　衍生个人数据的产生理由——匿名化的可能失败

个人数据和非个人数据的分类是各国数据立法和理论研究的基础分类之一。个人数据保护法只保护个人数据，而不适用于非个人数据。《民法典》第1038条第1款以及《个人信息保护法》都规定经过加工无法识别特定个人且不能复原的匿名信息不是个人信息，无须自然人同意，信息处理者可自由处理。为了协调个人数据保护和数据利用的关系，各国数据保护法一般都规定经匿名化处理后不能再识别出具体个人的数据脱离了个人数据的范畴，成为非个人数据。因此，匿名化技术是个人数据非个人化的关键技术，也是促进数据流通和利用的重要手段。但是，匿名化技术却不一定能够担负起人们寄予的"厚望"。

《个人信息保护法》第73条第4项规定，匿名化是指个人信息经过

---

① 参见王利明《论人格权商品化》，《法律科学》（西北政法大学学报）2013年第4期。

处理无法识别特定自然人且不能复原的过程。这说明真正匿名成功的数据要求同时具备两个条件："无法识别特定个人"＋"不能复原"。《印度2018个人数据保护法草案》第2条第3款规定，该法案不适用于处理匿名化的数据；第3条第3、4款规定，匿名数据是指根据保护局指定的标准，将个人数据转换或者转化为无法识别数据主体且不可逆转的数据。巴西《通用数据保护法》第5条第3项规定，匿名数据是指在数据处理中使用合理技术手段无法识别数据主体的数据；第12条规定，匿名数据不是个人数据。美国FTC在《在快速变化时代保护消费者隐私》的报告中认定，去除身份识别的信息将不会被看作个人可识别的信息。但是，公司应承诺不得试图再次识别已被去除身份信息的数据，而且在对外提供去识别性数据时，应当对第三方的再识别行为进行合同禁止，并监督其履行合同义务。[①] 日本2015年《个人信息保护法》将"匿名化处理的信息"界定为匿名处理个人信息后得到的不能再识别出特定个人且不可恢复的有关个人的信息。任何使用"匿名化处理的信息"的主体不得尝试通过比较、比对的方式还原个人信息。[②] 总体来看，各国一方面对匿名数据的内涵基本达成共识：个人数据经匿名化后，已不能识别出特定个人，因而不再是个人数据，可豁免个人数据保护法的适用；另一方面又不得不承认匿名化不是绝对的，为了达到不识别出特定个人的目的，美国、日本等国的相关法律试图通过禁止还原个人数据行为的方法保持匿名化的去识别性特点。

从表面来看，匿名化是一个"两全其美"的平衡个人数据保护与数据利用关系的方案：一方面通过去除个人数据的身份识别信息，使数据不能直接识别出特定主体，因而避免对个人基本权利和自由的侵害；另一方面匿名数据可自由流通，不受个人基本权利和自由的限制，可以促进数据利用，增进社会福利。似乎经过匿名化，就可以解决个人数据保护中的两个敏感问题：一是个人数据经过匿名化后，就能去除个人身份信息，个人隐私等基本权利也就能获得保护；二是个人数据匿名化后，便"摆脱"了个人的控制而成为新的权利客体，有了新的权利人。它引导大家将个人数据保护的注意力放在批判滥用个人数据侵害个人权利上，而忽视讨论这

---

① 王融：《大数据时代数据保护与流动规则》，人民邮电出版社2017年版，第155页。

② 王融：《大数据时代数据保护与流动规则》，人民邮电出版社2017年版，第86页。

一技术本身的合理性，因为它预设的前提是"匿名化完美地保护了个人权利"。但是，这个预设前提是有问题的。事实上，匿名化很可能无法根本去除个人可识别信息，也不可能"消灭"个人数据权利而产生新的权利。

已有学者对匿名化的效果提出了质疑，认为匿名化技术不能有效保护个人权利。在互联网应用中，对一个用户的描述包括了大量的行为数据。行为数据的特点是极为稀疏的，任何两个用户的行为数据几乎不可能是相同的，完全可以通过行为数据来反推用户的个人信息。例如，美国奈飞公司（Netflix）试图通过抹去用户识别信息来推测用户的电影评分，但是两位研究人员通过关联奈飞公司公开的数据和互联网电影数据库网站上公开的记录识别出了匿名后的用户身份。美国在线公司（AOL）公开了65万个用户的匿名搜索记录，但是《纽约时报》根据 ID 匿名为 4417749 的搜索记录找到了对应的特定个人。通过稀疏的行为数据，可以较容易定位身边熟悉的人，进而获取其相关个人信息。目前，稀疏行为数据给个人信息保护带来的巨大风险尚无成熟的解决方案，这无疑是悬在数据控制者头上的达摩克利斯之剑。[1] 保罗·欧姆教授对美国数据匿名的现状及再识别可能性进行研究发现，数据分析、挖掘技术可以再识别出匿名数据背后的具体个人，各种匿名形式无一幸免。而且即便数据使用者没有进行个人信息再识别的动机和高水平的技术，匿名化的数据也会面临再识别威胁。因为再识别技术很容易实现，不是技术专家的特权，大多数参加过数据库管理或 IT 工作的人都可以使用快速计算机和广泛可用的软件来识别出特定个人；而且推动人们再识别的经济利益驱动是巨大的。为此，欧姆教授做出预测，再识别技术会在与匿名化技术的斗争中不断取胜。[2] 有学者通过评估各种主要匿名化技术的有效性后认为，目前"没有任何匿名化技术能够达到完全无风险的匿名化，部分匿名化技术有其固有限制"[3]。数据具

---

[1] 刘鹏、王超：《计算广告——互联网商业变现的市场与技术》，人民邮电出版社 2015 年版，第 278—280 页。

[2] Paul Ohm, "Broken Promises of Privacy", *UCLA Law Review*, Vol. 57, 2010, pp. 1717 – 1731.

[3] 张涛：《欧盟个人数据匿名化治理：法律、技术与风险》，《图书馆论坛》2019 年第 12 期。

有集聚效应，即使没有姓名、身份证号等直接识别信息，只要有关个人的数据足够多，个人就能够被识别出来。而且随着科技和数据共享实践的发展，个人数据的使用方式日趋难以控制和预测，今天不可识别的数据，明天就可能成为可识别的数据，不可识别数据和可识别数据之间的界限越来越模糊。大数据技术的发展，促使大量个人数据被生产、存储、关联和聚合，匿名化等去身份信息的技术"只能是弱化个体数据与本人之间的联系，不能实现绝对的消除"①。高富平甚至认为，匿名化等去识别方式"只是个人数据安全风险管理的一种措施"，经匿名化处理后的"去个人标识的数据本质上仍然属于可识别个人的数据"②。因此，有学者认为"通过匿名来保护个人隐私的做法在大数据技术下是掩耳盗铃的做法"③。

许多学者认为，企业拥有个人数据充分匿名化后所形成的数据的所有权。④《民法典》《个人信息保护法》等法律规定，对于经过处理无法识别特定个人且不能复原的个人数据，数据业者可不经个人同意自由向他人提供。这说明我国立法实际上也默认了数据控制者对个人数据匿名化后形成的数据享有支配权，匿名化成为数据控制者泄露个人数据的合法抗辩事由。但是，匿名化的适用环境已被大数据技术彻底改变，我们过度信任匿名化能为个人数据提供的保护，实际上匿名化并不能真正保护个人的权利和自由。第一，匿名化旨在通过去除个人数据中的直接识别性信息以解决对外传输个人数据的合法性问题，这一目的难以实现。个人数据再识别风险主要来源于数据集聚效应，若匿名数据被其他已掌握部分个人数据的使用者收集后，通过撞库、比对，仍可识别出特定个人，去身份化的目的落空，个人权利仍可能遭受侵害。即便是数据控制者自身，如果它仍然掌握着恢复数据身份属性的关键信息、算法，随时能够恢复数据的个人识别性信息，那么它也没有进行实质匿名化。美国 FTC 和日本个人信息保护法

---

① 尹立杰、田谧：《"互联网+"战略下个人数据隐私保护的政府规制》，《信息安全》2016年第 9 期。

② 高富平：《数据流通理论数据资源权利配置的基础》，《中外法学》2019 年第 6 期。

③ 吴伟光：《大数据技术下个人数据信息私权保护论批判》，《政治与法律》2016 年第 7 期。

④ 参见王融《关于大数据交易核心法律问题——数据所有权的探讨》，《大数据》2015 年第 2 期；汤琪《大数据交易中的产权问题研究》，《图书与情报》2016 年第 4 期。

律试图禁止数据控制者还原匿名数据的个人信息，但是只要还原个人数据的诱惑足够大，指望控制者自律是不可能的。而且由于匿名化这块"遮羞布"的遮挡，个人一方面不能拒绝传输匿名数据，另一方面又难逃权利可能被侵害的风险，很可能沦为"砧板上的鱼肉"而任人宰割。第二，即便对个人数据进行匿名化后不能再识别出特定个人的身份，有时也不能阻止个人权利被侵害。我们试想"如果一个公司在数字环境中知道关于我们的 100 个数据点，而且这些数据影响该公司在数字世界中对待我们的方式，那么他们是否知道我们的名字又有什么不同呢？"公司对某人到底是谁不感兴趣，因为它们为个人量身定制产品和服务的能力决不会因缺少此类信息而受到限制。从这个意义上看，数据主体的真实身份并不重要，重要的是个人的身份所包含的属性和行为偏好。企业在其匿名数据库中为每一个数据主体进行人格画像，并虚拟了一个唯一标识符，这个标识符对应着现实中的某个人，这些人格画像与现实个人之间只隔着一层"窗户纸"，一捅就破。因此，匿名数据会随着数据源的丰富度、数据算法的强度重新恢复个人身份属性等识别性信息，也无法消除个人权利受侵害的风险。匿名化技术的可能失败，意味着匿名数据具有再识别出特定个人的可能性，仍可能是个人数据。

以匿名为技术特征的衍生数据，若仍能再识别出具体个人，则此类衍生数据仍是个人数据。此外，有些原始个人数据的增值无须进行匿名化处理，或匿名化处理可能降低数据的价值，从而未经有效匿名化处理，由此产生的衍生数据仍保留个人可识别信息，也属于个人数据。

二 衍生个人数据权的构成

衍生个人数据反映了数据主体的某些身份或行为属性，没有跳脱出个人数据的范畴，数据主体仍对这些数据享有个人数据权。但是，相较于原始个人数据，控制者对衍生个人数据进行了较高水平的投入，实现了质变的价值创造，因此，数据主体享有的个人数据权应当有所变化。

衍生个人数据虽然来源于原始个人数据，但是经过数据控制者的脱敏处理、算法过滤、深度挖掘后，已不仅仅是个人信息的简单记录，而是独立于原始个人数据、蕴含着控制者智力创造并具备较高使用价值的新数据。原始个人数据主要是控制者主营业务活动或职能活动的自然产物，而衍生个人数据是控制者专门针对数据本身进行大量的人力、物力、智慧等实质性投入而生产出来的数据。原始个人数据转化为衍生个人数据的过程，是一个数据价值添附的过程。衍生个人数据的利用不仅是数据原有价值的释放，更是数据控制者依靠信息技术、实质性投入组织起来的一个创造性过程。因此，控制者的实质性投入推动个人数据质变的价值创造，基于朴素的自然法逻辑，法律应当赋予数据控制者对衍生个人数据拥有合法的财产性权益。数据主体将其原始个人数据的财产利益作为接受商品或服务的对价"支付"给控制者后，财产性权益已"耗尽"，不宜再享有衍生个人数据上控制者创造的财产利益，其保护需求主要针对个人数据上的人格利益。因此，对于衍生个人数据，数据主体享有的个人数据权内容包括隐私权等既有人格权和个人数据受保护权，不包括个人数据的财产利益。

数据主体的同意权行使方式包括明示同意和默示同意两种。衍生个人数据的财产价值主要产生于数据业者的投入和劳动，而且匿名化在一定程度上可以起到保护个人合法权益的作用，因此，虽然数据业者处理衍生个人数据仍应获得数据主体的有效同意，但是为了降低数据业者获取同意的成本，促进数据流通，可考虑放宽数据主体同意权对衍生个人数据处理行为的限制。数据主体的同意不再只要求是选择加入模式的明示同意，也可考虑选择退出模式的默示同意。如果衍生个人数据仍保留较为明显的个人可识别信息，花费较低成本即可识别出具体个人，那么与原始个人数据一样，数据业者须获得数据主体的明示同意才能处理衍生个人数据。如果衍生个人数据没有保留较为明显的个人可识别信息，需要花费较高成本才能识别出特定主体，则允许数据业者获得数据主体的默示同意后可处理。但是，数据业者须将处理的事实告知数据主体，数据主体知情后可选择退出，一旦数据主体选择退出，数据业者不得再处理衍生个人数据。

第三节　个人数据权的限制

个人数据之上承载着多重利益需求，个人数据权在三个方面受到限制。

一　存续期间的限制

个人数据权设立的主要目的是保护自然人个人尊严等基本权利和自

由，自然人死亡后，就失去了保护理由。在大多数情况下，个人数据仅在自然人活着时对个人、控制者、公众有价值。一般而言，自然人没有理由担心其个人数据在其死后被用于商业等用途。数据业者对已故自然人的兴趣应该很小。而且，自然人死亡后，其个人数据成为历史数据，与社会对历史数据的正当需求相比，个人数据权的保护就失去了重要地位。出于这些原因，个人数据权应以自然人的生存期限为存续期间。当自然人死亡时，其个人数据就涌向公共领域，自然人的个人数据财产利益也不能继承。① 需注意的是，个人数据上承载的死者人格利益应当继续获得保护。死者人格利益应当获得保护，但是保护的到底是何种利益，学界尚未达成共识，主要有死者人格利益保护说②、死者近亲属利益保护说③和社会公共利益保护说④。保护死者的人格利益涉及人类整体的尊严和善良风俗，既可以尊重死者近亲属的感情，又能维护社会道德，形成对人的基本尊重，多重利益考量后确立了死者人格利益保护的必要性。如果个人数据承载了死者的隐私、名誉和荣誉等人格利益，即便自然人已死亡，仍是法律保护的客体。此外，如果自然人死亡后，除非死者生前另有安排，其近亲属为了自身的合法、正当利益，可以对死者的相关个人信息行使查阅、复制、更正、删除等权利。

二　数据控制者的合法处理限制

若数据控制者获得了自然人的有效同意，则可在遵守法律规定及双方约定的前提下，将该自然人的个人数据用于法定或约定用途。除了获得数据主体授权同意外，在法定条件下，数据控制者也可处理个人数据，这构成个人数据的合理使用规则。我国《个人信息保护法》第 13 条列举了个

---

① Vera Bergelson, "It's Personal but Is It Mine? Toward Property Rights in Personal Information", *U. C. Davis L. Rev*, Vol. 37, 2003, pp. 438–442.

② 参见杨立新《〈民法总则〉中部分民事权利能力的概念界定及理论基础》，《法学》2017年第 5 期。

③ 参见张新宝《名誉权的法律保护》，中国政法大学出版社 1997 年版，第 36—37 页；郭明瑞、房绍坤、唐广良《民商法原理（一）：民商法总论·人身权法》，中国人民大学出版社1999 年版，第 468 页。

④ 《民法典》第 185 条规定："侵害英雄烈士等的姓名、肖像、名誉、荣誉，损害社会公共利益的，应当承担民事责任。"该条规定就是从社会公共利益角度阐述英雄烈士的人格利益保护。

人信息处理者处理个人信息的合法依据。根据该条规定，在下列情形下，数据控制者可不经数据主体同意而径行处理个人数据，这些合法处理个人数据的情形构成对个人数据权的合法限制：（1）为订立、履行个人作为一方当事人的合同所必需，或者按照依法制定的劳动规章制度和依法签订的集体合同实施人力资源管理所必需；（2）为履行法定职责或者法定义务所必需；（3）为应对突发公共卫生事件，或者紧急情况下为保护自然人的生命健康和财产安全所必需；（4）为公共利益实施新闻报道、舆论监督等行为，在合理的范围内处理个人信息；（5）依照本法规定在合理的范围内处理个人自行公开或者其他已经合法公开的个人信息；（6）法律、行政法规规定的其他情形。

实践中，数据业者会在网络服务协议中声明，为保障数据安全，提高服务质量，优化用户体验，个人数据会被存储于第三方的云空间或委托给第三方处理。用户为了获得网络服务，往往不阅读或阅读也无法理解这些服务条款，就点击同意，事实上用户对第三方处理个人数据是没有合理预期的。那么，数据业者违背数据主体的合理预期将个人数据委托给第三方存储或处理的行为正当性存疑。数据业者将其控制的个人数据委托给第三方处理或存储在第三方的云空间，一方面可以将专业的事委托给专业的人处理，从而提高数据利用的效率，为用户提供更多便利，加强对个人数据的安全保障；另一方面也可降低数据业者处理或保护个人数据的成本，从而提高经营效率。但是并非任何益处都可成为数据业者违背数据主体的合理预期处理个人数据的合法理由。原则上，数据控制者只有为了履行合同或者法定义务所必需，或者为了维护数据主体或其他自然人的重大合法权益，才能未经数据主体同意而将其控制的个人数据委托给第三方处理或存储在第三方的云空间中。

三　公共利益的合理限制

我国《民法典》第 1036 条第 3 项规定，为维护公共利益，合理处理个人信息，行为人不承担民事责任；《个人信息保护法》第 13 条规定，为公共利益实施新闻报道、舆论监督等行为，可在合理的范围内处理个人信息，确定了公共利益优先于个人数据权的合法性。

近年来，公权力部门为查处犯罪、公共管理等目的，要求网络服务提供者配合提供某些个人数据的行为，引发公众对协调个人基本权利和自由与公共利益之间的冲突的广泛争论。2016 年美国联邦调查局诉苹果公司案是这一问题的典型案例。2015 年 12 月 2 日，美国加利福尼亚州圣伯纳迪诺发生了一起严重枪击案（后被定性为"恐怖袭击"）。在后续的调查中，联邦调查局取得了被击毙的恐怖分子赛义德·法鲁克在涉案时间段内使用过的 iPhone 5c 手机，同时也取得了对于该手机中存储的信息内容的搜查令。但是，该手机受到密码保护。联邦调查局担心如果进行暴力解码，有可能触发手机保护程序设置自动删除内存。所以，司法部援引《全令状法案》（All Writs Act, 28 U.S.C.§1651, AWA），向加利福尼亚州中区法院申请强制令，要求苹果公司为执行搜查令提供"技术支持"。"技术支持"包括要求苹果编写一套可以植入该部手机内存的软件，在手机处于密码保护的状态下实现两个目的，第一，关闭手机的自动删除内存功能；第二，允许执行某种暴力解码程序。法院裁定支持司法部的申请，签署了强制令。苹果公司拒绝执行这一强制令，并辩称，公司现在没有符合要求的解码程序，联邦调查局要求苹果公司特别编写代码，"创造"出新的解码程序，会给公司造成过重负担，而且会严重损害公司一贯重视用户隐私系统安全的商业形象。此外，政府强制其编写解码程序等同于侵犯其表达自由。在政策方面，苹果公司指出如果法院支持政府，那么判决将会带来一系列负面后果：首先，编写苹果系统的破解程序，相当于自我攻破系统安全，黑客等犯罪分子可能会乘虚而入；其次，苹果公司拥有广泛的海外市场，如果美国开此先例，海外政府将闻风而起，势必将扩大数据泄露危机；[①] 再次，联邦调查局的申请实质上将涉及所有类似案件中的手机设备；最后，这一先例将造成滑坡效应，会陆续影响到所有加密保护的设备。2016 年 3 月 28 日，就在法庭日程安排口头辩论开始的前一天，政府撤销了诉讼请求，表示已经斥资 130 万美元购得了所谓的"黑客工具"，得到了手机中储存的数据信息。在一起同样涉及政府要求苹果公司为犯罪嫌疑人的 iPhone 解密的类似案件中，纽约东区地方法院的法官詹姆斯·奥伦斯坦（James Orenstein）裁定 AWA 不能扩张适用，即支持了苹果公司的主张。该案（纽约案）判决指出，政府申请的强制令必须满

---

① 巢立明：《美国苹果解码案中的隐私权保护及其启示》，《传媒》2017 年第 1 期。

足必须且适当、能够协助法院行使权力、符合广泛的法律适用原则三个条件，才能适用 AWA。即便三个条件都满足，法院仍可基于其他因素的考量而拒绝政府的申请。根据之前国会在许多技术与信息安全问题中的表态，法院可以推断出国会不同意政府积极干涉信息安全的态度趋势，因此，政府申请的强制令不满足第三个条件。[①] 另外，法官还提及其他考量因素，包括：案中手机与犯罪行为联系不紧密；提供支持将使苹果公司承受过重的负担（从品牌效应、商业利益和一贯安全政策方面）；更加广泛和深远的社会影响等。纽约案是有关毒品销售的犯罪，需要权衡的利益不涉及反恐等国家安全利益，因此，法院未签署强制令。美国政府与苹果公司之间的交锋，某种程度上代表着政府执法利益和个人基本权利、技术行业的系统安全之间的冲突，法院会根据案件是否涉及反恐等国家安全利益而决定是否签署强制令。

我国法律提出数据本地存储的要求[②]后，苹果公司将我国的 iCloud 云服务转由贵州的"云上贵州"公司负责营运，这意味着苹果公司向我国用户提供 iCloud 服务时，必须在我国存储 iCloud 密钥。这改变了过去苹果公司是单独的数据控制者状况，云上贵州与苹果公司一起成为我国苹果用户数据的共同控制者。但是，根据路透社的报道，云上贵州似乎还不是一个和苹果公司法律地位平等的数据控制者，特别是在密钥的控制和管理方面。首先，密钥就算移存至我国，仍然由苹果公司单独管理。其次，由苹果公司单独接收、处理我国执法部门调取用户数据的法律文件。最后，苹果公司还会对其接收到的调取数据请求，反映在其透明度报告中，且苹果公司不会对"批量的数据请求"作出响应。由于密钥存储在我国，我国监管部门不再需要通过美国法院来寻求 iCloud 用户的信息，而是能够利用自己的法律系统来要求苹果公司交出我国用户的 iCloud 数据。路透社的报道认为，失去了美国法赋予的两大保护——法院的独立性和法院颁发搜查令的高标准，iCloud 内容数据将能够轻易地被我国执法部门查阅，

---

① 参见高一飞、吴刚《手机解锁搜查中强制企业协助行为的法律调整》，《河北法学》2018 年第 11 期。

② 参见《网络安全法》第 37 条、《个人信息和重要数据出境安全评估办法（征求意见稿）》第 2 条。

将引起人权方面的担忧。① 公权力部门为执行管理职能须监察或调用个人数据时，技术公司或者服务提供商是否应当以及如何配合和协助，是一个非常复杂的问题。

美国总是担心政府管得太宽、权力太大，因此美国宪法主要是对政府权力进行限制。无合法授权，政府不得干涉公民的隐私权。波斯纳从经济学角度，阐述了政府出于国家安全需要而限制隐私权的正当性。他认为，人们高估了隐私的重要性，隐私不是根植于人性的自然权利，而是随着社会发展而逐渐被确立起来的；人们经常以隐私之名试图隐藏其行为中不光彩的方面，从而避免他人的负面评价，通过遮掩不光彩的行为，来增加其社交和商业机会，而隐瞒的动机，往往是试图误导他人；对于人们隐瞒其可能误导他人的信息的行为，法律给予保护的正当性不足，而且会增加交易成本。② 因此，在涉及国家安全时，隐私权益的保护微不足道，国会应授权国家安全局有权搜索任何信息。③ 波斯纳认为，只要情报人员严格将其收集到的信息用于保卫国家安全的目的，则公众在这当中被克减掉的隐私，将通过加强对恐怖袭击的打击、提升国家安全等得到补偿。④ 在美国联邦调查局诉苹果案中，加利福尼亚州中区法院基于该案牵涉反恐的国家安全需要而签发了强制令。但是在纽约案中，政府申请强制令是为了查处毒品犯罪，需要权衡的利益不涉及反恐等国家安全利益，法院考虑到个人隐私权保护和技术行业的系统安全的需要，采取非常谨慎的态度，并拒绝签发强制令。无论是反恐的国家安全需要，还是打击毒品犯罪的需要，都是为了保护公共利益，美国法院在签发强制令时表达了对此两种利益需求

---

① 洪延青：《如何看待"iCloud 中国账户密钥将存储在中国"》，https：//mp. weixin. qq.com/s/b9Nfh3EmvjDk6p6qrgPJwg，2019 年 8 月 8 日。

② Posner R. A., "Privacy, Surveillance, and Law", *Chicago Law Review*, Vol. 75, 2008, pp. 245–246.

③ Masnick M., "Judge Posner Says NSA Should Be Able to Get Everything & That Privacy is Over-rated", 2014–12–09, https：//www. techdirt. com/articles/20141208/14063329364/judge-posner-says-nsa-should-be-able-to-get-everything-that-privacy-is-overrated.shtml. 转引自李媛《大数据时代个人信息保护研究》，博士学位论文，西南政法大学，2016 年，第 93 页。

④ Posner R. A., "Privacy, Surveillance, and Law", *Chicago Law Review*, Vol. 75, 2008, p. 245. 转引自李媛《大数据时代个人信息保护研究》，博士学位论文，西南政法大学，2016 年，第 94 页。

的不同对待。我国可能不对这两种利益需求进行区别对待，而是将它们统一冠以保护"公共安全"的公共利益需要而进行相同处理。同时，公安机关以及国家安全机关等办案部门也无须另行获得法院的强制令，可自行决定是否要求技术公司或服务提供商协助提供有关人员的个人数据。我国在保障公共安全等社会公共利益时，有关部门监察或调用个人数据的权力基本是不受限的，而且没有强有力的监督力量监督有关部门的数据调查行为，这导致个人数据关涉的个人权利和自由往往让位于"公共利益"的需求。事实上，当个人的权利和自由与公共利益发生冲突时，不应一刀切地将公共利益作为笼统概念全部凌驾于个人权利和自由之上，而应在具体情境中分析公共利益的类型及具体需求，兼顾个人权利和自由的保护。

对个人数据权的保护，不应成为社会公众合法获取个人数据的障碍，不得阻碍公共安全、科学、教育与研究等对个人数据的公益利用需要。但是，"公共利益"是一个伦理领域的复杂问题，长期以来缺乏严谨的法律定义，导致滥用"公共利益"免责的情形时有发生，应当合理确定公共利益的范围，防止滥用公共利益侵害个人数据权。界定"公共利益"可以借鉴适用圣塔克拉拉大学互联网隐私项目主任伊丽娜·瑞库（Irina Raicu）提出的五种决策标准：（1）这种选择是否会尊重各利益相关方的权利？某些权利是否"胜过"其他权利，如果是，哪种选择最能尊重最重要的权利？这是"权利决策法"；（2）这种选择会平等或按比例地对待各利益相关方吗？这是"公平决策法"；（3）这种选择能否最大限度地促进受影响群体的整体幸福，并造成最小的整体伤害和痛苦，这是"功利决策法"；（4）这个选择能否更好地为整个社会服务，而非仅有利于部分人？这是"公共利益决策法"；（5）这种选择能否引导人们培养良好的习惯和性格特征，而成为他人的道德榜样？这是"美德决策法"[1]。在特定案件中考量个人数据之利用是否符合"公共利益"时，须综合考虑个人数据利用的目的、被利用数据的性质、利用行为对数据利益相关人造成的影响等因素，回答这五个决策标准，以判定该个人数据利用行为是否构成公益性使用。

---

[1]　Irina Raicu, "The Ethics of Online Privacy Protection", https://www.scu.edu/ethics/privacy/the-ethics-of-online-privacy-protection/, Feb. 4, 2013.

　　"公共利益"要构成对个人数据权的限制，必须具备三个条件：符合法律规定、为公共利益目的需要、为公共利益所必需。要达到"符合法律规定"这一条件，限制行为必须要有法律依据，而且该法律规定本身必须足够明确，具有可预期性。限制行为必须出于公共利益需要的目的，该目的应当具体且明确，例如国家安全、国防安全、公共安全、公共卫生、公共健康、重大公共利益、犯罪侦查、起诉、审判和判决执行、新闻报道、舆论监督等。"为公共利益所必需"要求限制行为利用的个人数据必须在质、量和留存时间上不超过实现公共利益目的之必需，限制手段与公共利益目的之间成比例。比例原则强调限制行为的性质和强度必须与所意图维护的公共利益以及可能给个人数据权造成的侵害的性质和强度维持合理的比例，必须采取对个人数据权侵害程度最低的手段来达到公共利益目的。需注意的是，个人数据合理使用作为一项私法制度，不应主动承担实现这些公法上的立法价值的重担，只需对公共利益进行有限的考量，即在保证数据权益人追求其价值目标时，不得妨碍公共利益目标的实现。①

---

　　① 熊琦：《论著作权合理使用制度的适用范围》，《法学家》2011 年第 1 期。

第四章 数据业者的数据权利构造

严格来说，数据业者对其控制的个人数据享有某种权利，并非一个全新的研究课题。各国法律和理论研究对事实内容型数据库的法律保护问题的争论和选择即是对这一课题的最早回应。数据业者收集海量个人数据后形成了以个人数据为内容的数据库，为此进行了实质性投入。为了激励数据业者持续投入，推动数据产业持续发展，各国法律认识到赋予数据业者某种数据权利的必要性。各国根据本国国情，尝试了不同的对数据业者赋权的路径，包括"借助"知识产权法在原有法律资源的框架下寻找解决方法，提出了版权赋权模式，也有欧盟大刀阔斧地另起炉灶建立了特殊权利赋权模式。我国一方面赋予数据库以版权保护；另一方面，通过反不正当竞争救济途径达到对数据业者赋权的目的，并根据数据是否公开而适用不同的法律规则。对于制作者采取保密措施不对外公开的数据，法院一般按照制作者的商业秘密进行保护；对于公开的数据，则承认数据业者的反不正当竞争权益，而适用《反不正当竞争法》第 2 条①的规定加以保护。例如，汉涛诉百度案、微博诉脉脉案和淘宝诉美景案是非常典型的数据不正当竞争纠纷。

各国对个人数据及其集合的确权模式不是非此即彼的单一选择，而是一种混合式的法律交叉赋权模式：第一，版权法为在内容的选择、编排上具有独创性的个人数据库提供版权保护；第二，在规定了数据库特殊权利的立法例中，对不具有独创性的个人数据库内容提供特殊权利保护；

---

① 《反不正当竞争法》第 2 条："经营者在生产经营活动中，应当遵循自愿、平等、公平、诚信的原则，遵守法律和商业道德。本法所称的不正当竞争行为，是指经营者在生产经营活动中，违反本法规定，扰乱市场竞争秩序，损害其他经营者或者消费者的合法权益的行为。本法所称的经营者，是指从事商品生产、经营或者提供服务（以下所称商品包括服务）的自然人、法人和非法人组织。"

第三，根据《反不正当竞争法》中有关商业秘密的规定为构成数据业者商业秘密的个人数据提供保护；第四，根据《反不正当竞争法》第 2 条的一般规定为市场竞争领域内的个人数据提供保护，赋予数据业者竞争法益。这种多层次的赋权模式是由个人数据之上利益交织的复杂性决定的。如何在个人数据之上为数据业者设定合理的数据权益，是回应数据资产化的现实需求亟须解决的难题。虽然目前已经存在混合式的赋权模式，但是都不能妥当地解决数据业者的权益保护问题，须根据数据经济及数据资产化的特点，构建个人数据上的数据业者权益。

第一节　数据业者的数据权益设计倾向

一　"实质性投入"的谨慎保护

数据库制作者要求对数据库进行强权利保护的理由是明确的，即他们对数据库进行了投入，如果他人无须支付费用就可使用，他们持续投资的动力就会丧失或被严重减损。[1] 数据库版权的赋权模式要求数据库在内容的选择或编排上具有独创性，从某种意义上讲，肯定需要制作者付出以智力投入为主的"实质性投入"[2]。"额头汗水"理论[3]从保护投资角度赋予数据库制作者版权，以激励其进行数据库生产。在欧盟，数据库制作者在搜集、校验、编排或展现数据库内容方面进行了实质性投入，其制作的数据库方可获得特殊权利保护。某些学者主张的数据财产权也是立基于数据业者对个人数据的实质性投入。简言之，数据库版权、特殊权利、数据财产权以及数据业者的竞争法益等权益的确定，都要求制作者等数据控制者对数据及其集合进行了"实质性投入"。因此，需以"实质性投入"为基础论证数据业者对其控制的个人数据享有合法权益并可获得法律保护的正

---

① ［澳］马克·戴维森：《数据库的法律保护》，朱理译，北京大学出版社 2007 年版，第 250 页。

② 蒋继生：《试论数据库的信息产权》，《图书情报知识》2007 年第 4 期。

③ "额头汗水"（sweat of the brow）理论是指只要"作者"在创作"作品"时花费了一定的技能、劳动和判断力，有关的作品就达到了独创性的要求，可以获得版权保护。参见李明德《欧盟知识产权法》，法律出版社 2010 年版，第 140 页。

当性。

（一）"实质性投入"的界定

提出"实质性投入"的数据库保护标准的典型法案是欧盟《数据库保护指令》（以下简称《指令》）。《指令》在其理由陈述中试图保护不同类型的投入，其中第 7 条提到了人力、技术和财力资源的投入，第 12 条涉及对现代信息存储和处理系统的投入，第 39 条提到了在获取和搜集数据库内容过程中的财力和专业投入，并在第 40 条宣称"投入可以包含财力资源的使用和（或）时间、努力和精力的花费"，投入都是针对获取、校验或展现数据库内容的投入。[①] 可见，《指令》所保护的"投入"是指为获取、校验或展现数据库内容而花费的人力、技术、财力、计算机程序、专业、智力、时间等努力和资源。《指令》要求数据库制作者必须证明在获取、校验或展现数据库内容的过程中进行了实质性投入才能获得特殊权利保护。投入的"实质性"可以是数量上的也可以是质量上的，并且是针对获取、校验或展现数据库内容所进行的投入。为收集、检验、呈现数据而进行的不具有智力创新性的劳动投入，属于数据库制作过程中数量上的实质性投入；质量上的实质性投入主要指"好"或高水准的投入，例如为获取重要的或有价值的数据库内容进行的投入。[②] 但是，即便投入的"质量"和"数量"问题得到解决，对于什么投入是"实质性"的问题仍未解决，《指令》未对实质性与非实质性进行明确的界定和说明。

在英国赛马委员会诉威廉希尔公司案（British Horseracing Board v. William Hill Ltd.）中，兰迪（Laddie）法官的判决对"实质性投入"作出了解释。首先，实质性投入必须与获取或汇集数据库内容具有相关性，为创造数据库内容而投入的努力因不具有相关性而不属于实质性投入。委员会组织一场赛马比赛花费的投入不是实质性投入，但收集有关赛会的所有信息花费的努力是实质性投入。其次，在数据库校验过程中的投入与特殊权利的初始产生和保护期的更新都有关联，也是实质性投入。最后，实

---

① ［澳］马克·戴维森：《数据库的法律保护》，朱理译，北京大学出版社 2007 年版，第 86—87 页。

② ［澳］马克·戴维森：《数据库的法律保护》，朱理译，北京大学出版社 2007 年版，第 88—89 页。

质性投入至少必须包括为使数据库更便利用户访问而投入的努力和资源，包括对信息编排的设计所投入的努力，也包括编制能使数据更容易被访问的计算机程序的投入。[1] 可见，兰迪法官认为，实质性投入至少必须具备两个条件：一是投入是为了获取、汇集、校验数据库内容，不包括创造数据而进行的投入；二是投入至少要使用户更便利访问数据库。数据库最大的作用就是能够提高用户检索信息的效率，以"投入能为用户提供更便利的访问"作为判定实质性投入的要件，其标准是偏低的。

欧洲法院的判例发展出了"副产品原则"，从反面解释了"实质性投入"。在荷兰广播节目表案中，制作广播节目清单未被认定为进行了实质性投入，因为这个清单只是广播业务运营的副产品或派生物，对这个清单本身没有进行实质性的投入。在另一个新闻标题的案件中，法院认为，被告根据原告的报纸文章标题，在其网站上提供超文本链接，用户通过点击这些标题就可以跳转到这篇文章所在的相关报纸的网站。这些文章标题只是报纸出版的副产品，它们本身没有反映出实质性投入，因此不给予这些文章标题以特殊权利保护。[2] 可见，如果数据库仅仅是制作者实施的主要商业活动的副产品或派生物，不是对数据库本身的投入就不足以证明特殊权利保护有正当理由。这些判决试图把原告的主要商业活动与它的数据库制作行为进行比较，"副产品"的观点被用来排除在商业活动中为创制数据而实施的投入，并要求数据库制作者将重点放在收集、校验或展现数据库内容而花费的实质性投入上。[3] 如果相关投入是为了实施主要的商业活动而花费，那么就不是数据库特殊权利保护所要求的"实质性投入"，例如电信公司的电话号码簿和各项比赛的比赛时刻表。只有对收集、校验或展示数据库内容所进行的投入才可能是实质性投入。那些直接产生于主营商业活动的派生数据及其数据库，就不能获得特殊权利保护。

"实质性投入"虽然已被普遍运用于数据库保护立法中，但其含义尚

---

① ［澳］马克·戴维森：《数据库的法律保护》，朱理译，北京大学出版社 2007 年版，第155 页。

② ［澳］马克·戴维森：《数据库的法律保护》，朱理译，北京大学出版社 2007 年版，第142 页。

③ ［澳］马克·戴维森：《数据库的法律保护》，朱理译，北京大学出版社 2007 年版，第162 页。

未明确。有些人认为实质性投入针对的是高投入，而有些人则认为只要投入最低限度的努力和资源即可算作实质性投入，这给数据库特殊权利保护造成了一定的适用困难。我国个人数据争夺不正当竞争纠纷案件中，法院根据数据业者对个人数据的处理是否进行了实质性投入来判定数据业者是否享有合法权益的裁判思路，同样面临"实质性投入"概念不明晰的适用困境。确定数据业者是否进行了实质性投入至少应该从以下两点判断：第一，投入是多样的，包括人力、技术、财力、智力、时间等努力和资源，既可以是数量上的也可以是质量上的投入；第二，投入是针对处理个人数据而花费的努力和资源，个人数据的生产投入不属于"实质性投入"。

（二）保护"实质性投入"的必要性

我们可以用经济学理论去分析"实质性投入"保护的必要性。兰德斯和波斯纳证明，版权是作者防止他人复制其作品的权利，如果不授予作者此种权利，市场失灵就会发生，主张以财产权为基础的方案可以有效解决此问题。① 他们认为设定财产权可以带来静态和动态两方面的利益。静态的利益是拥有财产权的人会保护财产权，从而防止资源的过度损耗，以天然牧场为例，缺少财产权的设计会导致过度放牧，从而引发"公地悲剧"问题。动态的利益是激励权利人投入以创造或改善相关资源的动机。例如，如果没有承担开发费用的竞争者可以复制产品并以与创新者相同的边际成本生产产品，竞争将推动价格降至边际成本，创新的沉没成本将无法收回，那么公司就不太可能将资源用于开发新产品。② 基于数据业者对处理个人数据进行的实质性投入，设定数据业者的数据权益也能带来静态和动态的利益。虽然个人数据不会因反复使用而损耗，但是过度共享个人数据可能会降低数据业者的竞争优势，因此，数据业者会主动保护个人数据，防止个人数据不当泄露。动态利益是数据业者要求获得数据权益保护的主要动机。个人数据的财产价值凸显，成为各种市场主体竞相收集、分析和挖掘的对象，如果不赋予数据业者一定的数据权益以保护其实质性投

---

① William M. Landes and Richard A. Posner, "An Economics Analysis of Copyright Law", *Journal of Legal Studies*, Vol. 18, 1989, p. 325.

② William M. Landes and Richard A. Posner, "The Economics of Trademark Law", *Trademark Rep.*, Vol. 78, 1988, pp. 267-268.

入，允许其他经营者"搭便车"，将严重挫伤数据产业者进行商业投入及创造的积极性，不利于鼓励诚信经营及健康竞争秩序的维持，最终将破坏数据产业生态。

加藤雅信认为，所有权存在的原因在于保护和刺激对生产资料的资本投入。首先，在定居农业社会，由于耕种及其他劳动的资本投入是针对特定的土地进行的，所以为了振兴农业，需要赋予资本投入者以土地上的权利。这么做的第一个意义在于保护个别的农业生产者、保护他们的资本投入的成果；从宏观来看，第二个意义在于通过保护个人投资来谋求社会整体农业生产的最大化。简言之，当土地为生产资料时，农业社会的土地所有权的产生原因是通过保护投资人，来促进对土地的资本投入，从而达到振兴整个社会的目的。其次，在游牧社会，为了刺激游牧者进行劳动投入，赋予并保护其对游牧动物的所有权是有效的手段。最后，在狩猎采集社会，成为劳动投入对象的是通过狩猎得到的猎物，因此承认猎物所有权对追求狩猎活动生产的最大化来讲就是必要的。与此相对，在游牧社会和狩猎采集社会里，由于土地不是劳动投入的对象，所以是否承认土地所有权就变得没有什么社会意义了。各个社会产生所有权概念的基础都是追求生产量最大化这一社会需求。① 如果数据业者是以个人数据为劳动投入对象，以个人数据为生产资料，就需赋予并保护其个人数据上的权益，以促进对个人数据的资本投入，并振兴整个数据产业。因此，赋予数据业者以数据权益是因为其对个人数据进行了实质性投入，而其目的又是促进对个人数据进行实质性投入。

劳动赋权理论也是论证保护数据业者的实质性投入的良好依据。洛克在其著作《政府论》中创造了劳动赋权理论，提出"劳动"是人类获取私人财产权的重要手段。人的身体属于其个人所有，他的身体包括其双手所从事的劳动也正当地归属于他，因此，只要他使任何人类共有的东西脱离其自然的存在状态，他就已经掺进他的劳动，而经其劳动创造的成果也就当然成为他的财产。② 皮特·达沃豪斯归纳了劳动赋权理论的内涵：第一，土地及土地上的一切都归人类所共有；第二，每个人对他的身体都

① ［日］加藤雅信：《"所有权"的诞生》，郑芙蓉译，法律出版社2012年版，第65、67、70、77页。
② ［英］洛克：《政府论》（下篇），叶启芳、瞿菊农译，商务印书馆1996年版，第19页。

拥有所有权；第三，每个人的劳动只属于他自己；第四，当人们将他的劳动掺进处于共有状态的某个东西中，他就取得了该东西的所有权；第五，人们还必须给他人留足同样好且多的东西，同时以不造成浪费为限。① 随着社会生产力的发展，尤其是无形财产的出现，劳动赋权理论在一定程度上得到发展与修正。康德的财产"自由意志"理论指出，赋予知识产品以财产权，取决于全体社会成员承认此种权利的"共同意志"②。庞德的"利益平衡理论"认为，20 世纪的财产理论以利益为本位，"人们更多地关心实在利益的分配，即'必须在合作本能和利己本能之间维持均衡'"③。边沁的功利主义财产权学说指出，财产权纯粹是法律创设的，"社会提供知识产权制度的终极原因是为了提供刺激动机，以扩大相应成果的供给，保证社会公众能够获得充分的知识产品"④。博登海默"共同福利"观点主张，个人权利与社会福利之间应创设一种适当的平衡，需基于公共利益的需要而对权利进行某种限制。⑤ 在信息时代，个人数据库依赖算法及信息技术的自动计算与抓取而形成，在此过程中，既需要数据业者单纯投入劳动，从事简单的、没有创新性的个人数据收集活动，又需要其投入大量的人力、物力和智力等资源，从事数据创造活动，以挖掘个人数据的新价值，根据劳动赋权理论，应当赋予数据业者相应的数据财产权益。

添附理论也为保护数据业者的"实质性投入"提供了论据。数据业者收集原始个人数据，以及在原始个人数据基础之上进行投入而产生衍生数据的过程就是个人数据使用价值的添附过程。用户为获得网络服务，主

---

① Peter Drahos, *A Philosophy of Intellectual Property*, England: Dartmouth Publishing Company Ltd., 1996, p. 43. 转引自苏今《大数据时代信息集合上的财产性权利之赋权基础——以数据和信息在大数据生命周期中的"关系化"为出发点》，《清华知识产权评论》2017 年第 1 辑。

② ［德］康德：《法的形而上学原理——权利的科学》，沈叔平译，商务印书馆 1991 年版，第 72 页。

③ ［美］罗斯科·庞德：《法律的任务》，童世忠译，商务印书馆 1984 年版，第 42 页。

④ William F. Patry, *Copyright and Practice*, the Bureau of National Affairs, Inc., Vol. 1, 1994, p. 136. 转引自苏今《大数据时代信息集合上的财产性权利之赋权基础——以数据和信息在大数据生命周期中的"关系化"为出发点》，《清华知识产权评论》2017 年第 1 辑。

⑤ ［美］埃德加·博登海默：《法理学——法哲学及其方法》，邓正来、姬敬武译，华夏出版社 1987 年版，第 296—297 页。

动提供的注册信息以及产生的网络浏览痕迹信息等原始个人数据直接派生于数据业者的主营商业活动，为这些原始个人数据产生而进行的投入不能成为对数据业者进行赋权的正当理由。但是个人数据可以被重复使用和共享，尤其是个人数据聚合而成的数据库具有巨大的使用价值。数据业者为进一步挖掘个人数据的价值而收集用户的原始个人数据，为收集原始个人数据而进行的实质性投入可成为对数据业者赋权的正当依据。数据业者投入人力、财力、时间等资源对原始个人数据进行归类、分级、关联、格式化等分析、挖掘活动，从而提取个人数据新的使用价值，这一过程是衍生数据的产生过程，也是数据使用价值添附的过程。添附制度是大陆法系国家物权法所规定的取得财产权的重要方法和制度。[①] 数据业者为衍生数据的形成所付出的劳动、物力、时间等资源投入是数据业者获得数据权益的合法依据。

从经济学、法学的角度来看，保护数据业者的"实质性投入"的最主要目的在于激励投入，以扩大相应数据成果的供给，从而促进数据经济发展。如果法律不对数据业者因投入而取得的劳动成果提供一定的保护，数据业者就需要自己来保护其劳动成果，由此耗费的守护成本可能会高于带来的利益，那么数据业者从事个人数据投入的积极性将大大降低。相反，如果法律为数据业者的投入提供权益保护，那么只要投入的收益高于投入成本，数据业者一般就会有动力去分析、挖掘个人数据的价值，从而实现个体利益与社会整体利益的共赢。因此，确认数据业者的数据权益，须在保护个人数据权的前提下，既要保障数据业者能够获得合理回报，激励其进行实质性投入，也要遏制其追求利益最大化的倾向，满足公众对于数据的合理需求，达到社会整体效用的最大化。[②]

（三）保护"实质性投入"的限制

在软件开发保护的法律问题出现后，美国极力向他国游说著作权法保护方法，因为美国的计算机和软件技术国际竞争力最强，它就是用著作权法来保护软件的，因此它希望其他国家也作出同样的选择。事实上，对软

---

① 王利明：《添附制度若干问题探讨》，《法学评论》2006 年第 1 期。

② 邱均平、王钰：《平衡论视角下的数据库知识产权保护》，《图书馆工作与研究》2007 年第 4 期。

件赋予强大的权利或赋予弱小的权利保护，将会在发达的国家和还不很发达的国家之间产生不同的利害得失。① 数据经济的发展，使得个人数据上的权属问题成为摆在民法学者面前的一道新难题。一个国家的立法活动应当立足于本国利益，考虑本国国情和经济发展状况，数据业者的"实质性投入"固然需要法律保护，但是赋予何种强度的保护，需要结合我国国情审慎思考。

美国关于数据库的保护可以大致划分为两个阶段：第一阶段是在1976年版权法之前，根据"额头汗水"原则，对数据库所涉及的劳动和投资进行保护；第二阶段是 Feist 案②后，一方面降低了数据库的编排和选择的独创性要求，对具有独创性的数据库给予版权保护，另一方面对非独创性的数据库不再根据"额头汗水"原则进行保护。这种数据库保护路径造成的难题之一，就是放纵了不劳而获的"搭便车"行为，为此美国适用盗用侵权原则来解决这一难题。盗用侵权原则的正当化根据建立在经济考量的基础之上，反映出渴望实现保护制作者在无形商业价值中的劳动和投入与公众获取信息的需要之间的平衡。为了防止过分宽泛地适用盗用侵权原则而导致过度保护数据库制作者的利益，美国司法实践又对盗用侵权原则的使用范围进行了限制。③ 在美国非独创性数据库的保护历史中，对制作者的劳动投入的保护经历了由强到弱的发展历程。适用盗用侵权原则来保护非独创性数据库，不仅要求制作者对数据库进行了投入，还限定了时间敏感性、双方存在直接竞争以及被告被证明正在搭便车利用原告的努力等条件。④ 换言之，制作者对数据库的实质性投入不是其获得数据库权益的充分条件。

---

① ［日］加藤雅信：《"所有权"的诞生》，郑芙蓉译，法律出版社2012年版，第132—136页。

② Feist Publications Inc. v. Rural Telephone Service Co. 499 US 340（1991）at 346. 在该案中，法院判断，如果作品要获得版权保护，它必须由作者独立创作产生，并且表现出适量的创造性。转引自［澳］马克·戴维森《数据库的法律保护》，朱理译，北京大学出版社2007年版，第15页。

③ ［澳］马克·戴维森：《数据库的法律保护》，朱理译，北京大学出版社2007年版，第167—168、180—201页。

④ ［澳］马克·戴维森：《数据库的法律保护》，朱理译，北京大学出版社2007年版，第190页。

　　欧盟《数据库保护指令》基于制作者对不具有独创性的数据库的实质性投入，赋予制作者特殊权利保护，遭到学者质疑以牺牲数据自由流通为代价。如果他人出于生产性目的使用数据库，可能会制作出与制作者形成竞争且具有新增价值的数据库，为维护自身利益，数据库制作者会设置故障防护条款，例如仅允许他人使用数据库的非实质性部分，禁止为商业目的再传播数据库，甚至可能在许可合同中违法排除法律规定的合理使用或强制许可使用的行为。兰德斯和波斯纳认为，产权除了会带来与产权转让有关的交易成本、执行或保护产权的成本外，还会带来寻租成本和限制使用公益性财产的社会成本。[①] 如果对数据库制作者赋予的财产权益超出了激励数据库制作的需要，用户就不得不向制作者支付远超出其生产成本的费用，制作者会因此获得高额回报，从而引起数据库寻租问题。理论上，他人也可制作出相同或相似的数据库，但数据市场的"滚雪球效应"或原制作者从数据供应者处获得排他性的合同权利等原因，在先数据库尤其是首个数据库容易获得自然垄断地位，其他数据库制作者要进入该市场并顺利运营是非常困难的，原数据库制作者因此可获得垄断利益。特殊权利保护模式会助长数据库制作者合法支配市场的可能性。要规制数据库制作者的垄断行为，一方面要证明制作者确实具有数据垄断地位，这通常是极难证实的；另一方面相对人还要证明制作者存在滥用市场支配地位的行为，而制作者特殊权利的存在使得反垄断法的适用更加复杂。[②] 因此，数据库特殊权利赋权模式会由于过强保护制作者的实质性投入，而给数据流通和利用带来负面效果。

　　在个人数据生产使用链条上，涉及的相关主体主要包括数据主体、数据业者和数据使用者（第三方使用者），可从协调各主体之间的利益角度对保护数据业者的"实质性投入"进行规范：第一，数据业者进行实质性投入的个人数据必须来源合法。数据主体是个人数据上的基础权利人，数据业者必须获得数据主体同意，遵守合法、正当、必要的原则才能处理个人数据，否则其实质性投入不能获得法律保护。第二，保护实质性投入

---

　　① William M. Landes and Richard A. Posner, "The Economics of Trademark Law", *Trademark Rep*, Vol. 78, 1988, pp. 268-269.

　　② ［澳］马克·戴维森：《数据库的法律保护》，朱理译，北京大学出版社 2007 年版，第48—49 页。

须兼顾数据使用者的合理使用需要。如果数据使用者以不同于数据业者的目的及方式使用个人数据，不会不合理地损害个人数据权及数据业者的利益，且使用个人数据的方式具有创造性，有利于促进社会进步，那么应当允许数据使用者合理使用数据业者控制的个人数据。此外，如果数据业者控制的个人数据是使用者开展市场竞争所必需的资源，数据业者应当允许使用者付出合理代价使用该数据。当然数据使用者的个人数据使用行为不得侵害个人数据权，也不得给数据业者的合法利益造成不合理损害。第三，保护实质性投入要防止侵蚀个人数据的公共使用利益。个人数据关涉数据主体及数据业者的合法利益，原则上不是一种公共数据，但若某些个人数据涉及社会公共利益，则可能转化为公共数据，公众可合法获取。此外，某些数据主体自行公开或经数据主体同意公开的个人数据，原则上公众可自由获取。如果数据业者收集、整合这些个人数据并因此享有支配性强的特殊权利，将导致这些个人数据成为数据业者的"私有物"而独占数据利益，将阻碍公共数据的公众使用。若数据业者仅因对数据库所做的实质性投入就将原来处于公共领域的个人数据划入其专有领域，将影响公众的信息自由权，导致数据业者利益和公众利益的失衡。[1]

数据业者对个人数据进行了"实质性投入"不足以成为法律赋予其支配性过强的特殊权利的充足理由，不能单纯为了激励投入就赋予数据业者绝对性的数据权利。在保护数据业者实质性投入的同时必须兼顾相关各方的利益，处理好个人数据保护与数据流通利用的关系，防止"实质性投入"保护的泛化，而最终损害数据产业的发展。

二　数据业者的赋权理由

没有充分的数据流通，大数据的发展就会受到影响，因此社会需要构建一种激励数据生产和流通的制度，这种制度既要能有效地提高数据业者从事数据投入的积极性，防止因对数据业者缺乏有效补偿和激励导致数据生产"不足"问题，又要能在保障数据权利的基础上满足社会对数据的利用需求。

---

[1] 郭建：《从"特殊权利"到反不正当竞争法保护——数据库法律保护模式的理性回归》，《浙江档案》2006年第4期。

对数据业者进行数据赋权的主要目的在于激励数据业者进行投入。但是，如果即使没有法律的特殊保护，有些数据也必然会被生产出来，那么赋予数据业者数据权利就需慎之又慎。在数据库构成制作者实施的主要商业活动的"副产品"或派生物的情形下，即便没有特殊权利的赋权激励，这类数据库也会被制作出来，那么此类数据库的制作者就不应享有特殊权利。判断某个数据库是否构成"副产品"，需要将制作者的主营商业活动与他的数据库制作行为进行比较，如果数据库的形成是其主营商业活动的必然结果，那么制作者为促使用户生产数据的投入就是其商业活动的必要投入，用户数据自然累积而成的数据库就是其商业活动的派生物或副产品。数据业者对此类数据库不享有单独的财产权益，而且更多地体现为对用户数据的保护义务，因为数据业者是基于其与用户达成的服务协议，且须于履行合同所必要的目的及范围内使用用户数据。

学界主张对数据业者赋权的主要理由是数据业者为处理个人数据进行了实质性投入，根据劳动赋权理论，数据业者可以获得一定的数据财产权益。在原始个人数据的场合下，该观点并非毋庸置疑。在网络世界中，企业主要有两种网络服务提供模式：一种是用户"免费"使用网络服务，例如数据主体可以不付费注册为微信用户并使用微信服务；另一种是用户有偿使用网络服务，例如"宝宝玩英语"App 提供有偿的英语课程，付费的用户可以获得完整的英语课程。在第一种服务模式下，数据主体同意网络服务提供者提供的用户协议或隐私政策，与服务者达成网络服务与个人数据交易协议，数据主体以其个人数据的财产利益作为"服务对价"支付给服务者，服务者接受"服务对价"而获得个人数据的使用价值。除了用户的基本身份数据，其网络浏览痕迹、聊天记录、购物记录等个人数据需要网络平台编制网络代码及提供网络服务才能生成，虽然服务者为编制网络代码和提供网络服务进行了投入，但是这些个人数据是用户在接受网络服务时自然派生出来的，服务者投入的对象是其提供的网络服务，而非用户的个人数据。这些个人数据产生后，服务者收集、存储个人数据而进行的投入是其接受"服务对价"而支出的合理成本，正如接受有形商品需要付出运输成本、人力成本等一样，这些成本不是服务者享有个人数据财产利益的充分理由。实际上，数据业者进行投入是为了达成或履行网络服务协议。数据业者提供服务或商品，制定用户协议进行了投入；协议达成后，数据业者收集作为"服务对价"的个人数据，并通过处理个人数据优化服务以提高企业竞争力或通过发布广告等方式变现，为此也进行了投入，这些投入都不是为了收集、校验、呈现、处理个人数据而进行的实质性投入。在买卖合同关系中，卖方为寻找买家及交易磋商，需要付出人力、物力的投入，接受非货币的对价物需付出运输成本、处理成本，也就是说在签订及履行买卖合同的全过程卖家都进行了投入。最终卖家获得了非货币对价物的所有权，但是取得该权利的理由不是卖家为了获得对价物进行了实质性投入，而是买卖合同有效且得到实际履行，因为即便卖家进行了投入，如果交易不成功，卖家也无法获得对价物的所有权。如果协议的效力出现瑕疵导致权利变动的基础法律关系消灭，权利就应恢复原状。在网络服务中，如果由于数据主体作出的不是有效同意等原因导致服务协议出现效力瑕疵时，服务者享有个人数据的财产利益就缺乏合法性基础，数据主体就可以要求服务者删除其提交的个人数据，服务者不能再保有个人数据的财产利益。如果服务者获得个人数据财产利益的理由是其为收集个人数据所付出的实质性投入，那么这种权益就是服务者原始取得的，按理数据主体不能单方要求删除个人数据。因此，服务者获得原始个人数据财产利益的主要理由不是服务者的实质性投入，而是数据主体同意网络服务协议进行的转让。在微博诉脉脉案中，法院指出微博收集的用户信息包括程序运行和实现功能目的的必要信息与用户职业信息、教育信息等其他非必要信息，其中非必要信息是违法收集行为的后果，程序运行和实现功能目的的必要信息是微博作为社交平台主营业务运营的必然产物，可以适用"副产品原则"① 不对这些个人数据给予特殊权益保护，可见，该案法官也未将实质性投入作为对微博赋权的理由。在第二种服务模式下，用户付费购买英语课程，利用手机号码等个人数据进行账户注册、登录和使用，同时用户课程学习的进度、时间、完成率、学习效果等个人数据也被记录下来存储在服务提供者的数据库中。不同于第一种服务模式下个人数据是作为"服务对价"存在，第二种模式下服务者收取的服务对

---

① 所谓副产品原则（spin-off theory），是指只有直接投资于数据库的生产，从外部收集、核实、汇编形成的数据库才能够赋予数据库权利，而其他不是主动收集而是因经营活动意外获得的"副产品"数据库则不是保护主体。参见李谦《法律如何处理数据财产——从数据库到大数据》，《法律和社会科学》2016 年第 1 辑。

价是用户支付的金钱，服务者不得将个人数据作为"服务对价"而收集、存储。服务者只能处理为实现主营业务程序运行和实现功能目的所必要的个人数据，并根据数据主体同意的用户协议取得这些个人数据的财产利益。对于主营业务程序运行和实现功能目的非必要的个人数据，数据业者只能获得用户同意方可收集、使用，否则即为非法行为，由此进行的投入也是非法投入。因此，在原始个人数据场合下，数据业者享有的数据财产权益不是基于其实质性投入而原始取得，而是基于数据主体同意的用户协议从数据主体处继受而得，故而应受限于数据主体的个人数据权。在微博诉脉脉案的两审裁判文书中，法院频繁引用了《开发者协议》与《脉脉服务协议》中的内容，也部分参考了《微博服务使用协议》与《微博个人信息保护政策》的规定，服务协议成为案件裁判的关键。各种服务协议在解决数据争夺纠纷时所起的作用并不比法律差，在裁判文书里被引用的次数远多于法律条文，服务协议的司法适用现状印证了根据服务协议授予数据业者一定数据权益的正当性。有学者认为，在没有法律明确赋权的情形下，数据控制者可基于对数据（包括个人数据）的事实控制而享有数据使用权，并可许可他人使用其控制的数据。[①] 但是不容忽视的是，数据控制者对个人数据的事实控制来源于数据主体的授权。

数据主体是个人数据基础权利的享有者，即便承认数据业者对原始个人数据享有一定的数据权益，其权益也应受限于个人数据权，并非因数据业者的收集行为而原始产生。2014 年 11 月，美国农会与农业技术供给商签署了《农场数据的隐私和保护原则》，维护了农户的数据权益。事件起因于几家美国农业技术和设备公司利用推出的新服务，意图全覆盖收集农场主的耕地数据，结果遭到农场主的联合抵制。公司在联合收割机上安装一个类似汽车 GPS 的高精度接收器，可以实时记录庄稼的收获信息，并据此制作播种方案软件，帮助农户规划并监测"精确耕作"。收集的耕地数据被存储于公司的云端数据库，农户可随时下载记录、查阅耕作信息。但是将数据控制权交到公司手中，可能威胁到农户的个人隐私和技术秘密。为保护自身利益，农户最终与公司达成了如下协议，第一，确定了农场数据的权属：农户是所有者，拥有数据的绝对控制权，可自由搜索、下

---

① 高富平：《数据流通理论数据资源权利配置的基础》，《中外法学》2019 年第 6 期。

载、使用其自家的农场数据。第二，为回报公司，农户允许其分享数据。第三，约定了公司分享数据的具体规则，以保障农户的知情权、选择权等数据权利。公司必须以易懂的语言事先告知农户数据的收集、使用方式及目的，以合同形式获得农户的明确同意后方能收集、使用农场数据；未经农户同意，公司不得单方修改合同。农户可自由选择是否参与数据收集、分享，并有权获知选择退出可能带来的后果。一旦农户选择退出，要求返还并销毁数据，公司必须照做。农户有权禁止公司对外分享或传播其农场数据，只有获得农户的知情许可，公司方能对外分享农场数据。公司不得私自用这些数据投机期货市场。① 协议的内容充分体现了对个人数据权的尊重与保护，数据业者对农场数据的收集、使用权限来源于农户的授权。

　　因网络服务协议的效力问题，通过服务协议来设立数据业者的数据权益可能会招致质疑。长期以来，用户协议的重要性被忽视了。冗长且不可修改的协议文本几乎让所有人望而却步，多数用户都是不阅读直接点击"同意"，这种草率的态度给协议的效力埋下隐患。此外，用户协议是网络服务提供者单方提供的，而且随意变更用户协议的文本已经成为行业常态，甚至在协议中明确约定服务者随意变更协议的权利，对于要接受这份协议的用户来说，显然是有失公平的，会让整份协议的效力大打折扣。而且数据业者往往会利用其优势地位，"迫使"用户接受一些不合理的合同条款，限制甚至剥夺用户的权利。例如在微博诉脉脉案的判决中就提到《脉脉服务协议》约定：用户的任何连接脉脉服务的行为均被视为用户完全了解、接受并同意遵守该协议，协议可由淘友公司单方随时修改，用户声明已经完全理解协议的内容，并认可协议内容不存在显失公平的情形。② 数据业者和数据主体在网络服务活动中实际上处于信息不对称、地位不平等的关系中，双方签署的服务协议的效力广受质疑。因此，法律应当正视并克服数据业者和数据主体之间信息不对称、地位不平等的问题，规范服务协议的内容，充分保障用户知情权、同意权等权利，使得服务协议真正是在双方意思自治、公平的基础上所签订，数据业者由此才能正当地享有原始个人数据上的财产性权益。通过服务协议设立数据业者的数据

---

　　① 利求同：《大数据卖的就是隐私！》，http：//www.thepaper.cn/newsDetail_forward_1353973，2018 年 11 月 28 日。

　　② 参见北京知识产权法院〔2016〕京 73 民终 588 号民事判决书。

权益，是以债权的方式设置相对的财产性权益，相较于绝对性权益的受保护强度弱，一定程度上既有利于实现个人数据的使用价值在市场主体之间有效转移，提高市场效率；① 也有利于保护个人数据权。

某些原始个人数据非数据业者的主营商业活动的副产品，而是数据业者从合法的新闻报道、政府信息公开及其他数据公司公开等渠道收集而得，其投入是专门针对数据收集而付出的，可基于保护实质性投入的需要赋予数据业者一定的数据权益。

对于衍生个人数据而言，数据业者针对原始个人数据进行技术、人力、资源等投入，是进行数据加工的实质性投入，由此也可基于保护实质性投入的需要而原始获得衍生个人数据上的财产性权益。

三　数据业者的权益设计倾向

数据业者享有的数据权益可提供探求数据企业之间正当竞争的边界。有学者认为，赋予数据业者关于数据的"绝对性、排他性"的财产权，可使数据业者"获得一种有关数据开发利益的安全性市场法权基础的刺激和保障，使得数据经济得以置身于一种高效稳定的财产权结构性的驱动力和交易安全的保障之中"②。但是，将绝对性、排他性的财产权建立在数据业者控制的所有类型的数据之上是不妥当的，例如公开数据就难以适用绝对性财产权保护，因为数据一旦公开，就很难说数据业者可以独占该数据，如果赋予数据业者对公开数据的绝对性、排他性财产权，可能"会彻底扼杀互联网的公共性与开放性，从而扼杀互联网的蓬勃发展"③。为了实现激励投资的目的，数据业者可对其控制的数据享有财产权益，但是这种数据权益不宜具有绝对性。④ 以数据所有权为例，同一数据内容可为多个主体同时控制和使用，如果赋予在先数据收集者以所有权，要么会

---

① 苏今：《大数据时代信息集合上的财产性权利之赋权基础——以数据和信息在大数据生命周期中的"关系化"为出发点》，《清华知识产权评论》2017年第1辑。

② 龙卫球：《数据新型财产权构建及其体系研究》，《政法论坛》2017年第4期。

③ 参见丁晓东《论企业数据权益的法律保护——基于数据法律性质的分析》，《法律科学》（西北政法大学学报）2020年第2期。

④ 杨翔宇：《数据财产权益的私法规范路径》，《法律科学》（西北政法大学学报）2020年第2期。

因为他人也在占有并使用同种个人数据，而导致所有权"虚化"；要么收集者得以排除他人利用该个人数据，从而形成数据孤岛、数据垄断。从功利主义的经济效率角度来看，个人数据生产与数据流通之间具有复杂的流变关系，过强的数据权利可能会阻碍数据流通，难以实现数据资源优化配置的最佳效益，并最终影响数据生产。此外，个人数据蕴含多重利益和多元价值，对数据业者赋予过强的权利可能意味着削弱对其他主体合法权益的保护，不利于协调各相关者之间的利益关系。在大数据时代，数据业者拥有强大的技术能力，通常可以采取软件代码和硬件服务器构筑技术自力保护，除非获得数据业者的授权，或因黑客攻击及自身管理失误，第三人很难获得其控制的个人数据，将强支配性的财产权利赋予数据业者，最终是否有利于数据产业发展以及是否符合社会整体利益，尚是悬而未决的问题。数据库特殊权利保护论遭到严厉批评的主要原因在于对数据库制作者过强的权利保护可能会导致数据垄断，进而损害公众对数据内容的合理需求。而且提供数据库特殊权利保护的国家，他们的数据库产业并未因投资保护增强而获得巨大发展。[①] 如果赋予数据业者支配性过强的数据权益，在强大的技术实力加持下，数据业者可能成为个人无法抵抗、政府无法监管的"特权者"，最终将不利于社会的有序发展。

在赋予数据业者个人数据上的数据权利时，应当处理好数据业者数据权益的保护与第三方数据使用者合理利用数据的关系，防止赋予数据业者支配性过强的权利类型，阻碍数据的流通。罗伯特·考特和托马斯·尤伦利用法律经济学理论分析了信息产权的一个悖论："没有合法的垄断就不会有足够的信息被生产出来，但是有了合法的垄断又不会有太多的信息被使用。"[②] 因此，在确认数据业者在个人数据上的财产权益时，既要认可数据业者根据网络服务协议受让而得以付出实质性投入而收集、加工的个人数据享有合法"垄断"的权益，也要防止数据业者非法垄断其控制的个人数据，阻碍数据流通和利用。

数据业者的数据权益设计应倾向于保障数据业者对个人数据的使用权

---

① 李谦：《法律如何处理数据财产——从数据库到大数据》，《法律和社会科学》2016 年第 1 辑。

② ［美］罗伯特·考特、托马斯·尤伦：《法和经济学》，张军译，生活·读书·新知三联书店 1991 年版，第 185 页。

益。随着经济发展方式从独享经济迈向分享经济，权利观念从过去既求所有又求所用变成了不求所有但求所用，那些关注财产的实体性、强调占有与控制的传统法权观念遭到重大冲击，而注重信息财产的虚拟性、强调分享与利用的全新法权观念正悄然兴起。[1] 使用价值是法权观念从强调"占有"之事实向实现"占有"之目的转变以及从"占有"状态向注重"利用"转变的关键，个人数据的使用价值才是大数据时代价值流转的根本。[2] 实务中，数据业者通过各种机制鼓励用户为其生产信息内容，并通过服务协议将信息内容的权利归属于用户，同时要求用户同意授予其永久和免费的使用权。数据业者通过重复使用个人数据，不断促进数据增值，而且一旦个人数据的使用价值发生质变，数据业者即可成为新权益的主体。数据主体通过同意网络服务协议而将其原始个人数据的使用价值转让给数据业者，数据业者使用权益的实现受限于数据主体个人数据权的行使，这样既有利于保护个人数据权，又有利于促进对个人数据的动态利用。因此，保障数据业者对个人数据的使用利益是设计数据业者数据权益的基础之一。

创设个人数据上数据业者的数据权益可能会带来信息产权的悖论。缓解悖论的方法可能有两种：一是赋予主体合法垄断性权益，但是对权益进行限制，以保障足够的数据为人所用；二是不赋予主体合法垄断性权益，而采取其他能够激励数据投入的措施。通过赋予数据业者一定的数据使用权益确实可以激励数据业者进行实质性投入，但是一定程度上可能会减少流通中的数据量，为此，可以通过限制数据业者的使用权以降低对数据流通和利用的阻碍。

数据业者进行实质性投入的成本回收和激励还可通过赋予其对个人数据上的收益权来实现。在收益权模式下，他人可自由收集、使用数据业者"占有"的个人数据，但必须支付费用，支付的费用总额要既能回收数据业者的投入成本，还须保障其合理的利润收入，如此可以有效协调数据流通利用的需要和激励数据业者进行实质性投入之间的关系。但是，需要注意的是，个人数据的自由流通和利用可能会侵害个人数据权，应当限定赋予收益权的个人数据对象。个人数据有隐秘和公开两种状态，在隐秘状态

---

[1] 马长山：《智能互联网时代的法律变革》，《法学研究》2018 年第 4 期。

[2] 苏今：《大数据时代信息集合上的财产性权利之赋权基础——以数据和信息在大数据生命周期中的"关系化"为出发点》，《清华知识产权评论》2017 年第 1 辑。

下，个人数据当然不得自由为他人处理；在公开状态下，数据主体对个人数据可能被他人处理具有合理预期，相较于隐秘个人数据，公开的个人数据应当更倾向于流通、利用。因此，法律可通过赋予数据业者对其控制的公开个人数据享有收益权，来协调激励投资和促进数据流通利用的关系。

除了对数据业者进行非所有权性质的赋权外，还可以通过设计数据合理使用制度来确保特定情形下他人接近个人数据的可能。为协调知识产品生产激励与信息传播利用之间的关系，知识产权法通过划分"专有区域"与"自由区域"来进行知识产品的权利配置。在专有领域内，知识产品创造者享有独占的支配性权利，他人未经权利人许可或未支付报酬不得使用知识产品。而在自由区域内，知识产品创造者的权利受到限制，他人无须权利人许可即可免费使用知识产品。① 对数据业者的数据权益构造可以借鉴此种制度安排，确定数据的合理使用制度，以协调数据权益保护与数据合理使用的关系。

第二节　数据业者的数据权利构成

一　原始个人数据上的权利构成

（一）隐秘个人数据：附义务的使用权

隐秘的个人数据被数据业者收集后，数据业者应当保护这些个人数据的隐秘性，同时可以使用这些数据，因此极容易得出隐秘个人数据是数据业者的商业秘密的结论。我国《反不正当竞争法》第9条规定，不为公众所知悉、具有商业价值并经权利人采取相应保密措施的技术信息、经营信息等商业信息是商业秘密，司法实务也会适用商业秘密条款来保护数据业者控制的个人数据。事实上，如果将隐秘个人数据作为数据业者的商业秘密进行保护，可能带来以下问题：第一，可能助长数据业者的数据垄断优势。在当前的互联网经济业态下，赢者通吃，用户因转换成本高昂而被捆绑在巨型平台之上，其信息自决权被严重侵蚀。用户对其提交的个人数

---

① 冯晓青：《信息产权理论与知识产权制度之正当性》，《法律科学》（西北政法学院学报）2005年第4期。

据采取保密还是公开的态度，往往极大地受制于平台。平台可以通过技术操作或单方拟定的用户协议，"迫使"用户不得公开其个人数据，以达到独占个人数据上财产利益的目的。如果确认数据业者对其收集的隐秘个人数据享有商业秘密权益，他人要获得此数据必须获得数据业者的同意，可能由此助长数据业者的数据垄断优势。第二，违反商业秘密的权益性。商业秘密是权益人享有合法权益的客体，是从权益角度而非义务角度来解读的概念，既然是权益，那么权益人就可按照自己的意愿自由使用，并可自主决定是否采取保密措施。但是，个人数据保护法规定，数据业者处理个人数据应当遵循合法、正当、必要的原则，非经数据主体同意不得对外提供个人数据，数据业者应当承担个人数据的保护义务，不得侵害数据主体的隐私权。因此，与其说是赋予了数据业者权益，不如说对数据业者课加了保密义务。第三，可能损害个人数据权。我国《个人信息保护法》规定了数据主体享有数据携带权，如果将隐秘个人数据确认为数据业者的商业秘密，数据主体的数据携带权就会受到限制，进而可能沦为"僵尸权利"。除数据携带权外，同意权、查阅复制权、限制处理权等其他个人数据权也可能受限于数据业者的商业秘密权益。因此，隐秘个人数据之上不能形成数据业者的商业秘密权益。

数据业者对其控制的隐秘个人数据享有附义务的使用权。所谓附义务的使用权，是指数据业者对个人数据加以利用并负有具体义务的权利。隐私是一种基于信任的社会概念，数据主体基于信任将其隐秘个人数据提交给数据业者，数据业者有责任不背叛这种信任。阿里·埃斯拉·瓦尔德曼认为，个人数据的交换取决于信任和信任关系，许多技术公司都可以看作我们数据的受托人。首先，我们与许多在线平台之间是信息不对称的；其次，我们完全依赖这些平台来获得各种社交、专业、商业、教育和金融等服务，我们期望它们不会滥用我们的数据；最后，在线平台是它们所从事行业的专家，我们将自己的个人数据交给这些平台以换取一些好处与便利，相信它们会以我们期望的方式使用我们的数据。鉴于此，可将这些平台视为个人数据的"受托人"，并在它们违反忠诚义务的情况下，对此承担责任。[①]用户将其个人数

---

① Ari Ezra Waldman, "Designing without Privacy", *Hous. L. Rev*, Vol. 55, 2018, pp. 706 - 711.

据的财产利益作为服务对价"支付"给了服务提供者，但是个人数据不是货币等直接财产，服务提供者只能通过使用个人数据最终实现货币收益。而且用户在提交个人数据时限定了数据的使用目的、方式，服务提供者只能在约定或法定的目的、范围内使用个人数据。双方的这种服务交易性质决定了实际上用户是将其个人数据的有限使用权作为服务对价"支付"给了服务提供者。用户因使用网络服务而"交付"了其个人数据的财产利益，但个人数据承载的人格利益仍保留在用户手中，服务提供者通过服务交易受让的个人数据财产利益是依存于人格利益的，因此，网络服务提供者在使用个人数据时不得损害用户的人格利益。服务提供者应按照服务协议约定或者法定的目的和方式使用个人数据，且使用行为不得损害用户的人格利益，这些是其行使数据使用权应承担的忠诚义务。

数据业者对隐秘的原始个人数据还负有保密义务，原则上只限于内部使用，不得许可他人使用。内部使用是指数据业者收集个人数据后，自行处理分析，用于解决企业内部风险预测、市场决策、广告投放等问题。《民法典》第 1038 条第 1 款规定，"信息处理者不得泄露或者篡改其收集、存储的个人信息；未经自然人同意，不得向他人非法提供其个人信息，但是经过加工无法识别特定个人且不能复原的除外。"该规定限制未经数据主体同意对外提供个人数据的行为。之所以限制隐秘个人数据的对外提供，原因之一在于个人数据一旦共享给第三方，极有可能会处于数据失控状态。脸书用户数据泄露丑闻事件使脸书深陷公众责难及各国制裁的旋涡中。脸书未经用户同意，将用户的个人数据传输给剑桥大学心理学教授亚历山大·科根，该教授又将这些数据交给剑桥分析公司，但后者并没有按照相关规定删除。即便是脸书这样的"巨无霸"公司，也无法有效控制个人数据分享后的流向及处理，从而成为丑闻主角。将个人数据限于数据业者内部使用的另一个目的在于尽量防止个人数据被某一数据业者"全景式"控制。当个人数据分别被各个应用程序、网站、平台的运营商控制，保持个人数据的碎片化状态，而非集中复制成完整的一份时，用户的精准画像会更难形成，如此更有利于保护个人数据权。因此，出于保护用户个人数据权的目的，数据业者只能在符合用户授权、初始目的许可范围内有限使用隐秘个人数据，并不当然获得个人数据的再转让权。由于用户从未披露过的敏感信息，可通过分析其之前透露的个人数据集合而被揭露出来；而且部分人的隐秘个人数据被披露或传播，他人甚至整个社会可能都会受到影响，因此，即便重新获得数据主体的同意，数据业者也非当然地可将其控制的隐秘个人数据许可外部使用。

当然，绝对禁止隐秘个人数据的外部使用具有"因噎废食"之嫌，在具备合理条件下，数据业者可在数据主体明确同意的前提下对外提供隐秘个人数据。合理的条件主要考虑以下方面。

第一，同意必须是数据主体在充分知情的基础上作出的真正有效的同意。有效同意是指自然人通过积极、主动的方式，依照其意愿自由作出的知情、具体及明确的意思表示。但是，在当下的互联网经济形态下，个人数据一旦开始流转，个人基本丧失对其数据的控制，换言之，后续个人数据的使用不大可能获得数据主体的有效授权。因此，对于原始的隐秘个人数据，第一手数据业者不得再简单基于数据主体的概括同意而将数据对外传输给他人，除非有朝一日，数据主体真正能实现对其个人数据的有效同意和控制。

第二，外部使用还须进行个人数据保护影响评估。在大数据时代，以知情同意规则为核心的个人数据保护框架已不足以应对纷繁复杂的数据活动对个人数据权的严峻挑战。为了预防或降低个人数据权的侵害风险，各国个人数据保护法引入隐私影响评估制度（Privacy Impact Assessment，PIA）作为衡量隐私风险的有效工具，实践中已发展出标准化操作流程，该制度成为国际上日益认同的理念与最佳实务。① 欧盟 GDPR 第 35 条专门规定了数据控制者应当开展数据保护影响评估（Data Protection Impact Assessment），要求当自动处理、系统性监测等数据处理方式很可能对自然人权利和自由带来高风险时，在进行数据处理之前，控制者应当对处理方式的影响进行评估，而且根据处理风险的变化及时审查更新评估。数据控制者可将进行了数据保护影响评估作为履行个人数据保护义务的证明及法律责任界定时的抗辩事由。我国《个人信息保护法》第 55 条规定个人信息处理者处理对个人权益有重大影响的个人信息时，应当事前进行个人信息保护影响评估；第 56 条规定个人信息保护影响评估应当包括个人信息的处理目的、处理方式等是否合法、正当、必要，对个人权益的影响及

① 王秀哲：《大数据时代个人信息法律保护制度之重构》，《法学论坛》2018 年第 6 期。

安全风险，所采取的保护措施是否合法、有效并与风险程度相适应等内容，同时要求个人信息保护影响评估报告和处理情况记录应当至少保存三年。欧盟 GDPR 及我国《个人信息保护法》都要求数据处理行为可能给数据主体带来高风险或者对个人权益有重大影响时才需要进行数据保护影响评估。但是，为了实现保护个人数据的目的，在内部管理上，数据业者应将个人信息安全影响评估作为日常处理个人数据应实施的常规机制。个人数据保护影响评估的内容应当包括个人数据处理的目的、处理方式及必要性、数据的性质、来源和准确性、与数据处理活动相关的各方及其数据安全能力、数据使用的限制、对数据主体的权利和自由可能造成的风险、可采取的保护措施及其有效性等。个人数据保护影响评估应贯穿个人数据处理各个环节的始终，当处理方式出现变化时需重新进行评估。若对外传输个人数据、公开个人数据或者向境外提供个人数据等涉及外部关系上，应从以下四个方面进行评估：一是对数据主体隐私权、名誉权等既有人格权的影响程度；二是是否会引起数据杀熟等差别性待遇；三是个人数据受保护权受到的影响；四是个人财产是否受损。只有评估结果显示不会对个人权益造成重大影响，数据业者才可考虑将原始的隐秘个人数据传输给第三人处理。

第三，如果个人数据涉及社会道德共识、公序良俗和国家安全等内容，即便获得数据主体的有效同意，也不得对外传输，甚至内部使用也受限制。

总之，应当严格限制对外提供隐秘个人数据，如若对外提供，则既要获得数据主体的有效同意，又须经个人数据保护影响评估后确认不会对个人的合法权益造成严重影响，而且不得损害社会公德、公序良俗和国家安全。

如果第三方使用者要从数据主体处获得数据业者收集的隐秘个人数据，须根据网络服务协议的约定来确定是否获得数据业者的授权。如果网络服务协议约定数据业者享有隐秘个人数据的独占使用权，那么相当于数据主体以协议的方式放弃了数据携带权，第三方使用者不得基于数据主体的单方同意而收集、使用数据业者控制的隐秘个人数据，还须获得数据业者的授权。如果网络服务协议没有约定数据主体享有隐秘个人数据的独占使用权，或约定不明，那么作为基础权利人的数据主体就可单方同意将其隐秘个人数据提供给第三方使用者使用，第三方使用者同时承担保护个人数据的忠诚义务和保密义务。一些产生于数据业者系统的原始个人数据，如网页浏览痕迹、运动记录等行为数据，是数据业者的主要商业活动的派生物，数据业者对这些个人数据的创制做出了贡献。第三方在使用这些个人数据时不得侵害数据业者的合法利益，例如不得"搭便车"提供同质化服务。

当隐秘个人数据被外部使用后，为防止第三方使用个人数据的行为失范，可通过强化使用者责任来保护个人数据权。在个人数据生态系统中，由于面向用户的第一手数据收集者收集大量用户个人数据并与用户建立直接的密切关联，美国白宫2012年发布的《网络世界中的消费者数据隐私：保护隐私和促进全球数字经济创新的框架》报告倡议由第一手数据收集者承担起数据管理者的责任，通过与下游流转的第三方使用者明确责任义务，确保数据主体的隐私保护维持在同等水平，同时强化向数据主体披露第三方数据使用者的身份。[1] 个人数据的使用者应当承担忠诚、保密等合理使用的义务，但是一旦使用者没有履行合理使用义务怎么办？使用者如此之多，如何判断违约者或侵权者？责任主体很难确定。使用者责任应当建立在使用者身份确定的基础之上。《民法典》第1195条规定了网络侵权的通知删除规则，[2] 网络服务提供者是侵权信息发布的渠道，并非侵权信息的发布者，为什么要让网络服务提供者承担连带责任呢？一个重要的原因是有时候侵权者无法确定，而网络服务提供者能够确定。同时，为了防止过分加重网络服务提供者的责任，也为了明确其承担责任的正当性，要求被侵权者先通知侵权事实，接到通知后未及时采取必要措施的网络服

---

① The White House, "Consumer Data Privacy in a Networked World: A Framework for Protecting Privacy and Promoting Innovation in the Global Digital Economy", *J. of Priv. and Confidentiality*, Vol. 2, 2012, pp. 95-142. 转引自范为《大数据时代个人信息保护的路径重构》，《环球法律评论》2016年第5期。

② 《民法典》第1195条规定："网络用户利用网络服务实施侵权行为的，权利人有权通知网络服务提供者采取删除、屏蔽、断开链接等必要措施。通知应当包括构成侵权的初步证据及权利人的真实身份信息。网络服务提供者接到通知后，应当及时将该通知转送相关网络用户，并根据构成侵权的初步证据和服务类型采取必要措施；未及时采取必要措施的，对损害的扩大部分与该网络用户承担连带责任。权利人因错误通知造成网络用户或者网络服务提供者损害的，应当承担侵权责任。法律另有规定的，依照其规定。"

务提供者方须承担责任。以此为鉴，可在众多的个人数据使用者中确定责任主体。个人数据使用的链条是：数据主体—第一手数据收集者—第三方数据使用者—第四方数据使用者……第三方数据使用者可直接从数据主体处收集个人数据，那么第三方数据使用者就成为第一手数据收集者。数据主体只要找第一手数据收集者即可，只要是某个侵权行为涉及的个人数据来源于第一手数据收集者，那么第一手数据收集者就应当承担责任。如果第三方数据使用者使用的个人数据是通过非法途径获取的，由于第一手数据收集者承担"数据管理者责任"，应采取措施防止数据泄露，那么责任也应由第一手数据收集者承担。如果第三方数据使用者处理个人数据获得了数据主体的授权，则需根据数据主体授权的具体情形来确定责任。如果第三方使用者使用的个人数据来源于第一手数据收集者，并重新获得数据主体的明确同意，那么数据主体可以直接要求第三方使用者承担责任，第一手收集者承担补充责任。如果第三方使用者使用的个人数据来源于数据主体之前针对第一手数据收集者所作出的概括授权，由于数据主体无法明确获知第一手数据收集者会将数据提供给哪些第三方使用者使用，数据主体可直接要求第一手数据收集者承担民事责任，第一手数据收集者承担责任后再找第三方使用者进行追偿。简言之，确定责任主体的关键要看数据主体是否知道第三方数据使用者。在数据主体重新直接授权情形下，第一手数据收集者要向数据主体披露第三方数据使用者，数据主体是明确知道第三方数据使用者身份的，因此第三方数据使用者是直接责任方；在概括授权的情形下，数据主体只是在第一手数据收集者收集个人数据时知道其数据将会被提供给第三方使用，但具体提供给谁，数据主体不知情，因此第一手数据收集者就是直接责任方。第四方、第五方及其后的数据使用者可用同样原理递推，以确定责任主体。

在原始的隐秘个人数据上设定数据业者附义务的使用权，可实现"一举三得"的效果：第一，能较充分地保障数据主体的个人数据权。附义务的使用权不是一种绝对性权利，不会动摇个人数据权的基础权利地位；而且通过强制数据业者承担忠诚和保密义务，可更好地保护数据主体的个人数据权。第二，数据业者享有隐秘个人数据的使用权，可激励数据业者进行数据投入，即便将来数据主体做出有效同意的环境形成，第三人获得这些数据也不得用于与其进行同质竞争，数据业者的合法利益可得到周全保护。第三，从长远来看，有利于促进数据流通和利用。第三人要获得隐秘个人数据，必须获得数据主体的有效同意，将促使第三方致力于研究能够充分保障数据主体知情同意的技术及平台操作，并推行以形成行业标准或法律要求，促使数据业者引入这些技术措施以充分保障数据主体知情同意，由此营造数据主体做出有效同意的条件及环境，数据主体可实现对其个人数据的控制，最终将有利于促进数据流通和利用，实现共赢局面。

（二）公开个人数据：收益权+排除同质竞争

个人数据原则上不得公开披露，但是可依法公开或者数据主体可选择自行公开。基于法律规定，合法的新闻报道、政府信息公开等渠道可适当公开披露个人数据，数据主体无法决定是否公开以及公开的方式、时间、范围等内容，此时，他人处理该公开数据无须征得数据主体的同意。对于数据主体自行向社会公开的个人数据，个人数据公开状态的实现是数据主体意思自治的结果，数据主体对公开的后果具有合理预期，数据业者处理该数据也无须征得数据主体的同意。数据业者要公开个人数据，除法律另有规定外，必须征得数据主体的单独同意，而且要事先开展个人数据保护影响评估，并采取有效措施保护个人数据权。[①] 个人数据公开状态的实现必须是法律明确规定或数据主体真实意思自治的结果，相较于隐秘个人数据，公开个人数据上的权属设计应更倾向于促进数据流通和利用，同时兼顾数据主体的个人数据权与数据业者合法财产利益的保护。

数据的有序流通是数据有效利用的前提，是大数据应用和产业发展的基础，也是防止数据孤岛、数据垄断和数据歧视等数据问题的有效方法。[②] 如果一律允许数据业者采取技术措施限制公众获取公开数据，不利于公众交流及网络发展，妨害自由竞争，最终将损害公共利益。因此，原则上，公众可自由获取并处理公开的个人数据。[③] 但是，公开个人数据的处理行为及目的要具有合法性、正当性，公开不意味数据控制者

---

① 参见《个人信息保护法》第 25、55 条。

② 金耀：《个人信息去身份的法理基础与规范重塑》，《法学评论》2017 年第 3 期。

③ 在徐某诉芝麻信用管理有限公司隐私权纠纷案中，杭州互联网法院认定收集于政府、法院等国家机关依法公开的个人征信数据，可进行合理化的商业使用。该案被杭州互联网法院认定为服务保障数字经济发展十大典型案例之三。

或第三方可以任何目的收集和使用这些个人数据。爬取、使用公开的个人数据应当遵守诚实信用原则和公认的商业道德。目前，由于互联网领域中的商业规则整体上还处于探索之中，市场主体的权益边界尚不清晰，诸多新型的竞争行为在带来市场弊害的同时也可能产生增加消费者福祉等积极效应，以至于此类竞争行为是否违背商业道德尚未达成共识。① 《最高人民法院知识产权案件年度报告（2010）》解释了何谓"商业道德"："在反不正当竞争法中，诚实信用原则主要体现为公认的商业道德；商业道德所体现的是一种商业伦理，是交易参与者共同和普遍认可的行为标准，应按照特定商业领域中市场交易参与者即经济人的伦理标准来加以评判。"因此，在确定收集者使用他人公开的个人数据的行为是否违反商业道德时，应以经济人的伦理标准来评判，归根结底是要进行利益衡量，权衡数据提供者（包括数据主体和数据控制者）和数据使用者的利益，从而划定公开个人数据使用行为的边界。数据业者存储的公开个人数据要么是其付出了巨额人力、物力和智力专门收集而得，要么是其主要商业活动的副产品，经数据主体同意收集而得。为了激励数据生产和产业创新，须对数据业者的实质性投入或受让的个人数据财产利益进行保护，其他数据使用者应遵循"最少、必要"的原则，采取对数据业者损害最小的方式使用个人数据。公开个人数据的使用限制没有绝对的硬性标准，也非简单的主观道德判断结果，而须通过平衡数据提供者和数据使用者的利益来确定，在形成明确的法律规则之前，需要法院在具体案件中具体分析和取舍。

公众自由获取、处理公开的个人数据，不得损害数据业者的合法财产利益，是实现激励投资目的的需要。目前，网络服务提供者收取个人数据"服务对价"后，主要通过利用个人数据发布针对性广告或有偿许可他人共享个人数据等方式获得收益。因此，法律可以考虑通过赋予数据业者收益权来实现激励投资的目的。所谓收益权，是指数据业者许可他人使用其收集的公开个人数据而获取经济利益的权利。这里的"许可"表现为默认许可的方式，只要第三方支付了报酬，就可自由获取数据业者控制的公开个人数据，无须真正获得数据业者的授权。第三人使用公开个人数据的目的和方式应当遵守商业道德和诚实信用原则，不得不合理损害数据业者

---

① 参见上海市知识产权法院〔2016〕沪 73 民终 242 号民事判决书。

的正当竞争利益。如果通过赋予数据业者收益权，并禁止他人利用公开个人数据进行不正当竞争，就可保障数据业者的合法利益，实现激励投资与促进数据流通和利用的协调，那么不应阻碍第三人自由、正当利用数据业者控制的公开个人数据。

第三人使用公开个人数据的目的和方式不能超出数据提供者的合理期待，可根据个人数据的公开场景，具体评判数据提供者的合理期待。首先，数据提供者对公开个人数据具有合理期待的利益。一般而言，对于有益的个人数据，数据提供者往往倾向于采取措施保持个人数据的秘密性，只有为满足自身需求或实现某种目的才会将个人数据公之于众。数据使用者只有在数据提供者合理期待的范围内利用其个人数据，才是正当合理的个人数据使用行为。例如，他人利用获知的电话号码向个人推销其明确拒绝的商品或服务，则超出了个人的合理期待；其他经营者超出合理限度利用企业的公开个人数据，"搭便车"实质替代企业的商品或服务，也超出了企业的合理期待，这些都是不正当的个人数据使用行为。其次，数据提供者所期待的利益是客观合理的。数据提供者所期待的利益能否得到社会的认可，既要考虑互联网环境下数据共享、互联互通的产业发展需求，又要兼顾数据提供者的合法权益，须在具体场景下，根据数据提供者的身份、公开范围、公开方式等客观标准综合加以评估。例如，"搭便车"的数据使用者利用他人的劳动成果"食人肥己""不劳而获"，违背了社会普世的价值观，数据提供者禁止数据使用者"搭便车"的期待是客观合理的。如果个人数据在公开时就限定了处理目的，他人只能在限定的目的范围内使用公开的个人数据，否则即超出了数据提供者的合理预期。《民法典》第1036条第2项、《个人信息保护法》第27条规定，个人信息处理者可不经个人同意合理处理自然人自行公开的或者其他已经合法公开的信息，不承担民事责任，但是该自然人明确拒绝或者处理该信息侵害其重大利益的除外。个人数据已公开的事实不是豁免行为人民事责任的充分理由。如果行为人以自然人明确拒绝的目的或方式处理个人数据或者处理活动侵害数据提供者的重大利益，则其行为超出了数据提供者的合理预期，应当承担相应的民事责任。

数据"搭便车"行为是超出数据业者合理预期的不合理使用公开个人数据的典型行为。"搭便车"是指"竞争对手或者其他市场主体为了自

己的商业目的，利用他人的工商业成就而未付出实质性的正当努力的行
为"①。就像摧毁围墙总比砌围墙容易，行为人只需要花费极少的成本和
精力就可以攻破或绕过数据业者的防护"围墙"，大量甚至全部复制数据
业者耗费巨额投入收集的个人数据，转而利用这些数据提供同质化服务，
损害数据业者的竞争利益，破坏健康的市场竞争秩序。如果不遏制公开的
个人数据"搭便车"行为，数据业者将会想方设法地阻止个人数据公开，
公众最终也会失去更多的数据源。法律应当保障数据业者对其控制的个人
数据的财产价值不会因复制而贬值。因此，对于已公开的个人数据，其他
社会主体虽可有偿自由获取，但不得据此获得不正当竞争优势，即其他社
会主体不能利用数据业者收集的个人数据与数据业者进行同质竞争。在汉
涛诉百度案中，"百度地图"大量、全文使用大众点评网收集的用户点评
信息，直接替代大众点评网向用户提供信息，同时推介自己的团购等业
务，而且在用户使用百度搜索商户名称时，利用大众点评网的点评信息，
将一些想获取点评信息的用户导流到"百度知道"，截取了大众点评网的
流量和交易机会。百度公司的这些行为被法院认定为不劳而获的"搭便
车"不正当竞争行为。而在 HiQ 诉 LinkedIn 案中，HiQ 爬取 LinkedIn 控
制的公开个人数据后，未在自己提供的产品或服务中大量复制这些公开个
人数据，而是以抓取的个人数据为基础进行个人数据分析和加工，创新出
新的商业模式，未对 LinkedIn 的基础业务形成直接替代性。LinkedIn 在
HiQ 之后推出了与 HiQ 同类型的增值服务，如果禁止 HiQ 爬取其公开的
个人数据，将会导致 HiQ 的业务无法进行下去，对 LinkedIn 有过度保护
且妨碍自由竞争之嫌。HiQ 对 LinkedIn 公开个人数据的使用方式不同于个
人数据的初始用途，属于转换性使用，不仅没有超出必要的限度，不会给
LinkedIn 带来实质性损害，而且会产生促进自由竞争、产业创新和发展、
增加社会公众福祉的积极效应。基于此，法院认为 LinkedIn 禁止 HiQ 爬
取其公开个人数据的行为妨碍了自由竞争，阻碍了数据流通，因而要求
LinkedIn 移除技术障碍。正当竞争是效能竞争，商业模式的创新和升级才
是形成良性竞争机制、产业持续发展的长久之计。如果数据使用者不付出
实质性的正当努力，仅是攫取他人的经营成果以提供同质化的服务，对商

---

① 孔祥俊：《商标与不正当竞争法：原理和判例》，法律出版社 2009 年版，第 693 页。

业模式的创新和升级没有任何积极意义，若不加禁止，长久以往将破坏产业生态，损害社会的整体利益。

对于公开的个人数据，在不损害数据主体的个人数据权的前提下，数据业者享有收益权，并排除其他主体的同质竞争性使用，一方面保护数据业者的数据利益，不损害数据业者投资的积极性；另一方面促使数据业者更多地选择公开数据，以扩大公众获取数据的来源，促进数据流通和利用，这是平衡个体利益与公共利益的良好路径。在这种情况下，前手数据业者不对后手数据使用者违反限定目的使用个人数据或损害个人数据权的侵权行为承担责任，因为前手数据业者不对后手数据使用者进行选任，无法控制后手数据使用者的接入。但是，由于前手数据业者因个人数据获取收益，具有详细记录数据接入主体及其收集状况的条件，其负有向数据主体或法院披露后手数据使用者接入数据情况的义务。

二　衍生个人数据上的权利构成

数据业者以原始个人数据为基础，运用数据分析、挖掘技术在个人数据之上附加了增值性的创造活动，从而形成衍生数据。在大数据时代，匿名化并不那么有效，匿名数据仍具有再识别出具体个人的可能性。因此，经匿名化处理的衍生数据可以分为两大类：一是包含有可能再识别出具体个人的信息的衍生数据，属于个人数据范畴；二是无法识别出具体个人且不可复原的衍生数据，属于非个人数据。衍生个人数据无法彻底消除个人合法权益受侵害的风险，数据主体对衍生个人数据仍享有个人数据权，不能豁免个人数据保护法的适用。数据业者须合法、正当、必要地处理衍生个人数据，行使数据权利不得侵害数据主体的个人数据权，匿名化、再加工不能成为数据业者侵害个人数据权的免责事由。

与原始个人数据不同的是，衍生个人数据是数据业者针对个人数据本身进行实质性投入而创造出的新数据，应当赋予数据业者支配性更强的财产性权益。对于数据业者究竟应当享有何种财产性权益，学者有不同见解。一种观点将衍生数据作为知识产权的客体。例如杨立新、陈小江认为，衍生数据是一种新的知识产权客体，主张创设数据专有权，作为一种与传统知识产权类型并列的新型知识产权。其中，含有可识别数据主体特征的衍生数据上同时承载着数据拥有方和数据主体的专有权，数据主体的专有权可能涉及个人身份信息和个人隐私信息。① 陈俊华也主张在衍生数据之上构建包含标记权、存储权、使用权、修改权、保护数据完整权、复制权、收益权等具体权利的新型知识产权。② 汤琪认为知识产权法是解决数据产权问题的一个捷径。③ 衍生数据的非独占性、可复制性、非消耗性等特征，与知识产权的客体——信息所具有的特征相似，尤其与作品相似。但是，知识产权具有地域性、时间性等特点，这些特点与以衍生数据为客体的财产性权益不相符。此外，具有独创性的作品才能获得版权保护，而衍生数据不一定具备独创性，无法成为版权的客体。因此，赋予数据业者关于衍生数据的知识产权正当性不足。还有一种观点将衍生数据作为所有权的客体，主张建立数据所有权。但是，所有权的客体是有体物，衍生数据不是有体物，无法成为所有权的客体。此外，所有权作为一项绝对权利，可公开行使而无须担心标的物不可控。但是衍生数据一旦公开，他人利用信息技术即可轻松复制使用，数据业者往往对此无能为力，因此，数据业者往往采取保密措施防止他人获取衍生数据，这与所有权公开行使的特征不相符。可见，赋予数据业者衍生个人数据上的知识产权或所有权都缺乏逻辑正当性。

（一）隐秘个人数据：商业秘密

数据业者进行实质性投入开发衍生个人数据，目的是提高商品或服务质量，带来稳定的客户流量、良好商誉等市场竞争优势，保障数据业者对衍生个人数据利用的竞争优势可以实现激励数据业者投入的目的。因此，对于采取了保密措施的衍生个人数据，可作为数据业者的商业秘密进行保护。首先，赋予数据业者商业秘密权益肯定了其对衍生个人数据享有合理垄断优势的正当性。衍生个人数据是数据业者实质性投入的结果，基于劳动赋权理论，数据业者独占衍生个人数据财产利益的需求具有正当性。法律确认数据业者对其开发的衍生个人数据享有商业秘密权益，他人要获得此数据除了要获得数据主体同意，还须获得数据业者同意，由此可适当满

---

① 杨立新、陈小江：《衍生数据是数据专有权的客体》，《中国社会科学报》2016 年 7 月 13 日第 5 版。

② 陈俊华：《大数据时代数据开放共享中的数据权利化问题研究》，《图书与情报》2018 年第 4 期。

③ 汤琪：《大数据交易中的产权问题研究》，《图书与情报》2016 年第 4 期。

足数据业者独占衍生个人数据财产利益的需求。还可通过合同法、竞争法、侵权法以及其他非绝对性财产法保护数据业者的商业秘密权益。① 其次，商业秘密权益具有保护的不确定性，可防止对数据流通利用带来不适当的影响。商业秘密是一种受法律保护的强度要弱于所有权等支配性权利的竞争权益，主要依靠权益人自身采取保密措施来实现及保护，法律保护往往是一种事后救济方式。此外，所有权等绝对性权利可确定获得法律保护，而商业秘密则需法官结合具体案情才能确定是否真正构成商业秘密以及可获得何种法律救济，从这个意义上看，可以防止对数据业者的权益形成过强保护而损害数据的流通性。最后，能够防止因过强赋权给数据主体的个人数据权带来不利影响。数据业者商业秘密权益的实现，依赖衍生个人数据隐秘状态的维持，数据业者基于自身利益需要会主动采取保密措施防止衍生个人数据泄露，从而有效降低数据主体的个人数据权侵权风险。因此，对于隐秘状态的衍生个人数据，法律赋予数据业者商业秘密权益较为妥当。

我国《反不正当竞争法》第 9 条第 4 款规定，商业秘密"是指不为公众所知悉、具有商业价值并经权利人采取相应保密措施的技术信息、经营信息等商业信息"。衍生个人数据要构成数据业者的商业秘密，须满足以下条件：（1）具有保密性。要求衍生个人数据不为数据业者所属领域内的同行业者所普遍知悉和容易获得，是公众无法通过公开渠道获得的数据。（2）具有商业价值。数据业者可利用衍生个人数据分析、挖掘用户需求，开发特色产品和服务，以此获得竞争优势。（3）经数据业者采取合理的保密措施。数据业者应当根据衍生个人数据的敏感性、商业价值等具体情况，采取相应的保密措施，例如与职工签订保密协议、划分密级和进行标识等，要能足以防止数据泄露。

《最高人民法院关于审理侵犯商业秘密民事案件适用法律若干问题的规定》（法释〔2020〕7 号）第 1 条第 3 款规定，客户信息包括客户的名称、地址、联系方式以及交易习惯、意向、内容等信息，可以被认定为经营人的经营信息。一般而言，客户名单是企业在经营活动中自动收集、整

---

① 丁晓东：《论企业数据权益的法律保护——基于数据法律性质的分析》，《法律科学》（西北政法大学学报）2020 年第 2 期。

理而成，客户身份的特定性以及相关信息内容的特殊性、隐秘性导致客户数据内容具有特殊性，但是，再特殊也仅是客户数据的简单记录和分析，企业并未针对客户名单本身进行实质性投入而衍生出新价值，因此，客户名单主要是隐秘的原始个人数据。企业对客户名单仅享有附义务的使用权，不应获得商业秘密保护。企业只能在客户同意的范围内使用客户名单数据，而且企业对客户名单数据负有保密义务，原则上只限于企业内部使用，不得擅自对外提供客户名单。

由于衍生个人数据以原始个人数据为基础，且保留了某些个人身份属性信息，数据业者行使其商业秘密权益不得损害数据主体的个人数据权。同时，衍生个人数据的财产价值是数据业者实质性投入创造的结果，相较于原始个人数据，数据业者对衍生个人数据的处理拥有更强的话语权。因此，数据业者关于衍生个人数据的商业秘密权益与个人数据权之间是相互限制的关系。

第一，数据业者对衍生个人数据享有的商业秘密权益受限于个人数据权，其权益行使不得损害数据主体的人格利益。原始个人数据的财产利益因被数据主体作为"服务对价"支付给了数据业者而被"消耗"，现存的衍生个人数据的财产价值产生于数据业者的投入和劳动，应当全部归属于数据业者。在衍生个人数据之上只承载着数据主体的人格利益，不受数据业者投入的影响。由于匿名化在一定程度上起到了保护个人合法权益的作用，因此，虽然数据业者对外提供衍生个人数据仍应获得数据主体的有效同意，但是为了降低数据业者获取同意的成本，促进数据流通，可考虑放宽数据主体同意权对数据业者权利的限制。数据主体的同意不再只要求是选择加入模式的明示同意，也可考虑选择退出模式的默示同意。如果衍生个人数据仍保留较为明显的个人可识别信息，花费较低成本即可识别出具体个人，那么与原始个人数据一样，数据业者须获得数据主体的明示同意且经过个人数据保护影响评估后才能对外提供衍生个人数据。如果衍生个人数据没有保留较为明显的个人可识别信息，需要花费较高成本才能识别出特定主体，则允许数据业者获得数据主体的默示同意且进行个人数据保护影响评估后可对外提供。但是，数据业者须将对外提供的事实告知数据主体，数据主体知情后可选择退出，一旦数据主体选择退出，数据业者不得再将衍生个人数据许可给他人使用。

数据业者可在获得数据主体的默示同意后对外提供较难识别出具体个人的衍生个人数据，但是，由于信息不对称问题，数据主体很可能无法及时发现衍生个人数据再识别风险的变动情况，导致无法及时退出数据处理活动。因此，数据业者应当自觉采取行动降低数据处理活动中的个人数据权侵权风险。首先，数据业者应当评估个人数据匿名化及其后续使用可能给个人数据权带来的侵权风险。结合数据业者所采用的匿名化技术、实施程序以及匿名化过程可逆所需成本、再识别特定个人的可能性等因素进行风险评估，必要时也可委托第三方评估机构和专家进行评估。数据业者须根据风险评估结果调整匿名技术及对外提供衍生个人数据的对象范围，以使再识别的风险可控。如果再识别的风险较高，数据业者就不得对外提供衍生个人数据。其次，根据专家标准来判断衍生个人数据再识别的风险。"专家"是指掌握再识别、匿名化等统计科学知识、经验和技术的专业人员。之所以强调是专家标准而非一般人标准，是因为有动机进行个人数据再识别的主体往往是实力雄厚、有技术能力的企业，即便企业自身不掌握再识别技术，也有实力委托专业人员为其再识别匿名数据。只有专家运用相关技术和科学方法，将匿名数据与其他相关数据整合、深入分析后，极难再识别出具体个人时，才可认定该匿名化行为是有效的。最后，可通过协议限制数据接收者再识别的行为。在向第三方提供衍生个人数据前，数据业者须对数据接收者是否具有再识别的动机、能力等状况进行考察。双方可在交易协议中约定，任何衍生数据接收者都不得尝试还原个人数据，并约定个人数据意外复原时应实施的安全措施。

第二，数据主体的个人数据受保护权也受到数据业者商业秘密权益的限制。第三方要收集处理衍生个人数据，除了要获得数据主体的同意外，还必须获得数据业者的授权，且应按数据业者的要求使用其商业秘密，数据主体单方同意不能处置衍生个人数据。数据主体可基于查阅复制权要求数据业者提供衍生个人数据的副本，但是不得将副本任意提供给他人。当衍生个人数据对于数据业者而言尚有价值时，数据主体不得随意要求数据业者无条件删除这些衍生个人数据。数据主体的数据携带权也受到限制，数据主体不能罔顾数据业者对衍生个人数据的利益，而将这些数据自由传输给另一数据业者。

衍生个人数据凝结了数据业者的智慧和劳动，同时也承载着数据主体的人格利益，因此，数据业者可对隐秘的衍生个人数据享有商业秘密权益，但其权益的行使不得损害数据主体的个人数据权，同时个人数据权也受到数据业者商业秘密权益的限制。

（二）公开个人数据：收益权+排除同质竞争

数据业者可选择将其控制的衍生个人数据予以公开，公开后的衍生个人数据不再是数据业者的商业秘密。数据业者基于自身利益考虑，选择将其衍生个人数据公开，充分表达了其许可公众自由获取这些数据的真实意愿。与公开的原始个人数据一样，一方面，数据业者对公开的衍生个人数据享有收益权，公众可自由获取公开的衍生个人数据，但必须支付费用；另一方面，公众获得衍生个人数据后，不得用于与数据业者形成同质竞争的目的，防止"搭便车"获取不正当竞争优势，损害数据业者的合法权益。须注意的是，数据业者决定公开衍生个人数据及公众在使用公开数据的过程中，不得损害数据主体的个人数据权。

第三节　数据权利的限制

一　数据权利的实质性限制

数据主体的个人数据权和数据业者的数据权利既相互联系，又相互制约。除法律、行政法规另有规定外，数据业者处理个人数据，需获得数据主体的有效同意。数据主体与数据业者之间的授权关系，是建立在数据主体对其个人数据享有个人数据权的基础上，数据主体通过网络用户协议，将原始个人数据的使用权益转让给数据业者而产生的法律关系。同时，个人数据权和数据业者的数据权利之间是双向制约关系。一方面数据权利的行使不得损害个人数据权；另一方面，个人数据权的行使范围也受到数据权利限制，要求数据主体不得对数据业者合法、依约处理个人数据的行为进行不合理干预。

目前，各国法律普遍将数据主体知情同意规则确立为个人数据保护的基础机制，但是它被分配了超出其能力的"任务"，其功能被夸大了。大多数数据处理活动会涉及多个数据控制者和处理者，他们共享数据集，并将数据集用于多个模糊的目的，而且多采用信息技术进行自动化操作，个人无法知晓并决定其数据以何种方式被挖掘和利用，甚至数据控制者本身都不完全了解数据处理的细节。在此类数据处理活动中，数据主体的知情同意流于形式。此外，知情同意规则假设自然人为"理性人"①，能够根据隐私政策，在决定是否提供其个人数据时作出最符合其自身利益的理性选择，但是这一假设存在认知障碍和结构障碍，折损了自然人作出理性决策的能力，导致知情同意规则的实效大打折扣。

自然人作出同意存在的认知障碍主要表现为以下几点：第一，自然人较少阅读隐私政策。知情同意规则的相关规定很少说明通知应该如何设计以引起自然人的合理注意，实践中最常用的"我同意"的单击方式就不易引起自然人对隐私政策的注意。而且阅读隐私政策费时费力。隐私政策往往冗长、复杂，例如微信隐私保护指引（2018年8月29日更新）共有7812个字数，天猫隐私权政策共有9308个字数，百度的隐私权保护声明由隐私权保护宣言、隐私政策总则、特定产品的隐私保护和隐私问题报告四个部分组成，其中，仅隐私政策总则就有9819个字数。一项研究发现，平均每个人需要244小时才能阅读其每年访问的每个网站的隐私政策，平均每天40分钟，相当于美国人每天在网上花费的时间的一半（2006年），如果以金钱表示，这笔费用约为7810亿美元。② 这些数据反映出阅尽隐私政策非常耗时耗力。实际上，绝大多数用户往往不浏览隐私政策就点同意选项。有人做过统计发现，2001年4月，六个主要在线旅游网站的访问者只有不到1%的人实际上阅读了隐私政策。③ 第二，自然人有理解障碍。简化隐私政策与充分告知数据处理信息之间是冲突的，如果强调隐私通知的简单性和清晰度，会不可避免地导致保真度的丧失；要求足够详细地通知以使自然人作出有效的选择，隐私政策又将是非常复杂的，这一现

---

① John A. Rothchild，"Against Notice and Choice：The Manifest Failure of the Proceduralist Paradigm to Protect Privacy Online（or Anywhere Else）"，*Clev. St. L. Rev*，Vol. 66，2018，p. 614.

② See Aleecia M. Donald and Lorrie Faith Cranor，"The Cost of Reading Privacy Policies"，*I/S：J. L. & POL'y For Info. SOC'y*，Vol. 4，2008，p. 563.

③ Naveen Farag Awad and Mayuram. S. Krishnan，"The Personalization Privacy Paradox：An Empirical Evaluation of Information Transparency and the Willingness to Be Profiled Online for Personalization"，*MIS Quarterly*，Vol. 30，No. 1，2006.

象被学者称为"透明度悖论"①。而且实践中，隐私政策给予自然人的选择多是二元选择，要么选择加入同意个人数据处理，要么选择不加入而无法获得产品或服务。自然人希望有更多的选择维度，但是额外的维度又会增加复杂性并产生更大的理解障碍。此外，隐私政策是由专业人士撰写，涉及很多专业术语，而面向的用户主要是非专业人员，他们阅读并理解隐私政策的能力有限。学者们建议通过缩短、折叠、标准化或机器可读通知等方式简化隐私政策，提高自然人对隐私政策的理解，但个人数据处理活动的复杂性决定了这些措施未必能达到预期效果。第三，自然人很难作出明智的选择。自然人经常会以个人数据交换微小利益，这种不理性行为源于自然人的理性决策障碍。② 研究表明，个人不能做出完全理性的隐私披露决定。③ 人们容易受到"短视"心理因素的影响，更倾向于关注现在而不是未来的影响，经常选择立即满足，而不关注未来的成本。④ 例如有人决定不接受 Cookie 的跟踪，但当天晚上，他就可能会因为想在线观看某个电视节目，而接受 Cookie 的跟踪要求。"惰性"心理因素也会影响自然人的理性决策。在默认勾选同意的情况下，用户只需点击消除该勾选即可拒绝个人数据处理，但由于惰性的力量，大多数用户都不太可能这样做。有学者调查发现，使用选择退出模式的欧洲国家，其器官捐赠率大约是采用选择加入模式的国家的两倍。⑤ 盲从也是阻碍自然人作出理性决策的心理因素之一。有学者发现，有时自然人的隐私披露决定是在与他人的决定

---

① Helen Nissenbaum, "A Contextual Approach to Privacy Online", *Daedalus*, Vol. 140, No. 4, 2011, pp. 32–48.

② Daniel J. Solove, "Privacy Self‐management and the Consent Dilemma", *Harv. L. Rev*, Vol. 216, 2013, p. 1886.

③ Alessandro Acquisti and Jens Grossklags, "What Can Behavioral Economics Teach Us about Privacy?", in Alessandro Acquisti, ed., *Digital Privacy: Theory, Technologies, and Practices*, New York: Auerbach Publications, 2008, pp. 363–364.

④ Luth H. A., "Behavioural Economics in Consumer Policy: The Economic Analysis of Standard Terms in Consumer Contracts Revisited", Ph. D thesis University of Rotterdam, Academic version 2010, p. 53.

⑤ Eric J Johnson and Daniel G. Goldstein, "Do Defaults Save Lives?" *Science*, Vol. 302, 21 December, 2003, p. 1338.

比较后作出的，他们认为别人愿意披露，所以他们就披露。① 人类有限理性和各种形式的心理偏离理性因素会影响自然人的隐私决策。上述认知问题给自然人同意带来了许多障碍：用户极少阅读隐私政策；即便阅读，他们有时也很难理解隐私政策；如果人们阅读并理解隐私政策，受有限理性及心理偏离理性因素的影响，他们往往无法做出明智的选择，自然人面临多层认知困难。

自然人作出同意面临的结构问题也是多方面的。结构问题是自然人评估个人数据处理后果时所面临的障碍。受结构问题的影响，即便知情、理性的个人也难以作出于己有益的选择。第一个结构问题是规模问题。网络生活及工作方式的普及，使得自然人需要与众多的数据控制者打交道，他们面临"数量困境"。目前，我国数据业者基本处于一种"丛林式"发展状态，想要收集、利用、转移个人数据的主体层出不穷，不同的个人数据使用目的要分别获取自然人的同意，即便要求所有的数据业者都提供简洁、易于理解的隐私政策，自然人也会因为阅读数量庞大而不堪重负。理性的自然人没有足够的时间和精力，来处理与众多的数据控制者之间的关系。而且许多网络服务提供者经常会修改其隐私政策，需要自然人的二次阅读，又扩大了个人数据处理请求"规模"。频繁的隐私通知和个人数据处理授权请求，会导致自然人不看通知内容仅是"麻木"点击同意，这种"同意"不是一种有效的同意。第二个结构问题是垄断问题。隐私政策、网络服务协议都是网络服务提供者单方制定的格式条款，它以"要么接受要么离开"的方式赋予自然人所谓选择权，如果自然人不同意服务者提供的关于个人数据处理的服务协议，则意味着无法获得服务者的相关服务。尤其是在由单一供应商主导的服务市场下，自然人没有其他可供选择的有效替代方案，这种"全有或全无"的做法实际上就是强迫自然人同意其个人数据处理。比如，如果微信改变其隐私政策，许多人可能都会接受，因为当自然人的所有朋友都在微信上时，移动到另一个社交网站是没有意义的。即便不是在单一供应商主导的市场下，例如浏览器，用户可以有多种选择，但是这些浏览器发布了高度相似的隐私政策和采纳了类

① Alessandro Acquisti, Leslie K John and George Loewenstein, "The Impact of Relative Standards on the Propensity to Disclose", *Journal of Marketing Research*, Vol. 49, 2012, p. 160.

似的个人数据处理条件，自然人仅是享有形式上的知情同意，并不是真正有效的选择。总之，如果用户想要获得商品或服务，条件是其需要放弃该商品或服务非必要的个人数据，且消费者没有无须放弃个人数据的其他可供选择的近似替代品，那么所谓的选择实际上是没有选择的。

　　基于自然人作出同意时遭遇的重重认知和结构障碍，有学者认为，在数字世界的大多数情况下，同意是无关紧要的。[①] 数据业者要根据用户协议获得原始个人数据上的数据权利，首先必须保证自然人作出的同意是真正有效的同意。如果自然人客观上无法作出真正有效的同意，将用户协议作为数据业者获取数据权利的基础就会丧失正当性。2019 年 8 月 21 日，瑞典数据监管局针对 Skelleftea 的一所学校利用面部识别技术登记学生出勤率的行为，处以瑞典历史上的第一个 GDPR 处罚，罚款金额为 20 万瑞典克朗。在该案中，瑞典数据监管局强调，虽然该校已获学生同意参加试验，但是由于学生相较于学校处于附属地位，而且学校完全可以采取其他比面部识别技术对学生个人隐私权益侵害更小的方式来登记学生出勤率，因此，该校不因获得学生同意而免责。[②] 早在 2005 年，意大利数据保护机构在一个裁决中就认为，即便获得雇员的同意，使用指纹识别器来监视雇员的出勤率也是不适当且非法的。[③] 因此，必须对数据业者行使其数据权利的行为进行实质性限制，以保护自然人的个人数据权，增强其获权的正当性。

　　在当前大数据环境下，自然人有效同意的作出很难通过区分产品或服务的核心功能和附加功能、采取"分层"通知[④]、数据表格化[⑤]等改良方法来实现。实质性规制数据业者的个人数据处理行为才是保护自然人个人

---

　　① Anjanette H. Raymond, "Information and the Regulatory Landscape: A Growing Need to Reconsider Existing Legal Frameworks", *Wash. & Lee J. Civ. Rts. & Soc.*, Vol. 24, 2018, p.374.

　　② 何渊：《瑞典 GDPR 第一案——瑞典学校因使用面部识别技术登记学生出勤率而被罚款》，https://mp.weixin.qq.com/s/LoCThuMmlKJZUoR_0faMnw，2019 年 8 月 26 日。

　　③ ［德］Christopher Kuner：《欧洲数据保护法：公司遵守与管制》，旷野、杨会永等译，法律出版社 2008 年版，第 97 页。

　　④ See Ctr. For Info. Policy Leadership, Hunton & Williams Llp, *Ten Steps to Develop A Multilayered Privacy Notice*, January, 2007.

　　⑤ See Alan Levy & Manoj Hastak, *Consumer Comprehension of Financial Privacy Notices*, February, 2008.

数据权的有效措施，自然人要作出有效同意也需要数据业者来促成。国外一些学者建议放弃同意规则而赞成对个人数据处理行为进行实质性限制，例如弗雷德·H.凯特认定通知选择规则在在线隐私背景下无效，并建议"旨在防止特定危害的数据处理的实质性限制"[1]；梭伦·巴洛卡斯和海伦·尼森鲍姆认为通知规则在目标性广告投放活动中未发挥有效作用，从而建议"实质性直接监管"[2]；马修·A.爱德华兹呼吁监管机构"放弃披露的福音，支持更直接地规范行为的实体法律"[3]。因噎废食完全否定知情同意规则的做法是不可取的，保护个人数据的最终出路应是知情同意加行为规范，即在数据主体有效同意的基础上，加强对数据业者的数据权利行使行为进行实质性限制。我们在手术前的风险告知书上签字，将自己或亲人交给手术台，是我们对医疗系统的信任，这种信任是来自对相关配套制度的合理信赖。我们同意接受隐私政策，将个人数据交给数据业者，是我们对数据处理系统的信任。就像病人相信经过专业训练的、有医疗伦理规范制约的医生会有医能医德一样，数据主体也相信受国家法律规范、公权力监督的数据业者会有保护个人数据的基本职业道德，会尽可能地保护其基本权利不受侵害，尊重其人格尊严。因此，个人数据保护应当为数据业者构建新的数字伦理和规范，让个人相信自己的数据将会以有利于他们的方式或不损害他们的利益且能使社会受益的方式被处理，而法律就通过设置数据业者行使其数据权利的实质性限制来满足人们的合理期待。

《民法典》第1035条规定处理自然人个人信息，应当遵循合法、正当、必要原则。《个人信息保护法》第5—9条规定，处理个人信息，应当遵循合法、正当、必要和诚信原则；应当具有明确、合理的目的，并应当与处理目的直接相关，采取对个人权益影响最小的方式。收集个人信息，应当限于实现处理目的的最小范围，不得过度收集个人信息；还应当

---

① Fred H. Cate, "The Failure of Fair Information Practice Principles", in Jane K. Winn, *Consumer Protection in The Age of "Information Economy"*, London and New York: Ashgate (ed.), 2006, p. 343.

② Solon Barocas and Helen Nissenbaum, "On Notice: The Trouble with Notice and Consent", Order 1-6, 2009.

③ Matthew A. Edwards, "Empirical and Behavioral Critiques of Mandatory Disclosure: Socio-Economics and the Quest for Truth in Lending", *Cornell J. L. & Pub. Pol'y*, Vol. 14, 2005, p. 204.

遵循公开、透明原则；保证个人信息质量；采取必要措施确保个人信息安全原则等。这些处理个人信息的原则构成对个人数据处理行为的实质性限制。第一，数据最少化原则。处理个人数据必须满足相关、必要和适当的要求。具言之，根据已获自然人同意的个人数据处理目的，所处理的个人数据必须与该目的相关，且限于该目的所必需；数据业者不能利用不全面的个人数据进行分析，更不能为了实现某一处理结果而只选择对自己有利的个人数据进行处理。第二，目的限制原则。包含四层具体的内涵：一是数据业者只能基于具体、明确、合法的目的处理个人数据；二是一旦个人数据基于特定目的被收集以后，则不能再基于与收集时所确定之目的不兼容的其他目的被处理；三是数据业者对个人数据的处理限于核心业务目的所必需，不能用于附加业务功能目的的处理；四是数据业者须采取对个人权益影响最小的方式处理个人数据。第三，公平原则。处理个人数据不得对所涉自然人及其他利益相关者造成歧视等不公平的后果，也不能损害社会公共利益。第四，公开、透明原则。处理个人信息前，公开个人信息处理规则，明示处理的目的、方式和范围。第五，信息质量与安全原则。数据业者应尽量保证所处理的个人数据是准确且适时更新的，并采取适当措施避免个人数据遭受未经授权或非法的处理以及意外遗失、毁损。第六，储存限制原则。一般而言，当个人数据不再为处理目的所必要时，数据业者应及时清除该个人数据。例如，新冠疫情结束后，数据控制者应当及时删除新冠患者及疑似患者等相关数据主体因疫情防控需要而被收集的个人数据。在大数据时代，如果不落实这些实质性限制，仅试图在用户同意上下功夫，可能导致避重就轻，数据业者借此逃避个人数据保护责任就名正言顺，保护个人数据的目的可能落空。因此，数据业者在行使其数据权利时，应当遵守个人数据处理行为的实质性限制，以此保护数据主体的个人数据权。

二　第三方商业性合理使用限制

（一）个人数据的"转换性"使用

为满足公众对作品的合法获取与使用需求，著作权法规定了著作权的限制和例外。一般而言，限制著作权的事由只能是个人学习、欣赏、研究、教育、保存等非营利性目的使用。但是，随着互联网经济的发展，著作权不断扩张，仅允许作品非营利性目的的合理使用，不足以促进作品的使用和传播，因此，各国版权法开始扩展作品的合理使用范围，将合理使用延伸至商业目的的作品用途，"转换性使用"（transformative use）应运而生。

"转换性使用"理论起源于皮埃尔·N. 勒瓦尔法官在1990年发表的《论合理使用的判断标准》（"Toward A Fair Use Standard"）一文，并于1994年被首次运用于美国Campbell案（Campbell v. Acuff-Rose Music, Inc.）。[1] 勒瓦尔在论文中指出"如果被引用的文献仅被作为原始材料，转换就存在于创造新的信息、新的美感、新的视角与见解的行为之中，而合理使用保护这种行为的目的是为了社会进步"，"转换性使用必须是创造性的，并且必须以不同于原著的方式或目的使用被引用的文献"[2]。因此，构成转换性使用要求必须有利于促进社会进步，使用人也为此付出了创造性投入。[3] 版权法的目的是激励创作，丰富社会公众的知识，合理使用制度的设计初衷则是防止过度保护版权而影响公众对作品的合理需求。转换性使用在原作品的基础上创造了新价值，丰富了社会公共知识，属于合理使用制度所保护的行为，这是支撑勒瓦尔法官提出"转换性使用"标准的理由。[4] 在Campbell案中，2 Live Crew乐队未经"Oh! Pretty Woman"的歌曲版权所有者Acuff-Rose的许可，创作并发表了该歌曲的滑稽模仿歌曲"Pretty Woman"，为此，Acuff-Rose公司起诉2 Live Crew乐队侵犯了其著作权。联邦地方法院适用《美国著作权法》第107条（Section 107 of the US Copyright Law）中的四个判断标准认定2 Live Crew

---

[1]　参见李钢《"转换性使用"研究——以著作权合理使用判断的司法实践为基础》，博士学位论文，中南财经政法大学，2017年，第5页。

[2]　Pierre N. Leval, "Toward a Fair Use Standard", *Harv. L. Rev*, Vol. 103, 1990, p. 1111. 转引自李钢《"转换性使用"研究——以著作权合理使用判断的司法实践为基础》，博士学位论文，中南财经政法大学，2017年，第16页。

[3]　Jeremy Kudon, "Form over Function: Expanding the Transformative Use Test for Fair Use", *B. U. L. Rev*, Vol. 80, 2000, p. 591.

[4]　Pierre N. Leval, "Toward a Fair Use Standard", *Harv. L. Rev*, Vol. 103, 1990, p. 1111. 转引自李钢《"转换性使用"研究——以著作权合理使用判断的司法实践为基础》，博士学位论文，中南财经政法大学，2017年，第17页。

乐队的滑稽模仿行为构成合理使用。① 而联邦第六巡回上诉法院推翻了该判决，强调只要是对原作品的商业性使用就应当直接推定为不合理，该滑稽模仿作品具有商业使用的性质。② 美国联邦最高法院否定了巡回法院的判决，认为巡回法院过分强调了"商业性使用"因素，并认定 2 Live Crew 乐队的滑稽模仿行为构成对原歌曲的合理使用。③ 此后，众多司法判例都以 Campbell 案为据，把"转换性使用"作为版权合理使用判断中应予考量的因素，"转换性使用"的适用领域也不断扩展。例如，2001 年，加利福尼亚州最高法院在 Comedy 案④中首次将"转换性使用"审查标准引入商品化权纠纷的诉讼中。在该案中，法院借鉴了 Campbell 案中的观点，认为未经许可擅自在石版画和 T 恤上使用已故名人的肖像，只要该行为添加了重要的创造元素，以至不仅仅是单纯的肖像模仿而是被转化为其他作品，则新作品可受到与名人肖像商品化权相同的保护。⑤ "转换性使用"之所以能够成为合理使用的考量因素且其适用范围在美国司法实践中不断扩展，是因为"转换性使用"具有创造新信息、新美感、新视角、新见解等价值，有利于促进社会进步。

我国著作权法未明确规定转换性使用规则，但是在司法实践中，法院已将转换性使用作为裁判理由，认为对已发表作品的转换性使用不会不合理地损害著作权人的合法利益。在王某诉北京谷翔信息技术有限公司、谷歌公司著作权纠纷案中，法院明确使用"转换性使用"规则来认定第一被告（北京谷翔信息技术有限公司）的作品使用行为构成合理使用。在该案中，法院认为，著作权法的目的在于保护作者的合法权益以及鼓励作品的创作和传播，作者权益受保护的程度及范围不应损害公众对作品的合理需求；第一被告的涉案信息网络传播行为采取片段式的提供方式，不构成对原告作品的实质性利用，不仅不会影响原告作品的正常使用及不合理

① Acuff-Rose Music, Inc. v. Campbell, 754 F. Supp. 1150 (M. D. Tenn. 1991).

② Acuff-Rose Music, Inc. v. Campbell, 972 F. 2d 1429 (6th Cir. 1992).

③ Campbell v. Acuff-Rose Music, 510U. S. at 569, (1994).

④ Comedy Ⅲ Prods, Inc. v. Gary Saderup, Inc., 21 P. 3d 797 (Cal. 2001).

⑤ See Jennifer L. Koehler, "Comedy Ⅲ Productions, Inc. v. Gary Saderup, Inc.: Finding a Balance between the Right of Publicity and the First Amendment Right of Freedom of Speech", *Santa Clara High Tech. L. J.*, Vol. 18, 2001, p. 162.

地损害原告的合法权益，而且具有为网络用户提供方便快捷的图书信息检索服务的功能及目的，构成对原告作品的转换性使用，属于合理使用行为。① 在上海美术电影制片厂与华谊兄弟等著作权纠纷案中，原审法院认为被告在自己的电影海报中使用原告享有著作权的"葫芦娃""黑猫警长"的形象来辅助说明电影主角年龄段特征的行为，属于适度引用原告已发表作品的行为，未影响原告对其作品的正常使用；虽然被告在海报中商业性使用涉案美术作品，但"合理使用制度并不天然排斥商业性使用的可能，商业性使用只要符合法律规定的相关要件，仍然可以构成合理使用"。二审法院进一步认为被告的行为使原作品具有了新的价值和功能，其原有的艺术价值功能发生了程度较高的转换；而且被告对涉案作品的使用行为不会产生替代性使用后果，不会影响原告对作品的正常使用。② 这两个典型案例都将"转换性使用"作为构成合理使用的考量因素，但是都没有从"转换性使用"本身的内涵、构成要件等方面进行论证，而是主要从商业性使用行为"是否会影响著作权人对其作品的正常使用"以及"是否会不合理地损害著作权人的合法利益"角度着手，以结果为导向来分析转换性使用行为。这种裁判思路的形成，一方面是由于我国《著作权法》未明确规定"转换性使用"，"转换性使用"的概念、界定标准和方法等不明确；另一方面是《著作权法》第24条、《著作权法实施条例》第21条规定，合理使用他人作品，不得影响该作品的正常使用，也不得不合理地损害著作权人的合法利益。该规定为法院适用"转换性使用"裁判案件提供了"接口"。

目前，我国司法实务对"转换性使用"持谨慎态度，只在著作权领域内加以适用，而作为"转换性使用"起源国的美国，已将"转换性使用"广泛适用于判定几乎所有领域的合理使用行为。③ 网络中的作品必须以数据的形式呈现，既然作品类数据可以适用"转换性使用"，非作品类数据适用"转换性使用"也就不存在不可逾越的理论或制度障碍。将"转换性使用"的适用范围扩展至个人数据领域具有可探讨性。

个人数据的商业性使用必须同时具备以下两个要件，才能构成转换性

---

① 参见北京市第一中级人民法院〔2011〕一中民初字第1321号民事判决书。

② 参见上海知识产权法院〔2015〕沪知民终字第730号民事判决书。

③ Panela Samuelson, "Possible Future of Fair Use", *Wash. L. Rev*, Vol. 90, 2015, p. 817.

使用。

第一，个人数据使用要具有转换性。要构成版权法上的"转换性使用"，要求后作品必须在原作品内容的基础上有新的创造，而且后作品的使用方式和目的等要与原作品不同。因此，版权法上的"转换性"可从两方面判断，一是与原作品相比，后作品本身是否具有转换性；二是从用途上看，后作品的使用目的、方式等是否具有转换性。[①] 有鉴于此，个人数据使用是否具有"转换性"也可以从两个方面来判断，一是使用个人数据后是否产生了新数据，创造了新价值。二是新数据的使用目的、方式等是否具有转换性。需要注意的是，构成转换性使用要求两个标准必须同时具备，还是只要二具其一即可？确认商业目的的转换性使用是一种合理使用方式，根本目的在于丰富社会文化，推动科技进步和社会发展，因此，转换性使用必须是创造性的。利用个人数据产生了新数据，创造了新信息、新知识和新价值，有利于推动社会进步。新数据必然是在某种目的指导下产生，即数据本身的转换往往伴随着使用目的和使用方式的转换。例如，HiQ 抓取 LinkedIn 的公开个人数据"喂养"其创造的 Keeper 和 Skill Mapper 新产品，同时输出新数据，既在个人数据的基础上产生了新数据，又是以不同于 LinkedIn 的使用目的和方式使用个人数据。如果使用他人的个人数据，仅单纯变更使用目的和方式，而未产生新数据和新价值，很难认为该使用行为具有创造性。例如，在 Infinity Broadcast Corp. v. Kirkwood 案中，联邦第二巡回上诉法院认为 Kirkwood 不改变广播节目的内容，仅将播送节目由娱乐目的变更为为客户提供信息的目的，不构成转换性使用。[②] 他人使用新数据的目的和方式与原个人数据的使用目的和方式越相异，就越不会构成对原权利人服务的替代，即越具有转换性。只有同时具备产生了新价值和使用目的、方式等具有转换性两个标准，第三人使用数据业者控制的个人数据的行为方能构成转换性使用。

第二，个人数据使用行为不得不合理地损害数据业者的合法利益。随

[①] 李钢：《"转换性使用"研究——以著作权合理使用判断的司法实践为基础》，博士学位论文，中南财经政法大学，2017 年，第 23—24、32 页。

[②] Infinity Broadcast Corp. v. Kirkwood, 150 F. 3d（2d Cir. 1998）. 转引自李钢《"转换性使用"研究——以著作权合理使用判断的司法实践为基础》，博士学位论文，中南财经政法大学，2017 年，第 33 页。

着互联网等新技术的发展，《著作权》第 24 条在具体列举了 12 项合理使用作品的方式后，规定了合理使用的开放式兜底条款，确认了法官在具体案件中认定合理使用的自由裁量权及其底线，以协调著作权人合法权益保护与促进作品传播二者间的关系。同理，网络经济的持续发展，要求保护数据业者的数据权益和促进数据的流通利用并行不悖，法律既不能为数据业者提供过度的保护而影响公众对数据的合理需求，也不能为了促进数据流通利用而全然不顾数据业者的合法利益。个人数据具有易复制性，多个主体可以同时使用同一个人数据，一般来说，第三方的个人数据使用行为不会影响数据业者对个人数据的正常使用，对转换性使用认定的重点应放在"不得不合理地损害数据权益人的合法利益"的界定上。国际权威解释认为"不合理"是著作权的限制给权利人造成的收益损害超过了激励作品创作与传播所需的限度。[①] 合理损害是可容忍的，而"合理"应以方法、结果上的适当和目的上的必要为限度，带来严重损害、使用不适当的方法或超出目的的必要限度即为"不合理"。具体而言，抓取、使用他人个人数据的数量和内容对于实现其转换性目的是确实必要的；使用个人数据的方式也必须适当，不得以同质性的方式使用他人个人数据；也不得严重损害数据业者的合法权益。

由于个人数据的转换性使用，一方面不会不合理地损害数据业者的合法利益，另一方面能够激励数据"二次创造"，促进社会进步，因此，第三方数据使用者可不经数据业者许可，不向其支付报酬地使用其控制的个人数据。需注意的是，根据数据主体的同意权及目的限制原则，第三方必须在数据主体同意的目的及相兼容的目的范围内处理个人数据，第三方转换性使用个人数据是否需获得数据主体的有效同意？第三方使用隐秘个人数据，应当获得数据主体的有效同意，不得侵害个人数据权，即使其使用构成"转换性使用"也不例外，因为个人数据的商业性使用不得侵害个人的人格利益。对于公开的个人数据，第三方的转换性使用行为没有超出数据主体的合理预期，且遵循公认的商业道德和诚实信用原则，无须获得数据主体的有效同意。此外，第三方数据使用者应在使用个人数据前进行

---

① Report of the WTO Panel, *United States - Section 110（5）of the US Copyright Act*, WT/DS160/R, June 15, 2000, para. 6. 229.

个人数据保护影响评估，预测个人数据权的侵权风险并采取相应的保护措施，同时对于使用隐秘的衍生个人数据，第三方数据使用者还应当保守数据业者的商业秘密。

（二）个人数据的"必需设施"使用

在 HiQ 诉 LinkedIn 案中，HiQ 提出，LinkedIn 在上游职业社交网络市场上具有市场支配地位，其收集控制的用户职业信息是下游数据分析市场开展业务的必需资源，如果不能获取 LinkedIn 的用户职业数据，HiQ 就会破产。因此，HiQ 主张，LinkedIn 拒绝向其提供用户职业数据的行为违背了必需设施原则，属于滥用市场支配地位将其在上游市场的支配力量不正当传导至下游市场的行为。发生在欧盟境内的银行账户数据案是另一起适用必需设施原则解决数据纠纷的典型案例。2017 年 10 月，欧盟委员会调查了成员国的数家银行，怀疑这些银行与行业协会利用市场支配地位，拒绝向非银行类金融科技公司竞争者提供已获用户授权的账户信息。欧盟委员会认为占据市场支配地位的银行拒绝向其竞争者提供用户数据的行为涉嫌违背必需设施原则，构成拒绝交易的垄断行为。这两起案件是试图利用必需设施原则解决个人数据争夺纠纷的有益尝试。

必需设施原则（Essential Facility Doctrine）是指经营者控制着开展市场竞争所必需的设施，而其竞争者无法复制这种设施时，经营者有义务允许其竞争者以合理的条件进入其相关设施。必需设施不仅可适用于有形财产，还可适用于无形财产。设施的"必需性"，强调设施对交易相对人进入相关市场具有决定性作用。[①] 必需设施原则虽然从产生时起就饱受争议，[②] 但是该原则是控制经营者限制竞争行为的反垄断法规则之一，发源于美国，并在欧盟、澳大利亚等国普遍确立起来，我国也不例外。我国《反垄断法》第 22 条第 1 款第 3 项规定的拒绝交易行为禁止为必需设施原则的适用预留了空间。2022 年修订的《禁止滥用市场支配地位行为暂行规定》第 16 条第 5 款明确规定，"拒绝交易相对人在生产经营活动中，以合理条件使用其必需设施"，确立了必需设施规则，并要求在分析必需

[①] 张素伦：《竞争法必需设施原理在互联网行业的适用》，《河南师范大学学报》（哲学社会科学版）2017 年第 1 期。

[②] 张素伦：《竞争法必需设施原理在互联网行业的适用》，《河南师范大学学报》（哲学社会科学版）2017 年第 1 期。

设施时，应当综合考虑以合理的投入另行投资建设或者另行开发建造该设施的可行性、交易相对人有效开展生产经营活动对该设施的依赖程度、该经营者提供该设施的可能性以及对自身生产经营活动造成的影响等因素。2020年国家市场监督管理总局《关于禁止滥用知识产权排除、限制竞争行为的规定》第7条①将必需设施原则运用到了知识产权领域，并规定了认定必需设施应当同时考虑的因素。由上述法律规定可知，必需设施主要包括有形设施和知识产权，个人数据能否构成必需设施，从而适用必需设施原则规制数据业者拒绝第三方使用其控制的个人数据的行为值得探讨。

互联网经济是一种"注意力"经济，某一互联网产品或服务吸引的用户注意力越多，该产品或服务的价值就越大，使用该产品或服务的用户就越多。受此网络效应影响，市场极容易形成"赢者通吃"的局面，用户转换同类产品或服务的成本高昂，甚至没有真正有意义的可供其选择的同类产品或服务。在"赢者通吃"和"转换成本高昂"的交互影响下，用户往往被"锁定"于某种产品或服务之上，该产品或服务的经营者就容易形成相关市场的支配地位。个人数据是经营者间接控制用户注意力的资源，因此，控制的海量用户数据就成为经营者形成市场支配地位的关键促成因素。一旦某个经营者的市场占有率、用户数量达到一定规模，利用用户锁定的特点，该经营者控制的海量个人数据就可能演变为下游经营者进入相关市场的必需设施。目前，网络经营者滥用数据垄断优势的案件时有发生，美国、欧盟成员国对谷歌、微软、脸书等国际互联网经营者启动的数据反垄断调查，反映了各国调整传统反垄断规则以适应、规制数据垄断问题的尝试。此外，互联网企业跨领域竞争的门槛越来越低，互联网巨头可以凭借其控制的海量数据优势随时踏入新的领域、多头发展下游业务。如今，集购物、支付、打车、外卖、搜索等多个业务于一体的互联网公司已成为发展趋势，个人数据也将越发集中于这些企业。对潜在的市场

---

① 《关于禁止滥用知识产权排除、限制竞争行为的规定》第7条规定："具有市场支配地位的经营者没有正当理由，不得在其知识产权构成生产经营活动必需设施的情况下，拒绝许可其他经营者以合理条件使用该知识产权，排除、限制竞争。认定前款行为需要同时考虑下列因素：（一）该项知识产权在相关市场上不能被合理替代，为其他经营者参与相关市场的竞争所必需；（二）拒绝许可该知识产权将会导致相关市场上的竞争或者创新受到不利影响，损害消费者利益或者公共利益；（三）许可该知识产权对该经营者不会造成不合理的损害。"

进入者而言，高度集中化的个人数据是一道难以逾越的屏障，如果拥有数据优势的企业拒绝将其控制的个人数据提供给那些视个人数据为其必需设施的进入者，将直接摧毁它们的业务，这意味着企业将其数据垄断优势传导至下游市场，限制了下游市场的发展，降低了其创新商业模式的能力。因此，需要适用必需设施原则规制数据业者拒绝第三方使用其控制的个人数据的行为，保障自由竞争和商业创新。

　　必需设施原则的适用要件包括经营者控制着必需设施、该种设施是竞争者参与市场竞争的基本条件、经营者拒绝竞争者使用该必需设施、拒绝竞争者使用必需设施不具有合理性。① 因此，如果数据业者拒绝个人数据使用的行为满足以下要件，第三方则可依据必需设施原则合理使用个人数据。第一，数据业者控制着个人数据。此要件具有两层含义：一是数据业者是个人数据的控制者；二是个人数据难以获得有效替代，即由于技术、法律或经济上的原因，竞争者无法或难以从其他途径获得该个人数据。数据业者可以决定个人数据的处理目的和处理方式，是个人数据的主要控制者之一。个人数据是否难以获得有效替代，主要看是否存在获得个人数据的其他途径。个人数据具有易复制性，同样的用户数据可为不同的数据业者收集并控制，从这个意义上看，竞争者可通过多渠道获取用户数据。但是，在"赢者通吃"的互联网环境下，某类个人数据被市场占有率高的个别数据业者所控制，竞争者虽可通过其他途径获得某些同类个人数据，但相较于该数据业者控制的个人数据，这些数据多是零散的、过时的，价值有限。例如，在 HiQ 诉 LinkedIn 案中，LinkedIn 在职业社交领域占据了绝大部分的市场份额，其掌握的用户职业数据可能是 HiQ 最合适的职业行为分析材料。也许 HiQ 可以通过其他渠道零散地收集用户职业数据，但是这种零散收集行为是不经济的，而且收集的个人数据质量、数量有限，难以形成聚合效应，不能合理替代 LinkedIn 控制的个人数据。因此，当难以通过其他途径获取规模化的、即时性的相关个人数据时，数据业者控制的个人数据是不可替代的。第二，个人数据是竞争者参与市场竞争的必需品。所谓"必需品"，是指竞争者参与市场竞争必不可少的条件。如

---

① 张素伦：《竞争法必需设施原理在互联网行业的适用》，《河南师范大学学报》（哲学社会科学版）2017 年第 1 期。

果竞争者的生产经营活动的有效开展高度依赖数据业者控制的个人数据，不能使用这些数据，竞争者就很难在行业内生存，那么这些数据就是竞争者参与市场竞争的必需品。HiQ 抓取 LinkedIn 公开的个人职业数据，放进自己的量化黑匣子创造出 Keeper 和 Skill Mapper 两个产品，这两个产品需要 LinkedIn 控制的用户职业数据来"喂养"，没有这些个人数据，Keeper 和 Skill Mapper 就无法发挥作用，HiQ 也就无法生存，因此，LinkedIn 控制的用户职业数据就构成 HiQ 参与市场竞争的必需品。如果数据业者拒绝竞争者使用其控制的个人数据只是给其经营带来不便或效率降低，则个人数据不构成竞争者的必需设施。第三，数据业者拒绝竞争者使用其控制的个人数据。数据业者设置技术障碍阻止竞争者接触或仅允许竞争者在歧视性条件下使用其控制的个人数据，都构成拒绝个人数据交易行为。LinkedIn 在容忍 HiQ 访问和使用其控制的个人数据多年之后，开发了一个与 Skill Mapper 非常类似的产品，并设置技术障碍阻止 HiQ 抓取其网站个人数据的行为，就构成拒绝交易行为。第四，数据业者拒绝竞争者使用其控制的个人数据无正当理由。数据业者拒绝竞争者使用其控制的个人数据的动机非常重要，如果数据业者有正当理由，可以拒绝与相对人交易个人数据。反垄断法保护的是自由竞争，而非竞争者，如果许可个人数据使用会给数据业者造成不合理的损害，比如"搭便车"使用个人数据，则数据业者可以拒绝提供个人数据。此外，数据业者的正当理由还突出地体现在个人数据保护和安全方面。在个人数据争夺纠纷中，数据业者往往以保护用户隐私和个人数据安全为由拒绝提供个人数据，例如在腾讯诉华为案、HiQ 诉 LinkedIn 案中，腾讯、LinkedIn 都以可能泄露用户隐私为由拒绝提供个人数据。但是，对于公开的个人数据，数据业者以此为由拒绝提供个人数据就很难成立。数据业者拒绝个人数据使用的行为如果满足上述四个构成要件，就构成反垄断法上的拒绝交易行为，可能会封锁下游市场并限制市场自由竞争和创新，损害消费者利益和社会公共利益，因此，须根据必需设施原则，强制数据业者向其竞争者提供个人数据。简言之，当数据业者控制的个人数据为其他经营者参与市场竞争所必需且难以获得合理替代，同时许可个人数据使用不会给数据业者造成不合理的损害，也不会侵害数据主体的个人数据权时，数据业者有义务向其他经营者提供其控制的个人数据，并且该提供必须是非歧视的。

　　必需设施原则解决的是个人数据的商业性合理使用问题，数据业者控制的个人数据成为第三方使用者营利的工具。数据业者作为数据权利人，为个人数据的产生、收集、处理付出了实质性投入，其劳动成果不能免费地成为他人的营利工具。因此，根据必需设施原则，虽然竞争者可不经数据业者的授权获得其控制的个人数据，但必须付出合理代价，并保护由此获知的数据业者的商业秘密。

　　欧盟 GDPR 第 6 条第 f 项规定，数据业者或第三人的合法利益可以作为个人数据处理的合法性基础。那么，数据业者或第三方能否以个人数据是其追求合法利益的"必需设施"，而不经数据主体同意径行处理个人数据呢？在当前失控的数据产业发展状况下，出于保护数据主体基本权利和自由的需要，不适宜将"数据业者或第三方追求合法利益所必需"作为数据业者处理个人数据的合法依据。申言之，即使个人数据构成数据业者或第三方参与市场竞争的必需品，也必须获得数据主体的同意，并应进行个人数据保护影响评估，以保护数据主体的个人数据权。

三　技术运用的合理边界

　　劳伦斯·莱斯格认为，代码（code）是网络世界的规制手段之一，也是网络社会中的基本架构；它决定网络空间的软件与硬件，因此，在我们的语言习惯中，代码更倾向于指代"技术"。代码不仅能够强化国家立法的约束力效果，甚至有时候可以完全替代某些立法，省去相应的国家立法和执法负担。[①] 在网络世界中，数字技术是保护数据权益，推动大数据发展的关键因素。

　　目前，对技术保护措施提供保护的主要是著作权法。由于作品的技术保护手段极易遭到破解技术的挑战，有关国际条约及各国版权法禁止规避技术保护措施的行为。例如，《世界知识产权组织版权条约》（WCT）和《世界知识产权组织表演和录音制品条约》（WPPT）都确认了版权技术保护措施受法律保护的地位。我国《著作权法》第 53 条第 6 项将未经权利人许可，故意避开或破坏著作权及其有关权利的技术保护措施的行为列为

---

① Lawrence Lessig, "The Law of the Horse, What Cyberlaw Might Teach", *Harv. L. Rev*, Vol. 113, 1990, pp. 501-546.

侵权行为。《信息网络传播权保护条例》第 4 条也规定信息网络传播权的技术保护措施受法律保护。根据《刑法》《反不正当竞争法》等有关规定，有意规避或破坏技术保护措施，获取他人采取保密措施的技术信息和经营信息，构成侵犯商业秘密罪或构成不正当竞争。因此，技术措施是保护数据并得到法律认可的重要措施。数据业者为避免个人数据陷入难为其控制而被随意利用的风险，往往会采取技术措施保护其数据权益。而且技术措施也是保护数据主体的个人数据权的重要手段。例如，通过 P3P 软件，用户可在其使用的浏览器中设置他们的隐私偏好，每当用户访问不符合他们偏好的网站时，浏览器将阻止该网站，或者通知用户，由用户选择是否继续访问该网站。

技术措施是一把双刃剑。在我国个人数据保护法尚未真正到位的情况下，技术保护措施确实能够较好地化解个人数据的安全问题，但是也极容易被滥用，成为侵害个人基本权利或导致数据垄断等弊害的工具。其一，技术措施可能成为侵权工具。数据业者利用隐蔽性的技术措施，跟踪、监视用户，在用户不知情的情况下过度收集其个人数据。收集的用户数据被永久存储在数据业者的数据库中，用户"被遗忘"成为一种奢望。"黑客"利用破解技术攻击个人数据库，个人数据被大规模泄露，个人权利遭侵害。此外，信息技术还是"数据杀熟""数据歧视"等问题的作祟工具。其二，技术措施滥用可能会不当阻碍数据流通和利用。数据业者采用技术手段封锁个人数据源，设置数据流通的技术壁垒，引发数据孤岛、数据垄断等问题。数据业者还可能利用其数据优势，在数据交易合同中隐藏一些技术上的细节信息，而后利用这些信息来进行利益讹诈。[1] 其三，技术措施滥用可能会妨碍公众使用公共数据。处于公有领域的数据，任何人都可自由使用。但是，一些数据业者可能会利用技术优势将已进入公共领域的数据纳入其控制的范围，妨碍公众接触和利用这些公共数据。其四，技术缺陷可能妨碍个人数据的合理使用。技术措施只能根据预先设定的条件，自动拦截所有未经许可获取个人数据的行为，无法自动区分侵权行为和合理使用行为。[2] 该技术缺陷在阻止非法入侵的同时，也限制了他人对

---

[1] 徐实：《企业数据保护的知识产权路径及其突破》，《东方法学》2018 年第 5 期。

[2] 王迁：《技术措施保护与合理使用的冲突及法律对策》，《法学》2017 年第 11 期。

个人数据的合理使用。

很多时候，技术的问题还须由技术本身来解决。WCT 第 11 条和 WPPT 第 18 条规定，技术措施受法律保护须具备两个条件：一是技术措施的使用目的是行使有关权利；二是技术措施是用于约束未经权利人许可或未获法律准许的行为。① 在版权法领域内，技术措施主要用于防止他人擅自利用作品的行为，"技术措施的正当性在于维护权利人在版权法中的正当利益，即从他人对作品的使用中获得合理回报"②。同理，在个人数据领域，技术措施的正当性在于维护数据主体和数据业者对个人数据的正当利益。如果数据业者使用技术措施的目的在于阻止他人对个人数据的合理使用，则构成对技术措施的滥用。技术利用应当考虑合理边界，防止技术滥用而侵害个人权利或妨碍数据合理流通。数据保护立法应当规制数据业者的技术滥用行为，以保护数据主体的合法权益，保障公众合理接触和使用数据的权利，从而使数据主体、数据业者、数据需求者之间的利益处于平衡状态。欧盟 GDPR 所规定的数据处理原则就构成对数据业者滥用技术措施的限制。法律明确规定限制数据访问等技术措施排除使用的具体情形，也是划定技术利用的合理边界的一种可行方法。

利用 Cookie 及类似跟踪技术处理用户的个人数据，应当保护用户的知情权和同意权。具言之，数据业者应当将每个跟踪技术的类别、特定用途、持续时间、控制者身份以及数据接收方等信息，通过弹窗、横幅等显著方式通知用户。需要强调的是，数据业者不能仅告知用户跟踪技术的通用信息和一般用途，例如 Cookie 可带来更好的用户体验，应将每一个跟踪技术的特定用途的详细信息告知用户。此外，要保证用户能在任何设备上便捷地阅读通知的内容。跟踪技术的使用也应当遵守目的限制原则，不得设置非必要的跟踪技术。数据业者使用跟踪技术处理个人数据应当获得用户的明示同意，默认勾选等方式不是有效的同意方式，应当允许用户拒绝使用跟踪技术，而且保证用户不会因此而使其对网站内容的访问被不正当阻止。当用户拒绝使用跟踪技术后，网站不能通过反复弹窗等方式要求用户重新作出选择，直到用户选择同意后才不会再提示，这等于变相地迫

---

① 郑重：《版权保护技术措施的危害及其规制》，《知识产权》2014 年第 11 期。

② 王迁：《论版权法对滥用技术措施行为的规制》，《现代法学》2018 年第 4 期。

使用户同意使用跟踪技术。在获得用户同意时，"同意"键和"拒绝"键
应当使用相同的颜色、大小和字体等，防止因设计不同而诱导用户优先选
择"同意"键。此外，用户要能以同样便捷的方式撤回同意，并且可以
更改首选项。①

---

①　参见信通院互联网法律研究中心、CAICT 互联网法律研究中心《希腊数据保护局发
布 cookie 使用指南》，https：//mp. weixin. qq. com/s/utcKj6BGvFWGZ69Q0XtwnA，2020 年 4 月
30 日。

第五章　公共部门的个人数据保护义务

公共部门在履行公共管理和服务职能过程中，收集了海量的个人数据，而且这些个人数据多是能反映个人身份属性信息的敏感个人数据。有统计数据显示，目前我国各级政府部门掌握了80%以上的数据资源。① 政府部门是个人数据最大、最有权力的控制者。例如公安部门建立了各类巨型个人数据库，主要有人口信息管理系统、全国机动车/驾驶人信息资源库、公共安全视频图像系统、全国出入境/证件信息资源库等，存储了海量的个人数据。中国人民银行建立的个人信用信息基础数据库，涵盖了个人账户信息、信贷信息、公积金缴存信息以及整合了个人社保、税务、教育、司法案件等个人数据。国家统计部门建立的人口普查数据库，从1953年第一次人口普查时收集姓名、性别、年龄、民族、地址、与户主关系六项信息，到2010年第六次人口普查时，普查的主要内容除了前六项外，还涉及户口登记状况、受教育程度、行业、职业、婚姻、生育、住房情况等信息。此外，教育部门、税务部门、民政部门等也建立了专门的个人数据库。② 2017年，国家人口基础信息库建成并投入应用，"已存储包含13个数据项的有效人口信息13.99亿，其中7项数据的采集率达到100%，初步实现了对我国人口基础信息的统筹管理"③。2019年全国两会期间，全国人大代表杨林还向大会建议建立全国人口信息基础数据库，

① 魏清风：《破解公共数据开放瓶颈亟须顶层设计》，《民主与法制时报》2019年3月17日第6版。

② 孙平：《政府巨型数据库时代的公民隐私权保护》，《法学》2007年第7期。

③ 《国家人口基础信息库已存储有效人口信息13.99亿》，http://www.xinhuanet.com//2017-11/21/c_1121989048.htm，2019年11月12日。

以实现"全国一库,部门维护,资源共享"的目的。① 可以预见,未来我国公民的个人数据将会往全国统一的个人信息基础数据库聚合。

当公共机构成为个人数据最大的控制者时,就承担着"利用者和管理者的双重身份角色",无法再保持其在传统隐私权等既有人格权保护中的超然中立地位,② 转而成为直接的利益相关方。目前,公共部门控制的数据已成为数据交易的对象,例如政府大数据、海关大数据、征信大数据等能够在贵阳大数据交易所进行交易,其中不乏个人身份属性信息无法彻底清除的个人数据。为了激活公共部门控制的数据资源,释放数据能量,各级政府部门正在实施数据开放战略,某些非涉密个人数据也在开放之列。数据交易和数据开放可以促进数据流通和利用,将给社会创造不可估量的价值,但是也激起了人们对个人基本权利和自由保护的普遍担忧。在欧美国家,历史经验和教训使得人们对行政权力的扩张非常敏感,因而高度警惕政府控制的巨型个人数据库,并尝试通过各种制度以约束并限制政府收集、利用个人数据的行为。反观我国,建立个人数据保护制度的动力主要来自外部压力,而且在引进相关制度时多是"照猫画虎",缺乏对制度内在机理的参酌研究。③ 长期以来,人们对数据业者滥收、滥用等非法处理个人数据的行为较为提防,但对公共部门扩张处理个人数据的行为却不够敏感,反映在法学研究上就体现为学者们的研究热点及重点集中在政府数据开放规则的构建上,对公共部门个人数据处理活动中的个人权利和自由的保护问题不够重视。如果不对公共部门的个人数据处理行为进行约束和限制,很可能会给个人的自由、隐私等人格权益以及社会的公平、平等等长远价值带来不合理的影响。有些国家已经意识到,公共部门掌握大量个人数据的权力已经成为一种值得警惕的新兴权力。④ 在大数据环境

---

① 《代表建议建立全国人口信息基础数据库,最终实现"全国一库"》,https://tech.sina.com.cn/i/2019-03-09/doc-ihsxncvh1217487.shtml,2019 年 11 月 12 日。

② 张新宝:《从隐私到个人信息:利益再衡量的理论与制度安排》,《中国法学》2015 年第 3 期。

③ 孙平:《政府巨型数据库时代的公民隐私权保护》,《法学》2007 年第 7 期。

④ Marijn Janssen Haiko Van Der Voort and Agung Wahyudi, "Factors Influencing Big Data Decision-making Quality", *Journal of Business Research*, Vol. 70, 2017, pp. 338-345. 转引自付宇程《政务大数据治理中公民权利保护的国际经验》,《哈尔滨工业大学学报》(社会科学版)2019 年第 4 期。

下，如果公共部门仍着重从公权力行使角度来处理个人数据，为了公共管理的便捷化而忽视保护个人基本权利和自由的话，大数据很可能造就一个新的风险社会。①

公共部门是国家公权力的行使机关或单位，其性质的公共性决定了在处理其与数据主体、其他数据使用者之间的数据关系时，既要参考行政法的基本规则，也要运用民法的基础理论。通过界定公共部门关于个人数据上的权利（或权力），划定公共部门的行为边界，将公权力关在权利（或权力）的"笼子"里合法合理地处理个人数据，协调个人数据上私人利益与公共利益的关系，协调好个人数据保护与公众知情权的关系。

第一节 公共部门的权利（权力）状况

一 公共部门权利（权力）的介说

对于公共部门控制或占有的财产，常被界定为公产，成为国家所有权的客体。罗马法根据物能否为个人所有，将物分为财产物和非财产物。其中，人法物是一种非财产物，不可作为个人财产所有权的客体，是供公众使用的物，包括共用物、公有物和公法人物。共用物是诸如空气、阳光、海洋等供人类共同使用、没有主体的物。公有物是指全体罗马市民共同享有的物，具有公用的目的，一般属于国家所有权的客体。公有物所有权具有广狭之分，属于国家私有的财产（属于国家所有，但不得为公众直接使用的物）不属于狭义上的公有物，而是一种私产。公法人物主要是指市府等的财产，仅供本市的人共同享用，具有公产与私产之分。人法物以公共使用为特点，公众不得妨碍他人使用人法物，否则被认为是侵犯他人的人格，致害人要受侮辱诉的制裁。② 法国法深受罗马法的影响，将公产分为公众用公产和公务用公产，公产上的所有权主要表现为公共使用性，是一种以公用征收为主要取得方式的公法意义上的所有权。③ 德国法适用

---

① 付宇程：《政务大数据治理中公民权利保护的国际经验》，《哈尔滨工业大学学报》（社会科学版）2019 年第 4 期。

② 周枏：《罗马法原论》（上册），商务印书馆 1994 年版，第 277—280 页。

③ 王名扬：《法国行政法》，中国政法大学出版社 1988 年版，第 301—364 页。

民法制度来调整公产上的财产关系，但性质上公产所有权又是一种公法上的财产支配权，具有公用目的及使用范围，公产所有权实际上是一种公私混合的财产权。① 日本法将公物界定为行政主体为公共目的而直接使用的有体物，关注的重点是某物是否被直接用于公共目的。② 我国《宪法》第9条、第10条规定，除集体所有外，自然资源都属于国家所有，即全民所有。《物权法》第45—56条（已失效，对应《民法典》第246—258条）一方面将《宪法》上的自然资源国家所有纳入民法所有权体系，承认国家所有权的私权性质，并规定由国务院代表国家行使所有权；另一方面将国家所有的客体范围扩大至野生动植物资源、无线电频谱资源、文物和国防资产等物。《物权法》的上述规定引起了学界的激烈争论，争论的焦点主要围绕"国家所有"到底是一种什么性质的权利（权力）展开。对此，历来有公私两种意见：一是以行政法为基础，认为国家"所有权"仅是观念来源于私法，而由公法直接创设或关涉社会公共利益的"公所有权"，不是民法上的财产权，不具备私权特征，体现的是行政管理关系。③ 二是以民法为基础，认为国家所有权涉及公产的归属关系和公共使用目的维持两个层面的法律关系，其中公产的归属关系是民法上的所有权，而公共使用目的维持是国家担负的管理职责，是行政管理关系。④ 因公产的使用目的及占有主体的公共性，注定公产之上的权利（权力）呈现出公私交缠的状态，关于国家所有权的争论仍将持续。

　　对于公共部门控制的个人数据，其上的权利（权力）状态同样面临公产遭遇的问题，无法摆脱国家所有权的窠臼。目前，大部分学者从公共数据、政府数据等概念切入，以分析公共部门对其控制的数据的权利（权力）。特别值得注意的是，他们并没有将个人数据从公共数据、政府数据等概念中剔除出去，换言之，个人数据因是公共部门控制的公共数据或政府

---

① ［德］汉斯·J. 沃尔夫、奥托·巴霍夫、罗尔夫·施托贝尔：《行政法（第2卷）》，高家伟译，商务印书馆2002年版，第464—469页。

② ［日］盐野宏：《行政法》，杨建顺译，法律出版社1999年版，第742页。

③ 参见尹田《论国家财产的物权法地位——"国家财产神圣不可侵犯"不写入物权法的法理依据》，《法学杂志》2006年第3期。

④ 张力：《当代公用物法律关系的演变及其公用性的保持》，《广西社会科学》2003年第3期。

数据的组成部分而成为数据公产，并在数据公产之上形成了国家权利（权力）。例如，王渊、黄道丽、杨松儒认为，国家数据上的权利属于国家，公共数据的财产权属于全体公民。① 曾娜认为，政务数据应属于国家所有，如此既能明确政务数据属于公共财产范畴，又能防止数据垄断，确保公众对政务数据的接近使用，还能防止政府部门独占数据收益，促进数据民主化。公众接近是国家所有权的本质特征，这意味着政务数据虽属于国家所有，实质上归全民所有，具有供公众使用的属性。② 一些地方政府规章也尝试将政府控制的个人数据界定为国家所有。2015 年 4 月施行的《福建省电子政务建设和应用管理办法》第 9 条规定，应用单位的履职信息资源以及电子政务建设和应用所产生的信息资源属于国家所有。同年《汕头经济特区电子政务建设管理办法》第 27 条第 2 款也作出了类似规定。至于国家享有的权利（权力）性质，学界出现了公权说、私权说和公私权混合说三种观点。

"公权说"认为公共部门对其控制的个人数据可行使管理权等公权力。例如，李扬认为国家机关制作的数据库是公权力行使的表现，不能成为私有财产，不能成为特殊权利客体。③ 龙卫球也赞同该观点，认为公共数据的性质决定其不宜采取财产权路径而适于采取管理化路径进行保护。④ 余筱兰主张构建信息资源管理单位的公共信息权，认为从权利主体的角度分析，公共信息权是一种受行政法调整的管理权；从民法私权角度看，管理单位应履行公开义务。⑤ 吕廷君从数据开放生态的构造角度出发，认为政府数据开放以实现公民基本数据权利为出发点，以保障国家数据主权、数据社会权和个人隐私权为安全措施，由政府代表国家行使对大数据的管理权，具体包括数据获取权、控制权、发展规划权和使用许可权等行政法上的权力。⑥

"私权说"阐述了不同权利主体对公共部门控制的数据享有所有权或使

---

① 王渊、黄道丽、杨松儒：《数据权的权利性质及其归属研究》，《科学管理研究》2017 年第 5 期。

② 曾娜：《政务信息资源的权属界定研究》，《时代法学》2018 年第 4 期。

③ 李扬：《数据库特殊权利保护制度的缺陷及立法完善》，《法商研究》2003 年第 4 期。

④ 龙卫球：《再论企业数据保护的财产权化路径》，《东方法学》2018 年第 3 期。

⑤ 余筱兰：《信息权在我国民法典编纂中的立法遵从》，《法学杂志》2017 年第 4 期。

⑥ 吕廷君：《数据权体系及其法治意义》，《中共中央党校学报》2017 年第 5 期。

用权等私权利。从权利主体角度看,主要有政府说、国家说和全民说三种观点。"政府说"认为政府对其控制的数据享有所有权或使用权。例如张亚楠以政府数据共享为分析场景,认为政府数据在不同的共享场合或情境下产生的权利属性不同:作为数据提供者,行政机关享有数据所有权和使用权;作为数据使用者,行政机关既对其拥有的数据享有开发利用的权利,又对其他行政机关提供的数据具有"附加限制"的使用权。[①] 黄如花、温芳芳赞同地方政府数据开放平台的声明,认可政府对其控制的数据享有所有权。[②] 杜振华、茶洪旺、吕凡认为,政府部门在其履职工作中收集的个人数据的所有权属于个人,政府部门仅享有使用权和处置权。[③] "国家说"认为公共部门控制的数据归国家所有。例如冉克平认为,公物包括公务用公物(直接服务于行政活动的物)和公众用公物(直接供公众使用的物),其中行政信息也是一种公物。在公物之上形成的国家所有权属于民法上的所有权。[④] "全民说"认为公众对政府控制的数据享有所有权。例如,王融认为政府或公共机构依职责所生产、创造、收集、处理和存储的政府数据产生的财产权益归属于公众,每个公众都有权获得政府数据,并享有知情权和利用权。[⑤] 汤琪认为,政府数据的产权属于全体公民所有,不能用于商业交易,政府只能代表全体公民与数据公司签订授权加工和交易协议,并确保个人数据不被泄漏和非法使用。[⑥] 穆勇、王薇、赵俊主张构建政务数据"公有产权"原则体系,政务数据的所有权由全民享有,政府部门享有使用权和管理权,单个主体不得主张排他性的权利。[⑦] "国

---

① 张亚楠:《政府数据共享:内在要义、法治壁垒及其破解之道》,《理论探索》2019年第5期。

② 黄如花、温芳芳:《我国政府数据开放共享的政策框架与内容:国家层面政策文本的内容分析》,《图书情报工作》2017年第20期。

③ 参见杜振华、茶洪旺《数据产权制度的现实考量》,《重庆社会科学》2016年第8期;吕凡《数据所有权问题研究》,硕士学位论文,华中师范大学,2018年,第23页。

④ 冉克平:《论公物的概念、权利属性及其适用》,《重庆大学学报》(社会科学版)2009年第5期。

⑤ 王融:《无处安放的数据权属》,数据产业与新治理论坛主题发言,北京,2016年8月。

⑥ 汤琪:《大数据交易中的产权问题研究》,《图书与情报》2016年第4期。

⑦ 穆勇、王薇、赵俊:《新技术环境下政务数据资源开发利用的研究》,《电子政务》2019年第5期。

家说"和"全民说""政府说"在权利主体的界定上是牵连关系,三种观点无法截然分开。公共部门控制的数据上的所有权从形式层面上归属于国家,但从实质层面上看属于全体公民,而且国家作为抽象的主体,需要通过授权政府等公共部门具体来行使所有权,并保障公众使用。我国《宪法》以及《民法典》都规定了公产的国家所有(权),如果要确定公共部门控制的数据上的权利归属,相较于"全民""政府","国家"无疑是更易被接受的权利主体。

"公私权混合说"主张公共部门在其控制的数据之上既有管理权等公权力,又有所有权、使用权等私权利。比如孟庆国主张在政务数据之上实施数据三权机制,即归属权、使用权和共享管理权。归属权是指存储、控制政务数据,可对数据内容进行定义、解释的权利,它不是一种所有权,但权利人可以优先使用数据。共享管理权是一种对共享数据进行调度、协调、仲裁、监管的权力,是政府应该强化的责任。①

借用自然资源等公产国家所有的套路来界定公共部门对其控制的个人数据上的权属是否妥当,需要根据个人数据的特性来检视,不能笼统地将个人数据纳入公共数据或政府数据范畴中不加区分、不加论证地断言国家所有权的存在。在公共部门控制的个人数据之上配置国家所有权,很可能会产生如下棘手问题:第一,所有权的客体是物,而个人数据并非一种物,不能成为所有权的客体。第二,国家所有权与数据主体的个人数据权无法兼容。数据主体的个人数据权是个人数据上的基础权利。所有权是权利人对物全面支配的排他性财产权,如果承认国家对其控制的个人数据享有所有权,意味着在个人数据之上存在两个内容不相兼容的基础性权利,这是有悖民法基本原理的。第三,个人数据可能得不到应有的保护。物权法是典型的私法,将国家所有权规定在物权法中,必然"沾染"私权特质。抽象的国家无法具体行使数据所有权,必须由公共部门在法律规定的范围内代表国家行使,公共部门支配和管理个人数据就具有合法性。面对个人数据可类比石油、黄金的资源价值,公共部门独立人格及经济人特性的存在,会促使其对控制的个人数据萌生独立的利益诉求,不可避免地会

---

① 孟庆国:《基于三权分置的政务数据交换共享与实现机制》,《软件和集成电路》2018年第8期。

引起与个人数据保护者的利益差异，一旦公共部门侧重于追求经济利益，可能会罔顾数据主体的个人数据权，甚至可能背离国家所有权确立的初衷，使得个人数据成为公共部门牟利的工具。

二　原则上个人数据不是一种公共数据

个人数据具有公共属性，尤其是掌握在公共部门手中时，其公共属性越发突出，但是不能由此得出个人数据是公共数据的结论。

人们对公共数据内涵的认识尚未统一，目前主要有两种观点。

第一，以主体为标准，将公共部门在履职过程中产生、收集的数据都归入公共数据的范畴。例如，武长海、常铮认为，公共数据具有公共产品属性、由政府直接或间接控制以及由政府提供并采用税收支付的性质，从而将政府控制的数据认定为公共数据。[①] 也有学者不认可所有的政府数据都是公共数据，而是将政府控制的不涉及国家秘密、商业秘密、个人隐私的数据视为公共数据。[②] 有些学者将政府数据扩展至包括国内和国际政府部门、组织以及广义公共部门所掌握的数据，还包括外部机构创建或掌握的与政府相关的、具有重大公共利益的数据，将政府数据等同为公共数据。[③] 莫力科、王沛民也把以政府为主体的一切负有公共事务管理职能的组织在行政过程中产生、处理的所有信息都称为公共信息。[④]《上海市公共数据和一网通办管理办法》（沪府令 9 号）第 3 条规定，公共数据是指上海市各级行政机关以及履行公共管理和服务职能的事业单位在依法履职过程中，采集和产生的各类数据资源。[⑤] 这些观点把政府或其他履行公共

---

① 武长海、常铮：《大数据经济背景下公共数据获取与开放探究》，《经济体制改革》2017年第 1 期。

② 许宪春、叶银丹、余航：《中国政府微观数据开发应用：现状、挑战与建议》，《经济学动态》2018 年第 2 期。

③ 郑磊：《开放不等于公开、共享和交易：政府数据开放与相近概念的界定与辨析》，《南京社会科学》2018 年第 9 期。

④ 莫力科、王沛民：《公共信息转变为国家战略资产的途径》，《科学学研究》2004 年第 3 期。

⑤ 《浙江省公共数据和电子政务管理办法》第 2 条第 2 款规定，"公共数据是指各级行政机关以及具有公共管理和服务职能的事业单位（以下统称公共管理和服务机构），在依法履行职责过程中获得的各类数据资源。"该公共数据的定义与《上海市公共数据和一网通办管理办法》的规定一致。

管理和服务职能的部门或事业单位产生或收集的数据都认定为公共数据。须注意的是，以主体为标准划定公共数据的范围，不涉及数据的内容，所有行使公共事务管理和服务职能的组织（包括政府）在履职过程中产生、收集的数据都是公共数据，包括个人数据和商业数据。至于数据是否涉及国家秘密、商业秘密、个人隐私，影响的主要是相关数据的开放程度。

　　第二，以内容是否涉及公共利益为标准界定公共数据。有学者认为，公共信息是指"那些处于公共领域，攸关公共利益，反映社会政治、经济、文化等领域的，与特定的个人没有直接利益关系的信息"①。还有人认为，公共数据反映的是社会公共问题，凡是涉及全体社会公众整体利益和需要的一系列活动及结果的信息都是公共数据，在逻辑上，凡与公共利益密切相关的信息均可纳入公共数据的范畴。② 公共利益是一个"神秘"的概念，因其内容和受益对象的不确定性，而无法进行精确定义，因此，人们对公共利益的认识不统一。比如，王利明认为公共利益是指全体社会成员的公共利益。③ 胡鸿高从公共利益的历史解释、本体解释、主体解释和程序解释等方面较为全面地阐述了公共利益的内涵。④ 德国学者纽曼（Neumann）在《在公私法中关于税捐制度、公益征收之公益的区别》一文中将公益分为主观公益和客观公益，其中主观公益是指涉及不确定多数人的利益。目前，"公共"指向不确定多数人是广为认可的标准。⑤ 法学界的主流观点认为，公共利益一般是指不特定多数人的利益。⑥ 因此，公共数据是指涉及公共利益即不特定多数人的利益的数据，而非公共数据是那些与公共利益没有直接关系、仅仅反映特定社会成员利益的数据。本书认为，由于不同的数据内容涉及的利益不同，从主体角度界定公共数据不

---

　　① 刘德良：《个人信息的财产权保护》，《法学研究》2007 年第 3 期。

　　② 夏义堃：《政府信息资源管理与公共信息资源管理比较分析》，《情报科学》2006 年第 4 期。

　　③ 王利明主编：《中国民法典学者建议稿及立法理由·总则编》，法律出版社 2005 年版，第 19 页。

　　④ 胡鸿高：《论公共利益的法律界定——从要素解释的路径》，《中国法学》2008 年第 4 期。

　　⑤ 胡鸿高：《论公共利益的法律界定——从要素解释的路径》，《中国法学》2008 年第 4 期。

　　⑥ 梁上上：《公共利益与利益衡量》，《政法论坛》2016 年第 6 期。

利于解决个人数据保护和利用问题，而以数据内容是否涉及公共利益为标准界定公共数据的内涵更为妥当。

关于公共数据的内涵，需要注意两点内容：第一，公共数据的控制主体具有多元性。公共数据多为公共目的或者利用公共财源生产、收集而得。政府是当然的、最主要的公共数据控制主体。法律法规授权、委托的组织，依赖政府财政拨款的社会团体、事业单位等履行公共管理和服务职能的组织，有关艺术、慈善、教育、学术、环保等非营利性组织，甚至履行供水、供电、供气等职能的公用事业企业等都可能是公共数据的控制者。企业受政府委托、得到公共财政支持所生产的数据，以及这些企业控制的、与政府相关、具有重大公共利益的数据也属于公共数据。[①] 此外，普通组织或民众采用众包方式收集的数据可以为公共管理和服务提供帮助，从而具有明显的公共价值。[②] 可见，私主体也可以成为公共数据的控制者。第二，公共数据的内容涉及公共利益。公共数据指向不特定社会成员的利益，公益性是其核心特征。以政府为主体的公共部门在履职过程中，必然会产生与其职责有关的公共事务数据，同时也会收集、储存并处理履职所必需的个人数据或商业数据，但是并非其控制的所有数据都是公共数据，只有涉及公共利益的数据才是公共数据。大陆法系的公物理论将公物界定为行政主体支配之下的直接服务于公共利益并供公众无须许可或根据特定许可使用的物品或服务，公物的目的都是直接服务于公共利益。[③] 经济学界定公共物品，主要从物品的共享性、不可排他性、非竞争性等特征出发。[④] 从价值角度看，公共数据是一种服务于公共利益并供公众使用的物品，强调使用价值的共享性、不可排他性和非竞争性。

个人数据主要关涉个人的人格利益和财产利益，是私权客体，原则上

---

① 郑磊：《开放不等于公开、共享和交易：政府数据开放与相近概念的界定与辨析》，《南京社会科学》2018 年第 9 期。

② Haworth B., "Emergency Management Perspectives on Volunteered Geographic Information: Opportunities, Challenges and Change", *Computers Environment & Urban Systems*, Vol. 57, 2016, pp. 189-198.

③ 肖泽晟：《社会公共财产与国家私产的分野——对我国"自然资源国有"的一种解释》，《浙江学刊》2007 年第 6 期。

④ ［美］理查德·阿尼森：《公平原则与搭便车问题》，毛兴贵译，载毛兴贵编《政治义务：证成与反驳》，江苏人民出版社 2007 年版，第 68 页。

不属于公共数据。只有当个人数据之上负载着不特定多数人的利益，因具有公益性而可能转化为公共数据。个人数据即便转化为公共数据，其处理活动仍应受到个人数据权、商业秘密等私主体合法权益的限制。因此，不同于自然资源等公共物品，个人数据原则上不是一种公共数据，不能套用国家所有权理论在公共部门控制的个人数据之上构建国家所有权。在数据财产价值凸显的当下，公共部门控制的个人数据极容易不受限制地异化为公共数据，成为数据共享或数据开放的对象，从而导致个人数据上的个人合法权益被忽视。因此，公共部门在开放数据的过程中，应当协调好个人数据保护和公众知情权的关系。

三 权利（权力）状况——个人数据权与管理权并存

公法与私法的界分仅具相对性，"在公法与私法之间，并不能用刀子把它们精确无误地切割开"[①]，公法和私法的界限不可避免地出现交叉和模糊，当下社会发生的"公法私法化""私法公法化"现象就是具体体现。[②] 这意味着私法中可以包含某些公法规则，私法所规定的权利也不一定就是纯粹的私权性质，也可能蕴含某些公权特质。在公共部门控制的个人数据之上并存着私权与公权，即数据主体的个人数据权与公共部门享有的管理权并存。

（一）个人数据权是私权意义上的基础权利

有些个人数据是公共部门分配给个人使用的信息，真正的"生产者"是公共部门。例如，身份证号是个人因出生而由公安部门分配使用的个人数据。有些个人数据完全由个人"生产"，例如个人的面部特征信息、指纹信息等生物识别信息是个人基于出生天然就具有的。这些个人数据都由数据主体独占使用，具有唯一性。但是，也有些个人数据不具有使用上的唯一性，例如个人的姓名、性别、婚姻状况等信息无法专属占有。虽然个人数据的来源、使用状态等有差异，但是，它们的共性是都是与个人有关、能够反映个人身份属性信息的数据。数据主体对其个人数据享有个人

---

① [德] 卡尔·拉伦兹：《德国民法通论》（上册），王晓晔等译，法律出版社 2003 年版，第 7 页。

② 尹田：《论国家财产的物权法地位——"国家财产神圣不可侵犯"不写入物权法的法理依据》，《法学杂志》2006 年第 3 期。

数据权，不因个人数据的生成方式、使用状态、控制者不同而有区别。公共部门无论是作为个人数据的真正"生产者"，还是作为控制者，都不能改变个人数据关涉个人基本权利和自由的事实。因此，对于公共部门控制的个人数据，数据主体享有基础权利，公共部门的数据处理行为不得损害数据主体的个人数据权。

（二）公共部门在公权意义上的管理权

目前，我国主张赋予国家数据权利的观点主要建议赋予所有权。但是，按照民法上所有权的性质，如果公共部门尤其是行政机关可以代表国家对其控制的个人数据享有所有权，行使占有、使用、收益和处分权能，那么个人合法权益可能无法得到有效保护。许多学者反对国家所有权的私权性质。例如，孙宪忠认为，我国物权法确定的国家所有权制度存在严重违背民法科学的"五个不明确"因素：第一，主体不明确，即"全体人民""国家"都是抽象的人的群体，无法满足所有权主体必须明确的基本要求；第二，客体不确定，即"国家"名义下的财物无法统计，产生与消灭都不明；第三，权利不确定，即所有权的支配关系不确定；第四，义务不明确，即所有权客体的不科学扩大也增加了国家承担法律责任的范围；第五，责任不明确，法律上所有权人与实际享有处分权的主体之间严重脱节，导致许多环节上的财产控制权和法律责任不明确。统一的国家所有权理论给我国公产权利的享有、行使及保护带来了极大障碍。[1] 有些学者虽然不反对规定国家所有权，但却不是从权利角度，而是从义务或职责的角度阐述国家所有权的性质。例如，袁博认为，只有国家才具有代表全体公民的立场，国家所有实际上代表了国家保障全民所有的一种义务，国家必须以义务为前提来保障自然资源的全民分配与利用。[2] 张建文认为，国家所有权的实现机制，仅是"采用了私法上的法人的形态"来"履行国家功能，完成国家任务的手段"[3]。莫里斯·奥里乌主张公产所有权是

---

① 孙宪忠：《"统一唯一国家所有权"理论的悖谬及改革切入点分析》，《法律科学》（西北政法大学学报）2013 年第 3 期。

② 袁博：《我国水权取得的社会本位机理——基于民法上水资源国家所有权的证成》，《私法研究》2017 年第 2 期。

③ 张建文：《转型时期的国家所有权问题研究》，博士学位论文，西南政法大学，2006 年，第 32 页。

"一种必须依赖于国家力量的行政所有权",行政主体负有保管公产且将公产用于公用的义务,只有出于公共利益的需要,方可改变公产设定的用途。① 有学者直言:"'国家所有权'概念不符合民法上所有权基本原理的看法,大抵已经成为法学界的共识。"② 因此,从国家所有权本身的性质出发,不宜认定公共部门对其控制的个人数据享有私所有权。

在公产之上设置国家所有权,主要基于以下原因:公产关系国计民生,是重要的社会资源和战略物资,不适宜成为私权的客体,通过将此类财产国家所有化,以使开发、利用更有秩序,防止"公地悲剧"的发生。个人数据与土地等自然资源最大的区别是,它不会因使用而损耗。自然资源稀缺,用掉了就没有了,所以需要国家合理分配。而个人数据不会因反复使用、同时使用而损耗,无须公共部门去合理分配。从整体利益上看,数据使用越广泛,价值就越可能被挖掘出来,就越有利于社会进步。公共部门需要做的不是分配个人数据的使用,而是在保障个人基本权利、商业秘密和国家安全等利益基础上促进数据的广泛共享使用。从这个角度来看,也不宜赋予公共部门个人数据上的私权利。数据主体享有个人数据权,会积极保护个人数据,而且数据业者、行政监管部门以及社会监督力量分别通过履行保护义务和发挥监督作用维护个人数据的利用秩序,不会出现公产式的"公地悲剧"。因此,从个人数据本身的特性出发,也不应认定公共部门对其控制的个人数据享有所有权。

公共部门处理个人数据的行为具有公共性,主要是为了履行公共管理和服务职能或增强公共管理和服务的能力。如果认可公共部门对其控制的个人数据享有数据私权,而且这种私权是一种财产权,那么该权利与数据主体的个人数据权产生冲突时,解决将非常棘手。如果基于公共利益优先于个人利益的原则,个人数据权应当让位于公共部门的数据财产权,那么个人数据关涉的个人基本权利和自由极有可能无法得到有效保护。此外,公共部门作为数据财产权的主体,应当保证对外提供的个人数据的准确性,若因数据不准确而致第三人损害的,公共部门还需承担民事责任,这无疑是不现实的。

---

① [法]莫里斯·奥里乌:《行政法与公法精要》,龚觅等译,辽海出版社、春风文艺出版社 1999 年版,第 845 页。

② 谢海定:《国家所有的法律表达及其解释》,《中国法学》2016 年第 2 期。

　　在数据业者作为个人数据的控制者时，本书在衍生个人数据上为数据业者配置了支配性更强的权益，以实现鼓励、保护数据业者投入、创造新数据的目的。但是当公共部门作为衍生个人数据的控制者时，则不作此方面的考虑，主要是出于以下两个原因：其一，衍生个人数据的基础——原始个人数据是公共部门依职权收集而得，是公共部门履行公共职能的结果，数据来源、原始基础的职能性制约着衍生个人数据之上权益的转化。其二，衍生个人数据的投入来源于公共财政的支持，而公共财政只能用于公共部门职责范围内的支出，因职责履行需要而投入从而产生的衍生个人数据，仍然无法摆脱乃系公共部门职责履行结果的性质。根据经合组织发布的《开放获取公共资助研究数据的宣言》《开放获取公共资助科学数据的原则和指南》等规则的指导精神，公共资金资助的科学数据应当向公众开放，促进数据共享。[①] 这说明公共部门对衍生个人数据不能享有独立的私权。

　　综上，政府等公共部门作为公共管理机构，不以营利为目的，其对个人数据的处理"应当以服务公民与提升公共政策制定为目的"[②]，它们对个人数据不享有私权益。

　　公共部门在履行公共职能的活动中都会收集自然人的个人数据，比如劳动保障部门会收集个人的社保信息，房管部门登记个人的房产信息，教育部门收集适龄儿童的教育信息，公安部门收集个人的身份、家庭信息，民政部门收集个人的婚姻信息，等等。这些个人数据收集关系体现为公法关系，是公共部门行使数据管理权的结果。公共部门以公权主体的身份收集个人数据，数据主体是管理相对方，只能被动地交出其个人数据，二者是一种隶属关系，而非平等关系。有一种现象需要注意，政府部门在采集个人数据时，会在表格上设置必填项和选填项，必填项是政府履行职能所必需的数据，数据主体具有提供的义务；选填项非政府履行职责所必需的数据，数据主体没有提供的义务，可以根据自己意愿决定是否提供。因此，有人就认为选填项的存在说明公共部门可以基于数据主体同意而收集个人数据。这是有问题的。首先，政府部门不能超出其职权范围从事活

　　[①]　参见杜振华、茶洪旺《数据产权制度的现实考量》，《重庆社会科学》2016 年第 8 期。

　　[②]　丁晓东：《论个人信息法律保护的思想渊源与基本原理——基于"公平信息实践"的分析》，《现代法学》2019 年第 3 期。

动，只能收集履行职权所必要的个人数据，选填项本就不应出现在表格上。其次，我国公众对政府保有天然的"敬畏心"，在公务人员要求下，他们会"乖乖"地把空白表格填满，这种"同意"不是一种有效的同意。因此，数据主体与公共部门的地位不对等决定了"自然人的同意"不是公共部门处理个人数据的合法依据，公共部门只能根据法律规定的职能需要处理个人数据。

公共部门收集个人数据后，应当确保个人数据的准确性、安全性，并在法律规定的职权范围内处理个人数据，这是公共部门对个人数据行使管理权的基本要求。在具体权力行使上，公共部门对个人数据的管理权表现为收集权、控制权和开放权。收集权是指公共部门在法定职权范围内，可不经数据主体同意强制收集职能履行所必要的个人数据。个人数据被收集、存储后，公共部门有权按照管理流程对这些数据进行分类、整理和使用，并保障个人数据的安全，公共部门行使的这种日常管控的权力就是控制权。① 开放权是指在某些个人数据涉及社会公共利益时，公共部门有权决定开放个人数据，甚至包括个人隐私数据。开放权的行使是公共部门保障公众知情权的一种手段。公共部门行使管理权，收集、控制、开放数据的决策及布局过程，属于公权力的行使过程，并非公共部门在行使私权利。

公共部门对个人数据的管理权主要体现为一种管理职责，强调公共部门妥善管理和保护个人数据的义务。政治权力与政治责任是相互依存的，权力的授予必然伴随着责任的承担，公共部门在拥有公共权力的同时，必须负有相应的义务和责任。② 公共部门在享有个人数据上的管理权的同时，必须要履行这一权力应负的责任。个人数据关涉数据主体的基本权利和自由，公共部门作为社会管理和社会福利的承担者，不能为了追求政治效率、社会福利无节制地处理个人数据。公共部门有义务妥善管理和保护其控制的个人数据，并将个人数据用于法定职责用途，以保护数据主体的合法权益。

（三）个人数据权与管理权的双向限制关系

虽然公共部门处理个人数据的行为具有公共性特征，但是这种公共性

---

① 吕廷君：《数据权体系及其法治意义》，《中共中央党校学报》2017 年第 5 期。

② 陈国权等：《责任政府：从权力本位到责任本位》，浙江大学出版社 2009 年版，第 2 页。

不能决定公共部门行使的管理权凌驾于数据主体的个人数据权之上。个人数据权与公共部门的管理权是一种相互制约的关系。数据主体必须在法律规定的范围内行使其个人数据权，公共部门可基于公共职能需要以及社会公共利益目的突破个人数据权的限制。但是这种突破也不是无限制的，公共部门应当尊重、保护个人数据权，适当、合理处理个人数据以防止侵害个人的基本权利和自由。

1. 个人数据权对管理权的限制

构建个人数据保护制度"不仅是对公民提供保护，而且是为维护政府自身政权合法性所必需"。个人数据承载着公民的基本权利和自由，保护个人数据是贯彻宪法人权保障原则的要求。国家通过立法对政府等公共部门和数据业者的个人数据处理能力及行为进行限制，"确保本国的人权保护水准，维持自身政权的合法性"，同时采取一切必要手段来保障个人数据的安全。[1] 因此，政府等公共部门在行使数据的管理权时，应当尊重和保护数据主体的个人数据权。个人数据权构成对管理权的限制，集中体现在管理权的行使必须遵循非公益、非职责必要不干扰原则。

"非公益必要不干扰原则"是指公共部门必须限于保护公共利益所必要，方可在特定情形下不经数据主体同意处理其个人数据，同时确保处理手段的必要性和合理性。公共利益没有清晰的法律边界，其实现往往需要减损私人利益为代价，因此，应当合理限定公共利益的范围，防止公共利益任意扩张不当减损私人利益。比例原则是界定公共利益的良好方法，通过权衡可能增长的公共利益与可能受损的私人利益之间的比例，避免因小失大。[2] 比例原则要求公共部门处理个人数据的质、量和留存时间等必须与所意图维护的公共利益以及可能给个人数据权造成的侵害的程度维持合理的比例，必须采取对个人数据权侵害程度最低的手段来达到维护公共利益的目的。公共部门应当保证其数据处理行为的合法性、合理性和必要性，不能因为公共部门的主体性质就推定其行为都是为了维护公共利益，即便其行为具有一定的公益性也不能当然地反推出"不允许处理个人数据就有害于公共利益"的结论。

---

① 张新宝：《从隐私到个人信息：利益再衡量的理论与制度安排》，《中国法学》2015年第3期。

② 参见中华人民共和国最高人民法院〔2017〕最高法行申8518号行政裁定书。

"非职责必要不干扰原则"要求公共部门限于履行公共管理和服务职能所必要，方可不经数据主体同意处理其个人数据，同时确保处理手段的必要性和合理性。公共部门在个人数据处理方面拥有"特权"，应当审慎运用这种"特权"，对个人数据的处理应以履行法定职能所必要为前提。具体而言，公共部门只能处理与其职责履行有关的个人数据，超越职权处理个人数据的行为应当禁止。除非有法律法规的明确规定，数据主体可以拒绝向公共部门提供非为职责履行所必要的个人数据。若公共部门处理个人数据的行为虽未违反法律的具体规定，但若不符合相关法律的立法目的或公共管理服务公众的价值取向，同样属于不适当的个人数据处理行为，由此产生的公共利益，也不应当得到保护。

公共部门处理个人数据的合法依据限于履行法定职责所必要和维护公共利益所必要两种情形。如果公共部门经数据主体同意处理了非履行法定职权所必要的个人数据，一方面，公共部门具有超越职权之嫌；另一方面，由于公共部门的强势地位，对于其非履行职权所必要的个人数据的处理请求，个人往往无法拒绝。因此，将数据主体的同意作为公共部门处理个人数据的合法性依据不妥当。为保护数据主体或第三人的重大人身、财产利益所必要而处理个人数据的，是公共部门维护社会稳定，保障公民人身财产安全的职责需要，无须考虑是否获得个人同意。

公共部门处理个人数据，应当遵守下列数据处理原则，以保护个人数据权：（1）合法性原则。公共部门在处理个人数据之前，应当充分论证数据处理的必要性和可行性。可行方案确定后，公共部门方能基于法律法规的授权，按照法定程序和方式处理个人数据，不得违反法律法规的规定收集、使用、共享和公开披露个人数据。（2）数据最少原则。公共部门处理个人数据应当满足相关、必要和适当的要求。根据个人数据的处理目的，公共部门只能在最小的范围内处理职责履行所必要的个人数据，以防对个人造成不可预期的侵权风险。（3）目的限制原则。该原则能否适用于公共部门处理个人数据的场合，在学界引起了较大争议。公共部门作为个人数据的最主要控制者，其个人数据处理行为也应当受目的限制原则的限制。2012年引起公众热议的公务员录用体检中对女性妇科的检查就侵犯了拟录用女性的个人隐私权，该数据收集行为违背了目的限制原则。公共部门基于履行法定职责、公共利益所必要的目的处理个人数据，要求该目的必须进一步特定、具体和正当，不能泛泛而谈。而且一旦个人数据基于某一特定目的被收集后，不能再基于与收集时所确定之目的不兼容的其他目的被处理，除非法律法规另有规定。（4）数据质量原则。公共部门应当采取适当措施，确保所处理的个人数据的准确性、相关性、完整性和时效性，应当尽量直接向数据主体收集个人数据。公共部门滥用或使用不实的个人数据导致数据主体的权利受损害的，应承担法律责任。（5）数据安全原则。公共部门收集个人数据后，应采取与个人数据安全风险等级相适应的安全保障措施，确保个人数据安全，避免所控制的个人数据发生泄露、毁损、篡改等安全事件。（6）存储限制原则。如果法律规定了某些个人数据的存储期限，例如个人的不良征信信息，当这些个人数据达到最长存储期限的，公共部门应当及时删除。法律没有明确规定存储期限的，当个人数据的处理目的实现后，公共部门也应当及时删除。这些数据处理原则的目的在于通过规范、限制控制者的个人数据处理行为以保护数据主体的个人数据权，遵守这些数据处理原则是个人数据权限制公共部门管理权的基本体现。

公共部门处理个人数据，应当保障数据主体的个人数据权：第一，承担个人数据保护义务，防止侵害数据主体的隐私权等既有人格权。公共部门及其公务人员对在履职过程中处理的个人数据负有保护义务，不得泄露、篡改或者毁损，不得出售或者非法向他人提供。基于法律规定，需要与其他公共部门共享个人数据的，提供部门和使用部门应当签订共享安全保密协议，按照约定方式共享。第二，保障数据主体的个人数据受保护权。（1）知情权。公共部门处理个人数据，应当采取通知、公告等适当方式，以清晰、易懂的语言，全面、及时、准确地告知数据主体或其监护人数据处理部门的基本信息、收集的法律依据、处理目的、利用方式、个人数据的来源、范围、用途、存储期限、不提供个人数据的法律后果、享有的数据权利及行使途径、救济途径，以及特定情形下个人数据共享、公开披露等信息。公共部门不履行必要的告知义务的，数据主体有权拒绝提供相关个人数据，除非告知将妨碍公共部门履行法定职责。（2）查阅复制权。除非涉及国家安全、国家秘密或他人隐私等不便为他人知悉的信息，数据主体有权查阅、复制公共部门处理的自身个人数据及其相关事项，公共部门应当为数据主体查阅、访问其个人数据提供便利。数据主体还可请求提供副本，公共部门应当免费或仅收取成本费提供。（3）更正补充权。数据主体认为公共部门所处理的自身个人数据有错误、遗漏或已过时的，有权请求公共部门更正、补充。公共部门经查证属实的，应当及时更正、补充。（4）封锁权。当公共部门非法收集个人数据，或处理目的已实现无必要继续留存个人数据等法定事由出现时，又不适宜删除所涉个人数据的，数据主体有权请求公共部门暂时停止或限制该个人数据的处理。（5）删除权。对于公共部门违法收集的个人数据，存储期限届满的个人数据，以及处理目的已实现无必要继续留存的个人数据，数据主体有权要求公共部门及时删除。数据主体的上述个人数据权保护要求，构成对公共部门数据管理权的行使限制。

　　2. 管理权对个人数据权的限制

　　公共部门行使个人数据管理权的目的是履行法定职权或维护公共利益，构成对个人数据权的行使限制。

　　第一，数据主体的隐私权等既有人格权受限制。当公共利益与私人权益发生冲突时，公共利益往往可获得优先保护。如果数据主体的个人隐私数据关涉公共利益，那么公共部门就可不经该数据主体同意依法处理其隐私数据。例如公职人员的财产状况关系到国家廉政建设的公共利益，为此公职人员应当通过财产申报制度公布其财产变动数据。就像恩格斯说的："个人隐私应受到法律保护，但当个人隐私甚至阴私与重要的公共利益——政治生活发生联系的时候，个人隐私就不是一般意义上的私事，而是属于政治的一部分，它不再受隐私权的保护，它应成为历史记载和新闻报道不可回避的内容。"[1] 在全国法院 2013 年度政府信息公开十大案例之四"杨某某诉山东省肥城市房产管理局案"中，杨某某因申请廉租住房未获批准，而向法院起诉要求山东省肥城市房产管理局公开所有享受保障性住房人员的审查材料信息。原审法院以原告要求公开的政府信息包含享受保障性住房人的隐私信息不应予以公开为由，判决驳回原告的诉讼请求。二审法院撤销了原审判决及被诉答复，认为保障房具有公共属性，公众的知情权、监督权涉及社会公共利益，当保障房申请人的信息隐私与该权利发生冲突时，获得保障房的申请人应当适当让渡其隐私利益，以保障

---

　　① 《马克思恩格斯全集》（第 18 卷），人民出版社 1972 年版，第 511 页。

保障房制度健康发展。① 从该典型案例可以看出，我国司法实践肯定了个人隐私与公共利益相冲突时优先保障公共利益的处理原则。因此，当公共部门基于公共利益的目的行使管理权而须处理个人数据时，数据主体的隐私权适当让位于公共部门的管理权。

第二，数据主体的个人数据受保护权受限制。公共部门基于法定职权或公共利益目的处理个人数据，不必获得数据主体的同意，数据主体不享有同意权。如果公共部门履行告知义务可能妨碍其行使法定职权或者有可能严重损害第三人利益、社会公共利益的，公共部门可在必要的限度内免除告知义务，由此数据主体的知情权受限制。如果数据主体查询、复制其个人数据可能有损国家利益、社会公共利益或他人重大利益，或者可能严重影响公共部门履行职责的，公共部门在向数据主体说明理由后可不提供查询、复制，数据主体的查阅复制权受限制。数据主体的删除权也受限。当个人数据处理目的已经实现，若删除该个人数据将不利于维护公共利益，或者可能导致其他主体遭受严重损害的，公共部门可以不删除而继续留存该个人数据。个人的婚姻登记信息、个人身份证号等个人数据是公共部门履行职责的必要信息及基础，需被长期存储，无法删除。

第三，数据主体的个人数据财产利益受限制。公共部门基于法定职权或公共利益目的需要处理个人数据，数据主体有义务向公共部门提供相关个人数据，当然无法要求公共部门回报其个人数据的财产利益。虽然数据主体可从公共部门提供的公共服务中获得便利，但这不是其提交个人数据的对价，而是作为公民的应有待遇。简言之，在公共部门处理个人数据的场合，数据主体不能要求经济回报，数据主体的个人数据财产利益"湮灭"在公共部门的法定职权或者社会公共利益之中。

第二节 数据开放中的个人数据保护规则

政府数据是一种重要的社会资源，在保障国家秘密、商业秘密和个人基本权利和自由的前提下，如何最大限度地挖掘政府数据的价值，以提高社会整体福利，成为大数据环境下社会关注的焦点之一。为了满足社会对

---

① 参见山东省泰安市中级人民法院〔2013〕泰行终字第 42 号行政判决书。

数据资源的公共需求，世界各国都在不同程度地实施数据开放战略，我国也不例外。

美国是实行数据开放战略的先行者，也是开放数据种类最广、体系最健全、影响最大的国家之一。美国以宪法规定的言论自由、新闻自由等为其数据开放的制度基石，逐步制定并完善了数据开放规则。1966 年美国通过《信息自由法》，且几经修订，同时辅以《隐私权法》和《阳光下的政府法》，使得美国信息开放体系逐步建立起来。《信息自由法》确定了"以公开为原则、不公开为例外""任何人享有平等的公开请求权"和"司法救济原则"三项原则，并规定了九种信息公开豁免的情形。①《隐私权法》限制政府信息公开对个人隐私的泄露，通过规定目的限制、直接获取、数据质量等多种规则以保护个人隐私。2009 年，奥巴马政府公布了《开放政府指令》（*US Open Government Directive*），开启了数据开放的新篇章。2013 年 5 月，奥巴马发布行政命令《政府信息公开和机器可读行政命令》，明确将推动数据开放作为一项重要的政府工作。2014 年 5 月，美国发布《大数据白皮书》，政府机构将数据资产划分为开放性、半开放性、非开放性三个种类，只有开放性数据才可出版发行。2018 年 12 月，美众议院投票通过《公共、公开、电子与必要性政府数据法案》（又称《开放政府数据法案》），该法案要求政府信息应以不损害隐私或安全为前提，以机器可读的格式，默认向公众开放。基于上述较为完善的制度规定，美国数据开放实践也积累了丰富的经验。1997 年，美国联邦政府建立了首个数据公开网站 Fedstats. gov，主要用于公开联邦政府经济、教育、人口趋势、公共卫生等领域的统计数据。2007 年建立的 USAspending. gov 网站，主要用于公开公共财政支出数据。2008 年，华盛顿特区建立了 City Data Warehouse，用于公开学区情况、青少年犯罪情况、交通事故多发地段和时间及公用设施使用情况等数据。2009 年，联邦政府建立了 Recovery. gov 网站，用于公开经济复苏资助款使用信息。在此基础上，奥巴马政府最终建立了 Data. gov 网站，这是全球最为完善的统一政府数据开放门户网站。② 此外，奥巴马政府还实施了关于数据公开的三项举

---

① 陆健英、郑磊：《美国的政府数据开放：历史、进展与启示》，《电子政务》2013 年第 6 期。

② 何渊：《政府数据开放的整体法律框架》，《行政法学研究》2017 年第 6 期。

措："公开数据计划""我的大数据计划"和"大数据计划"。在"公开
数据计划"中，管理与预算办公室以及科技政策办公室发布了一个工作
框架方案，为各机构管理运用实时更新的信息资源提供指导，并提出了关
于保护个人隐私、信息可信度的一系列要求。"我的大数据计划"包括
"蓝纽扣计划""创建副本计划""绿纽扣计划"和"我的学生数据计划"
四个部分，分别对消费者的健康信息、纳税信息、能源使用信息和学生助
学金申请信息及联邦助学信息等进行共享，为消费者、纳税人、学生和资
助人等主体使用相关数据提供便利。"大数据计划"旨在将数据转化为知
识，并用以指导行动，鼓励联邦机构进行技术开发，以挖掘数据的潜在价
值。① 在美国数据开放的制度及实践活动中，存在许多具体的个人隐私保
护方法，例如设置专门的隐私保护机构以提供隐私政策咨询和支持，任命
隐私保护专员专门保护个人隐私，在数据开放全流程中开展隐私影响评
估，对政府的数据开放行动进行隐私监控等。

我国数据开放实践正在蓬勃发展。2015 年两会期间，李克强总理明
确表示，政府应该尽量公开非涉密的数据，以便利用数据服务国家和社
会。② 同年，国务院印发《促进大数据发展行动纲要》，要求"加快政府
公共信息资源开放，推动资源整合，提升治理能力"，并于 2018 年年底前
建成国家政府数据统一开放平台。自 2012 年上海市建立第一个数据开放
平台后，随后几年，尤其是 2018 年，我国数据开放平台迅速发展。目前
已建的部门和地方开放平台中，涉及的数据开放领域包括经济建设、民生
服务、文化休闲、机构团体、社会发展、农业农村、社会保障、企业服务
等门类，其中不乏非涉密的个人数据。2019 年 5 月，李克强总理在贵阳
出席中国大数据产业峰会暨中国电子商务创新发展峰会开幕式上发表致辞
时提及，除涉及国家安全、商业秘密、个人隐私以外的数据，都应向社会
开放。我国的数据开放进程将持续推进，不断发展。

但是，与我国蓬勃发展的数据开放实践不匹配的是有关数据开放的法
律规定略显粗略，尤其是未规定具体的数据保护措施。有学者于 2017 年
通过对 112 份国家层面的政府数据开放共享政策文本进行分析，发现只有

① 贵阳大数据交易所：《2015 年中国大数据交易白皮书》，http：//www.gbdex.com/
website/resources/download/2015.pdf，2019 年 12 月 1 日。
② 腾讯研究院：《互联网+时代的立法与公共政策》，法律出版社 2016 年版，第 8 页。

9 份政策描述了个人数据的保护问题，而且这些政策仅表明了保护个人数据的立场，具体的保护思路并不清晰。[①]《政府信息公开条例》第 15 条规定："涉及商业秘密、个人隐私等公开会对第三方合法权益造成损害的政府信息，行政机关不得公开。但是，第三方同意公开或者行政机关认为不公开会对公共利益造成重大影响的，予以公开。"根据该规定，对于涉及个人隐私的政府信息，只有公开会对个人合法权益造成损害，行政机关才不得公开。在当前环境下，因个人数据被泄露、滥用而给数据主体造成的损害往往是间接的、潜在的、长期的，在决定是否公开个人数据的当口很难有效判断公开将会给数据主体造成怎样的损害，这就可能导致行政机关过低评估个人隐私数据公开将给数据主体招致的损害，从而使得个人隐私数据成为公开的对象，个人隐私权难以得到保护。此外，根据规定，即便公开涉及个人隐私的政府数据会对个人的合法权益造成损害，但如果个人同意公开或者行政机关认为不公开会对公共利益造成重大影响的，也应当予以公开，即个人同意以及公共利益构成个人隐私数据公开豁免的限制。该法规定涉及个人隐私的政府信息不予公开，表明了保护个人隐私的立场，但是没有规定政府信息公开活动中具体的个人隐私、个人数据保护措施。

一些地方性法规或政府规章也进行了类似规定。《上海市公共数据和一网通办管理办法》（沪府令 9 号）第 30 条将涉及个人隐私的公共数据列入非开放类，同时在第 47 条要求公共部门采集、共享和开放公共数据，不得损害被采集人的隐私权，并按规定落实数据安全防护措施，防止被采集人信息泄露或者被非法获取。该部地方政府规章简略提到了个人数据的保护措施，但因规定不具体、不详细，不能实质起到保护个人数据的作用。《上海市公共数据开放暂行办法》第 11 条也将涉及商业秘密、个人隐私的公共数据列入非开放类，但是如果对非开放类公共数据进行脱密、脱敏处理，或者相关权利人同意开放的，可以列入无条件开放类或者有条件开放类。将经过脱密、脱敏处理后的个人隐私数据纳入开放的范围，客观上又放松了对个人数据的保护。

---

① 黄如花、温芳芳：《我国政府数据开放共享的政策框架与内容：国家层面政策文本的内容分析》，《图书情报工作》2017 年第 20 期。

这些涉及个人数据保护的数据开放法律及政策，基本上都是简单地规定"涉及个人隐私的政府数据，不予开放"，对于具体如何在数据开放战略中保护个人数据没有具体可供操作的规定。这种个人数据保护不清晰的思路，导致公共部门曲解适用、闲置个人隐私信息公开豁免规则，从而侵犯个人数据权的案例屡见不鲜。公共部门控制的个人数据能否开放、开放的范围及程度以及保护手段等问题是我国实施数据开放战略必须要正视的问题。

一　公开豁免的个人数据范围

当前我国法律及政策较为重视政府数据开放中的个人隐私保护问题，但是仅限于个人隐私信息，忽略了对其他类型的个人数据的保护考量。隐私是自然人的私人生活安宁和不愿为他人知晓的私密空间、私密活动和私密信息。私密信息只是个人隐私的组成部分。个人数据是与个人有关的、能够反映个人身份行为属性信息的数据，私密信息也是个人数据的组成部分。因此，个人隐私与个人数据是范围交叉、内容不同的概念（见图5-1）。数据开放规则之所以将个人隐私信息排除出公开的范围，主要是考虑隐私数据关涉个人的人格尊严。但是，在当前的大数据环境下，个人遭滥用的不仅是隐私数据，因非隐私数据滥用所受的损害未必比隐私数据轻。非个人隐私数据虽然不直接涉及数据主体的隐私，但仍包含数据主体的其他身份、行为属性信息，在数据集聚效应下甚至可能重现个人的隐私。因此，非个人隐私数据也关涉个人尊严，仅公开豁免个人隐私数据已不适应大数据的发展趋势，环境变化了，相应的法律规定也应随之变革，以应对变化的环境及实践。

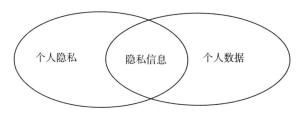

图5-1　个人隐私与个人数据的关系

隐私权主要是一种防御性的权利，主要表现为对抗他人的非法侵害，这种消极性的权利保护方式在政府信息权力急速扩张的大数据时代遭到了挑战。① 随着智能终端及数字技术的快速发展，传统隐私概念已经无法应对新型信息技术给个人隐私带来的挑战，空间防护和物理遮蔽已无法全面保护个人的隐私，公共部门在权力和技术的双重加持下，可以实现对个人生活的全面监控。② 而且凭借大数据技术强大的分析、挖掘能力，数据控制者能够挖掘出数据聚合后个人不愿为他人知晓的信息。因此，在英美国家，个人隐私的范畴在不断扩张，已经延伸到信息控制领域。例如，美国著名学者艾伦·F. 威斯汀认为："隐私权是权利主体决定何时、以何种方式、在何种程度上公开个人信息的权利。"③ 伊恩·戈德堡等也认为，现代社会的隐私权即指权利主体能够控制其个人信息流动的权利。④ 我国法律在坚持隐私不愿为他人知晓的"隐"的狭义概念下，通过拓展个人信息的范畴来回应大数据时代公众对自身信息的控制需求，与英美国家殊途同归。个人对其信息权利的保护期待不再满足于消极的隐私权保护方式，而是扩展至对个人信息自决的期待，期望以一种积极自由的方式来维持个人生活的私密性、安宁性。事实上，我国政府信息公开或数据开放活动已经不能仅关注传统个人隐私的保护问题，而应重视信息隐私与信息自决等个人权利的保护问题。因此，在我国坚持传统隐私概念、倡导个人信息保护的法律架构下，数据公开豁免的范围应当扩展至个人数据。

美国《信息自由法》创立了两个免除公开条款——第 6 免除公开条款和第 7 (C) 免除公开条款，以协调个人隐私权与公众知情权的关系。这两个免除公开条款允许政府为了防止不当侵犯个人隐私而拒绝公开信息。第 6 免除公开条款针对的是人事、医疗和类似的档案。⑤ 在华盛顿邮报诉美国国务院案⑥中，联邦最高法院认为，虽然包含公民的姓名、出生

---

① 王秀哲：《我国隐私权的宪法保护研究》，法律出版社 2011 年版，第 22 页。

② 蔡星月：《个人隐私信息公开豁免的双重界限》，《行政法学研究》2019 年第 3 期。

③ Alan F. Westin, *Privacy and Freedom*, New York：Athenum, 1967, p. 7. 转引自蔡星月《个人隐私信息公开豁免的双重界限》，《行政法学研究》2019 年第 3 期。

④ Ian Goldberg et al. , "Trust, Ethics, and Privacy", *B. U. L. Rev*, Vol. 81, 2001, p. 418. 转引自蔡星月《个人隐私信息公开豁免的双重界限》，《行政法学研究》2019 年第 3 期。

⑤ 杨建生：《论美国政府信息公开诉讼中知情权与隐私权的冲突与平衡》，《河北法学》2015 年第 5 期。

⑥ Washington Post v. U. S. Department of State, 647 F. 2d. 197, 198 (D. C. Cir. 1981).

日期、出生地等身份和护照信息的文件未包含高度私密的信息，但也属于第 6 免除公开条款中的"类似的档案"，若该文件公开将明显不当侵犯个人隐私权，则可依据该条款免除公开。这意味着特定个人的所有信息都可能引起第 6 免除公开条款的保护。该案例发展出了"最低限度的隐私权利益标准"，即信息不需要高度的私密性就可以引起第 6 免除公开条款的侵犯隐私权的可能性，从而可免于公开。[①] 该案给我们的启示是，在政府信息公开或数据开放活动中，即便不是高度私密性的信息也可能会造成个人隐私的侵害，公开豁免不应局限于个人隐私信息，而应扩展至非隐私信息，即数据公开的豁免对象应延伸至所有类型的个人数据。

二　公共利益对个人数据公开豁免的限制程度

公共部门认为不公开个人数据会对公共利益造成重大影响的，可以公开个人数据，换言之，公共利益构成个人数据公开豁免的限制。在政府信息公开和数据开放语境下，公共利益主要表现为公众的知情权保障。公众知情权是政治民主化的结果，最初是公法领域内的一项权利，随着社会发展，其外延不断扩大，进而也成为一种私权利。我国学者对知情权界定的最广范围包括知政权、社会知情权、个人信息知情权、法人的知情权和法定知情权。[②] 其中，个人信息知情权不是一种独立的权利类型，属于个人信息权的组成部分；法人知情权本质上是一种经济利益，而非感情利益，其与公民的知情权在性质上有较大的差别；法定知情权则属国家权力的体现，不是权利，也不宜归入知情权的范畴。[③] 因此，知情权应主要包括知政权和社会知情权。知政权是指公民了解国家事务、政府行为及官员活动的权利。社会知情权是指公民了解社会现象、社会问题和社会发展变化的权利。[④] 在数据开放过程中，公众知情权的内容主要指向政府所掌握的公共数据，是公众对于公共信息的知悉、获取权，以监督政府社会利益目的

---

① 杨建生：《论美国政府信息公开诉讼中知情权与隐私权的冲突与平衡》，《河北法学》2015 年第 5 期。

② 王利明主编：《人格权法新论》，吉林人民出版社 1994 年版，第 488 页。

③ 张新宝：《隐私权的法律保护》，群众出版社 1997 年版，第 91—93 页。

④ 徐亮：《论隐私权》，博士学位论文，武汉大学，2005 年，第 118 页。

的实现。① 个人数据原则上不是一种公共数据，因此不应成为数据开放的
当然内容。但是个人数据被公共部门控制后，不可避免地"沾染"了公
共气息，尤其是个人数据涉及公共利益时，转而成为公众知情的内容
之一。

公共部门公开个人数据与个人数据保护之间存在不可避免的冲突，其
中以公众知情权与个人隐私权的冲突为主。公众知情的内容如果涉及个人
隐私，保护个人隐私势必要"牺牲"公众知情权；而保障公众知情权，
个人隐私权就须克减和让步。知情权往往被纳入公共利益的保护范畴，从
而通过保护公共利益来间接实现对公众知情权的保护。隐私权在我国一直
是一种被"怠慢"的私人权利，直到 2007 年《侵权责任法》（已失
效）才将该权利正式确认下来。"强势"的公共利益与"弱势"的隐私权
两相对比，个人隐私权经常会因公共利益需要得不到保护。因此，在我国
法律语境下，公共部门数据开放必须以保护包括个人隐私权在内的个人数
据权为出发点，通过限制公共利益的范围来实现个人隐私权与公众知情权
的协调。公共部门对其控制的个人数据，只有不公开会对公共利益造成重
大影响时才能予以公开。对于无涉公共利益，或虽涉公共利益但相较于个
人隐私保护为轻的个人数据，不得公开。个人隐私权与公众知情权的关系
能否协调，公共利益的认定及范围至关重要。公共利益的范围界定得越
广，公开的个人数据就可能会越多，个人隐私权就会"轻易"让步于公
众知情权。公共利益的范围界定得越狭窄，公开的个人数据就可能越少，
公众知情权就需让步于个人隐私权。因此，应当合理界定公共利益的
范围。

我国法律没有明确界定公共利益的概念和外延，对公共利益的保护往
往受到我国传统伦理道德观念的影响。儒家文化所倡导的"先国家，后
个人""国家和社会利益优先于个人利益"的文化观念至今根深蒂固，直
接影响了我们对公共利益及其优先地位的认识。② 美国著名人权学家亨金
曾指出："在一个民主的社会里，人们清楚地认识到，公共秩序和普遍幸

① 王秀秀：《个人数据权：社会利益视域下的法律保护模式》，博士学位论文，华东政法大学，2016 年，第 108 页。

② 张礼洪：《隐私权的中国命运——司法判例和法律文化的分析》，《法学论坛》2014 年第1 期。

福许可法律对权利作少量的限制但它们不允许会吞没权利的限制或使权利完全从属于所设想的普遍幸福。"① 因此，我们不能笼统地将公共利益凌驾于个人权利之上，公共利益对个人权利的限制应当适当。公共利益对个人数据公开豁免的限制，必须出于某种特定的目的，② 并且符合一定的比例，对隐私权等个人权利和自由的限制不得超过必要的法律限度，防止公共利益对个人权利过度侵扰。

首先，公共利益必须是法定的、适当的。公共利益的实现需要以个人权利减损为前提，必须对公共利益进行明确、适当的判断，防止滥用公共利益过度损害个人数据权。可以考虑在数据开放的相关立法中详细、具体界定公共利益的范围，以明确公共利益想要实现的目的。目的还须适当，即构成对个人数据公开豁免的公共利益目的须合理。《政府信息公开条例》第1条规定了政府信息公开的目的：保障公民、法人和其他组织依法获取政府信息；提高政府工作的透明度，建设法治政府；发挥政府信息的服务作用。由此可知，公民的知情权主要是一种知政权，通过提高政府工作的透明度，加强公民对政府工作的监督，促进法治政府、服务政府的构建。基于此，政府信息公开中的"公共利益"主要指向公众监督政府工作的利益。换言之，在政府信息公开的语境下，只有个人数据的公开豁免严重影响了公众对政府工作的知情权，使得公众无法合理监督政府工作时，才能公开相关的个人数据。在数据开放的语境下，大多数学者认为，数据开放已经突破了政府信息公开的立法目的，其主要目的在于提高公众对政府数据的利用度。这意味着公众的知情权主要由知政权转向了社会知情权。公众的社会知情权对象主要是一些关涉公共利益的社会现象和社会问题，透过这些社会现象和社会问题，公众可以了解社会的发展变化，并利用相关数据促进社会发展。因此，在数据开放过程中，基于公共利益需要而公开的个人数据，必须要能反映社会现象和问题，不公开可能导致公众无法了解社会的发展变化，且不利于促进社会发展，此时个人数据才可能由"私性"转化为"公性"，从而成为公众社会知情权的对象。大众媒体为迎合公众窥悉他人隐私的兴趣，大量搜集、传播他人的信息，消费他

---

① ［美］美路易斯·亨金：《当代中国的人权观念一种比较考察》，张志铭译，载夏勇编《公法》第1卷，法律出版社1999年版，第98页。

② 徐亮：《论隐私权》，博士学位论文，武汉大学，2005年，第115页。

人的隐私，引起隐私保护与新闻自由、言论自由的冲突。① 在著名的摩纳哥公主卡罗琳隐私权案中，德国两家杂志未经卡罗琳公主的许可，刊登了公主外出度假的私人照片，卡罗琳公主认为其隐私权遭到了侵害。起初，卡罗琳公主向德国最高法院起诉，该法院认为，卡罗琳公主作为公众人物，为保障新闻自由，应容忍其照片被刊登在杂志上。卡罗琳公主不服又向欧洲人权法院起诉。欧洲人权法院最终推翻了德国最高法院的判决，认为根据《欧洲人权和基本自由公约》第 8 条的规定，公众无权知晓卡罗琳公主与公共利益无关的行为，公主度假的私人行为应受隐私权保护。法庭进一步指出，公众对公主私生活的兴趣以及杂志发表类似照片和文章的商业利益应当让位于对公主私生活的隐私的保护。② 由此可知，公众人物的行为只有涉及公共利益时公众才可以有知情权。在我国的杨某某诉南方周末报社、南方日报社名誉权纠纷案中，法院根据杨某某父亲的个人隐私与公众关注的杨某某追星事件有联系，就认为该隐私自然成为公共利益的一部分，新闻媒体对此进行报道并未侵害杨某某父亲的隐私。③ 两案的法官都确认公共利益对个人隐私的减损，但是对公共利益的理解存在不同。公众的好奇心、窥悉欲显然不是公共利益。公众的好奇心满足、营利目的以及其他任何不适当的目的都不能构成限制个人数据公开豁免的公共利益。

其次，遵循最小侵害原则。最小侵害原则是指"为保护某种较为优越的法价值须侵及一种法益时，不能逾达此目的所必要的程度"④。根据该原则，公共部门在决定是否公开以及如何公开个人数据时，应当在不违背或减弱所追求的公共利益目的效果的前提下，采取最缓和的手段，以侵害个人权利最小的方式进行。具体表现在：第一，内容适当，公开的个人数据与公共利益目的实现之间应具有合理的因果关系，即为了实现公共利

---

① 王泽鉴：《人格权的具体化及其保护范围·隐私权篇》（上），《比较法研究》2008 年第 6 期。

② 张礼洪：《隐私权的中国命运——司法判例和法律文化的分析》，《法学论坛》2014 年第 1 期。

③ 参见广东省广州市中级人民法院〔2008〕穗中法民一终字第 3871 号民事判决书。

④ ［德］卡尔·拉伦兹：《法学方法论》，陈爱娥译，商务印书馆 2003 年版，第 285 页。

益目的，必须在尊重个人数据权的基础上，尽可能在较小范围内公开个人数据；① 第二，手段必要，公开个人数据应当采取对个人数据权侵害最小的手段，若"还可以采取其他具有同样效果但使公民负担更轻的手段的话，现行手段即为不必要"②。公共部门公开个人数据，应当考量是否存在其他对个人权利侵害更小且能保障公众知情权的手段，比如可对公开的个人数据进行脱敏化处理，也可在公开的时间、范围等方面有所作为。

最后，遵循差异优位原则。差异优位原则是指依据基本法的价值秩序，比较某种法益较他种法益是否有明显的价值优越性，若有，则可获得优先保护，否则不得优先保护。当个人数据所关涉的个人权利与公共利益之间发生冲突时，不能绝对地优先保护公共利益，需要进行利益衡量，以确定哪种价值或利益需得到优先保护，从而决定是否公开以及如何公开个人数据。卡尔·拉伦兹认为，相较于其他法益，尤其是财产性的利益，人的生命或人性尊严有较高的位阶。个人自由权与社会法益如此歧异，导致无法进行抽象的比较。具体可从两方面进行比较：一是取决于应受保护法益被影响的程度；二是取决于假使某种利益须让步时，其受害程度如何。③ 公开个人数据需要考量以下因素：一是如果公开某些个人数据会给数据主体带来怎样的损害；二是如果不公开这些个人数据会给公共利益造成怎样的影响；三是比较二者的受害程度，以决定是否公开这些个人数据。只有不公开某些个人数据给公共利益造成的损害高于数据主体因公开而遭受的损害时，才能公开这些个人数据。我国《政府信息公开条例》规定，行政机关认为不公开会对公共利益造成重大影响的，应当公开个人隐私信息。事实上，如果不公开个人隐私信息会对公共利益造成重大影响，但是，公开会给数据主体造成更大的损害的，比如会给数据主体的生命、健康造成重大威胁，也不应当公开个人隐私信息。例如，公开巨额奖金获得者的个人信息，很可能会对获奖人的生命、健康造成威胁，不能为了保障公众对获奖信息的知情权，而公开披露获奖者的个人信息。总之，公共部门应当在特定目的下，考虑具体情形，寻找公共利益与个人权利之间的平衡点，对公开个人数据所维护的公共利益和不公开个人数据所保护

① 李新天、郑鸣：《论中国公众人物隐私权的构建》，《中国法学》2005 年第 5 期。
② ［德］伯阳：《德国公法导论》，北京大学出版社 2008 年版，第 42 页。
③ ［德］卡尔·拉伦兹：《法学方法论》，陈爱娥译，商务印书馆 2003 年版，第 285 页。

的权利、不公开个人数据公共利益所受损害和公开个人数据个人权利所受损害之间进行权衡，两益相权取其重，两害相权取其轻，以最终确定是否公开个人数据。

在网络技术不断发展、个人数据权更易被侵犯的情势下，公共部门不能简单地以维护公共利益为由，任意公开个人数据，侵犯数据主体的基本权利和自由。公共利益确实是限制个人数据公开豁免的正当理由，但是必须明确公共利益的范围和具体目的，遵循最小侵害原则和差异优位原则，协调公共利益与个人数据权之间的关系，构建合理的数据开放规则。

三 数据开放中的个人数据保护规则

只有不公开会对公共利益造成重大影响的个人数据，才可能用于开放。数据主体已自行向社会公开的个人数据以及公共部门从新闻报道等公开渠道收集的已公开个人数据，也可成为开放的对象。在这些个人数据开放的过程中，公共部门应当确定和实施个人数据审查机制、分类开放机制和开放许可协议，以保护数据主体的个人数据权。

(一) 个人数据的审查机制

公共部门在数据开放中对于哪些是个人数据，这些个人数据能否公开以及公开的程度如何等，应当在决定公开前进行数据审查，但是，目前我国的一些公共数据开放平台并未做到。以上海市公共数据开放平台为例，其《使用条款》在"免责申明"的第 2 条规定："DataShanghai 的运营管理单位仅对在 DataShanghai 上发布的各类信息进行形式审查。"① 该数据开放平台仅对开放的数据进行形式审查，不涉及数据的具体内容，如果发布该数据的公共部门也未进行内容审查或审查不严，就容易引起个人数据公开风险。例如，2017 年安徽、江西多地基层政务网站任意公开个人数据，导致个人联系方式、身份证号等敏感信息可被随意下载，引发社会广泛关注。四川人事网公布的广元市 2018 年公开考试录用人民警察面试名单，公开的内容除了考生的姓名、准考证号等信息外，还完整公布了考生的身份证号。因此，我国数据开放实践应当建立个人数据审查机制，设立专门的

---

① 《上海市公共数据开放平台使用条款》，https：//data.sh.gov.cn/view/footer-nav/index.html？nav=use-terms，2019 年 12 月 6 日。

数据审查机构或者聘请个人数据保护专家，专门从事数据审查工作。

在数据审查工作中，最重要的是应开展个人数据保护影响评估。2011年，以《开放数据白皮书》为基础，英国建立了较为完善的政府部门数据开放程度的评价体系、审计制度，并强制要求所有政府部门在处理个人数据时都要进行个人隐私影响评估，为此还专门制定了非常详细的《个人隐私影响评估手册》。① 美国、澳大利亚、新西兰等国家也纷纷将隐私影响评估纳入政府数据开放实践，并取得了显著成效。② 我国《个人信息保护法》要求个人信息处理者公开个人信息对个人权益有重大影响的，应当事前进行个人信息保护影响评估，并对处理情况进行记录。在数据开放领域开展个人数据保护影响评估，一方面可以预测、识别个人数据的公开风险，以制定风险应对方案，防患于未然；另一方面能够提高公共部门数据开放活动的透明度，以增进公众的信任，降低公共部门实施数据开放活动的成本。③

（二）数据分类开放规则

根据不公开会对公共利益造成的影响程度不同，可将涉及公共利益的个人数据分为非开放类、有条件开放类和无条件开放类个人数据，即对涉及公共利益的个人数据实施分类开放规则。对于一些关涉极端重要的公共利益，如公众的生命、健康、自由等最核心、最重要人权的个人数据，属于无条件开放类个人数据，例如通缉令显示的犯罪嫌疑人的个人数据、性侵未成年人的惯犯的个人数据，公众可自由获取此类数据。对于一些公开会给数据主体造成的损害比不公开会给公共利益造成的影响更严重的个人数据，属于非开放类个人数据，例如未成年人的犯罪记录。此类个人数据只有在法律规定的特殊情形下，才能被特定主体获取，公共部门应当采取有效的安全措施保障数据的秘密性。对于一些不公开会给公共利益造成的影响比公开会给数据主体造成的损害更严重的个人数据，为防止对数据主体造成不合理损害，可进

---

① 中国行政管理学会课题组：《我国政府数据开放顶层设计研究》，《中国行政管理》2016年第11期。

② 陈朝兵、郝文强：《国外政府数据开放隐私影响评估的政策考察与启示——以美英澳新四国为例》，《情报资料工作》2019年第5期。

③ 陈朝兵、郝文强：《国外政府数据开放隐私影响评估的政策考察与启示——以美英澳新四国为例》，《情报资料工作》2019年第5期。

行有条件开放，例如，失信黑名单信息、民事裁判文书中的个人信息、从业资格信息、行政处罚信息等，应采取适当的措施，合理开放。

对于有条件开放类的个人数据，公共部门应当采用合理措施公开数据，兼顾公众知情权与个人权利保护的需要。第一，可限制开放形式，比如限制使用对象、限制使用目的和方式、实名注册使用等。《上海市公共数据开放暂行办法》第 15 条规定："对列入有条件开放类的公共数据，数据开放主体应当通过开放平台公布利用数据的技术能力和安全保障措施等条件，向符合条件的自然人、法人和非法人组织开放。数据开放主体应当与符合条件的自然人、法人和非法人组织签订数据利用协议，明确数据利用的条件和具体要求，并按照协议约定通过数据下载、接口访问、数据沙箱等方式开放公共数据。"第 27 条规定："数据开放主体应当建立有效的监管制度，对有条件开放类公共数据的利用情况进行跟踪，判断数据利用行为是否合法正当。任何单位和个人可以对违法违规利用公共数据的行为向数据开放主体及有关部门举报。"第二，在不影响数据开放目的的必要限度内，应优先对个人数据进行脱敏等技术处理。根据最高人民法院《关于人民法院在互联网公布裁判文书的规定》第 8、10 条的规定，人民法院在互联网上公开裁判文书时，应对特定主体的个人信息进行隐名处理以及删除那些不宜公开的信息。如果公共部门委托数据公司进行脱敏化处理的，应与数据公司签订授权处理协议，确保个人数据不被泄露和非法使用。对于一些不公开将会对公共利益造成重大影响的个人数据，若经脱敏处理后很可能无法实现数据开放目的的，公共部门可不经脱敏处理而公开，但必须将公开的数据内容和理由书面告知数据主体。

我们可以犯罪记录公开制度为例来解释数据分类开放规则。

根据《关于人民法院在互联网公布裁判文书的规定》第 11 条的规定，犯罪人的姓名、出生日期、性别，住所地所属县、区等个人数据可以在人民法院公开裁判文书时公开。一些学者认为，公开犯罪记录，可能起到向社会公众示警的效果，从而让公众远离犯罪人和被害危险，达到预防犯罪的客观效果。① 但是，犯罪记录的完全公开及广泛传播会导致公众对

---

① 于志刚：《中国犯罪记录制度的体系化构建——当前司法改革中裁判文书网络公开的忧思》，《现代法学》2014 年第 5 期。

犯罪人进行"非规范性评价",由此可能会严重阻碍犯罪人回归社会,而且会导致犯罪人的亲属受到非规范性评价的株连,"贴标签效应"会"逼迫"犯罪人再次犯罪。[①] 事实上,犯罪记录兼具公共属性和私权属性,犯罪人也享有隐私权。[②] 我们不能因为犯罪人犯过罪就认为将其犯罪事实及其个人数据予以公开的一切手段都是适当的、合法的。解决犯罪记录公开问题的基本路径是需要衡量犯罪人的隐私权和公共知情权哪个更迫切需要保护,不公开是否会对公众的知情权造成严重影响。一般来说,并非所有犯过罪的人都会再犯罪或继续对公众造成危险,公众真正需要警惕的是人身危险性较高的犯罪分子。因此,我们不应一刀切地将所有成年罪犯的犯罪记录都公开,而应视犯罪人的人身危险性区别对待,重点防范那些有可能再次犯罪的人。判断犯罪人的人身危险性的主要依据是其主观恶性,可以考虑根据犯罪人的主观恶性深浅来决定是否公开以及如何公开其犯罪记录。犯罪记录的公共属性和私权属性分置于天平的两端,犯罪人主观恶性的深浅会使天平向一方倾斜。犯罪人的主观恶性越深,其犯罪记录的公共属性就越强,就越倾向于完全公开其犯罪记录等个人信息,以达到预防犯罪的目的。犯罪人的主观恶性越浅,其犯罪记录的私权属性就越强,就越倾向于不公开其犯罪记录等个人信息。比如,对主观恶性不深的过失性犯罪,不应当完全公开其犯罪记录。又如,根据被害人请求而为其实施安乐死的犯罪人,虽然是故意犯罪,但主观恶性不深,应倾向于不公开其犯罪记录。对于主观恶性较深的犯罪人的犯罪记录公开后,也可随着其人身危险性降低而不再公开。比如,可以根据犯罪人的犯罪情节、主观恶性等具体情节对犯罪人设置合理的考察期,在考察期内犯罪人不再犯罪,且不会给公众造成威胁的,考察期届满后,可不再公开其犯罪记录。此外,即便公开犯罪人的犯罪记录也不意味着犯罪人的个人数据都在公开之列,不应当公开披露犯罪人与案件无关或关系不大的其他个人数据。

犯罪记录非开放的情形主要针对未成年人犯罪。我国《刑事诉讼法》第286条规定,被判处五年有期徒刑以下刑罚的未成年人的犯罪记

[①] 于志刚:《关于对犯罪记录予以隐私权保护的思索——从刑法学和犯罪预防角度进行的初步检讨》,《河南大学学报》(社会科学版) 2010 年第 5 期。

[②] 于志刚:《关于对犯罪记录予以隐私权保护的思索——从刑法学和犯罪预防角度进行的初步检讨》,《河南大学学报》(社会科学版) 2010 年第 5 期。

录应当封存，有关单位或个人应当对因依法查询而获知的被封存信息予以保密。《关于人民法院在互联网公布裁判文书的规定》第 4 条要求人民法院不得在互联网上公布关于未成年人犯罪的裁判文书。未成年人犯罪记录封存制度以及裁判文书限制上网制度均是考虑到未成年人特殊的隐私利益而给予未成年犯罪人的特殊保护，这意味着未成年人的犯罪记录一般不得公开。

犯罪记录无条件开放的情形主要针对性侵未成年人的犯罪。大量研究、统计和社会现象表明，针对儿童的性虐待、性侵犯的现象已经非常严重。美国公共卫生及服务部发现，2005 年一年大约有 90 万个儿童虐待事件，其中大约有 8.4 万个案例与性虐待有关。① 大卫·努德森研究发现，估计"至少 30% 的女孩和 20% 的男孩经历过某种形式的性虐待"②。自 2013 年起，我国中华社会救助儿童安全基金等女童保护项目持续发布了性侵儿童案件统计及儿童防性侵教育的调查报告（见图 5-2），发现截至 2018 年，性侵儿童的案件居高不下，性侵儿童已经成为严重的社会问题。在 2018 年发生的 317 起性侵儿童案例中，熟人作案 210 起，占比 66.25%；陌生人作案 87 起，占比 27.44%；没有表明关系的有 20 起，占比 6.31%。熟人作案比例一直居高，最高比例达 87.87%（2014 年）。这些报告仅是调查了当年公开报道的案例，并不等同于全年性侵儿童案例总量。2019 年也发生了多起引起社会广泛关注的性侵儿童案件，例如四川七旬老人奸淫幼女案、新东方教室奸杀案等。③ 学界的共识是，被公开的性侵儿童案例仅是实际发生案例的冰山一角。④

许多犯罪学研究已证实，性侵儿童的罪犯具有很高的再犯可能性。女童保护项目统计发现，根据被曝光的性侵儿童案件，2016 年的罪犯再犯

---

① ［美］斯蒂芬·E. 巴坎：《犯罪学：社会学的理解》，秦晨等译，上海人民出版社 2011 年版，第 375—376 页。

② ［美］罗纳德·J. 博格等：《犯罪学导论：犯罪、司法与社会》，刘仁文等译，清华大学出版社 2009 年版，第 409—410 页。

③ 《大事记盘点：2019 年性侵儿童事件汇总》，http：//www. dsj365. cn/front/article/27544. html？pageNo=1&sort=desc，2020 年 2 月 12 日。

④ 兰跃军：《性侵未成年被害人的立法与司法保护》，《贵州民族大学学报》（哲学社会科学版）2019 年第 4 期。

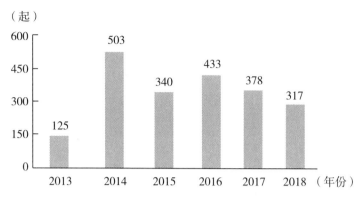

图 5-2　曝光性侵儿童案件统计情况

注：2013 年—2017 年为 14 岁以下儿童被性侵案例数量，2018 年为 18
岁以下儿童被性侵案例数量。

率为 62.12%，2017 年为 31.75%。[①] 弗里斯比研究了美国加利福尼亚州的
相关数据后发现，5 年内异性恋童癖的累犯率是 18.2%，同性恋童癖的累
犯率是 34.5%。亚伯等人研究发现，同性恋童癖罪犯平均有 31 个被害
人，而异性恋童癖罪犯平均有 62 个被害人。荷兰的一项研究表明，至少
有 50%的恋童癖被调查者声称自己和 10 名以上的儿童有性接触，14%的
被调查者承认和 50 名以上的儿童有性接触，6%的被调查者和 100—200
名的儿童有性接触，56%的被调查者表示自己有一个或多个有规律的性接
触对象，90%的被调查者宣称自己不想停止恋童的行为。[②] 脑神经科学研
究已证实，"很多性侵犯罪的加害人如恋童癖等有生理和心理基础，一生
中很难改变，会重复侵害孩子"[③]。

　　针对性侵儿童案件持续高发的严峻态势以及再犯率高的特点，各国纷
纷出台性犯罪登记及公告制度。例如，美国 1996 年《梅根法案》要求性
骚扰者和强奸犯出狱并迁入某社区时，必须向执法机关进行登记，并进行

　　①　兰跃军：《性侵未成年被害人的立法与司法保护》，《贵州民族大学学报》（哲学社会科
学版）2019 年第 4 期。

　　②　［美］巴特尔等：《犯罪心理学》，杨波、李林等译，中国轻工业出版社 2009 年版，第
314 页。

　　③　姚建龙、刘昊：《"梅根法"的中国实践：争议与法理——以慈溪市〈性侵害未成年人
犯罪人员信息公开实施办法〉为分析视角》，《青少年犯罪问题》2017 年第 2 期。

社区公告，以提醒社区公众保持警惕。韩国规定了严格的性犯罪登记制度，凡是对未成年人实施性侵的刑满释放人员都必须进行登记且通告全国，还要强制佩戴电子脚环。[①] 2016 年，我国浙江省慈溪市检察院牵头法院、公安、司法等机关出台了《性侵害未成年人犯罪人员信息公开实施办法》，对于因强奸、猥亵未成年人等被判处五年以上不满十年有期徒刑的；曾因猥亵被多次行政处罚，两年内又实施此类犯罪的；经鉴定，有性侵害病态心理的，如恋童癖、性控制能力弱等犯罪人员，通过多渠道公开其犯罪记录等个人信息，向公众警示犯罪，尤其是预防未成年人受到性侵害，该办法被称为中国版的"梅根法案"。2017 年 7 月，上海市闵行区检察院牵头签署了《关于限制涉性侵害违法犯罪人员从业办法（试行）》，构建了与未成年人有密切接触的行业入职审查的制度框架。根据这项制度，闵行区公安、检察院、法院建立了五年来的涉性侵害违法犯罪人员的"黑名单信息库"，通过专门网络向与未成年人有密切接触的行业单位网络端口开放，供其在招聘人员时进行查询。[②] 2017 年 12 月，江苏省淮安市淮阴区政法委、法院等 9 家单位联合发布了《关于性侵未成年人犯罪人员从业禁止及信息公开制度》（淮检会字〔2017〕6 号文件），规定除未成年人犯罪或被判处有期徒刑以下刑罚的案件外，所有性侵未成年人的严重刑事犯罪人员的个人信息均应公开。同日，淮安市淮阴区法院对 4 名强奸、猥亵未成年人的被告人进行宣判，并于刑事判决生效一个月后，将 4 名犯罪人员的姓名、身份证号、照片、案由等个人信息进行多渠道的社会公开。2019 年 2 月，最高人民检察院制定下发《2018—2022 年检察改革工作规划》，将建立健全性侵害未成年人违法犯罪信息库和入职查询制度确立为检察改革的任务之一。

根据儿童权益最大化原则，未成年人的身心健康涉及公共利益，不公开性侵儿童案件的犯罪信息将会对此公共利益造成重大影响，因此，应当无条件公开性侵儿童的犯罪人的犯罪记录等个人数据。当然，公开犯罪人的犯罪记录要避免对其亲属尤其是孩子造成不必要的损害。

---

① 姚建龙、刘昊：《"梅根法"的中国实践：争议与法理——以慈溪市〈性侵害未成年人犯罪人员信息公开实施办法〉为分析视角》，《青少年犯罪问题》2017 年第 2 期。

② 《重磅！最高检：建性侵害未成年人违法犯罪信息库和入职查询》，《中国日报》2019 年 2 月 13 日。

（三）　数据开放许可协议

对于公开的个人数据，应根据个人数据的不同开放类别实行不同的开放许可协议，既授权公众使用，同时规范其利用行为。目前，我国还未形成法律层面的数据开放许可协议，只有一些数据开放平台发布了自己的数据利用协议。例如上海市大数据中心发布的《上海市公共数据开放平台操作指南》（2019 年 11 月 21 日），要求数据利用主体主动向数据开放主体及时反馈数据利用情况，并充分履行数据利用协议规定的义务。有学者统计了我国政府数据开放授权的情况，发现"目前有 37% 的城市未对开放授权做出明确规定，53% 的城市在网站中直接规定传播和再利用受限"[①]。目前，学界关于数据开放许可协议的研究仍处于初步阶段，[②] 不能紧跟我国数据开放的发展脚步，今后应当加强此方面的研究及成果转化，促进数据能量释放，并规避开放风险。

英国政府许可框架（UK Government Licensing Frame-work，UKGLF）为规范公众利用公共部门数据的行为，建议以"开放政府许可协议"为默认的许可条件。[③] 该框架提出了三种情形下的开放协议：（1）商业与非商业使用和再利用情形。（2）仅限于非商业目的使用的情形。这两种协议都允许公众免费复制、发布、传播、修改数据，甚至进一步挖掘数据中蕴藏的商业或非商业价值，但必须标明数据的来源。（3）对数据再利用收取费用的收费许可协议。公众在付费后可以排他性地使用特定数据，但须履行一定的义务。[④] 该许可框架可为我国制定数据开放许可协议提供借鉴。

在规范公众利用公开的个人数据方面，容易引起争议的是数据业者商业性利用公开的个人数据的问题。有些数据业者收集、整合、处理公开的

---

①　曹雨佳：《政府开放数据生存状态：来自我国 19 个地方政府的调查报告》，《图书情报工作》2016 年第 14 期。

②　范佳佳：《中国政府数据开放许可协议（CLOD）研究》，《中国行政管理》2019 年第 1 期。

③　*Introduction to the UK Government Licensing Frame-work*，2015-09-19，http：//www. nationalarchives. gov. uk/documents/information-management/uk-government-licensing-framework. pdf. 转引自朱贝、盛小平《英国政府开放数据政策研究》，《图书馆论坛》2016 年第 3 期。

④　朱贝、盛小平：《英国政府开放数据政策研究》，《图书馆论坛》2016 年第 3 期；赵龙文、孙倩倩：《政府数据开放中的商业秘密保护与利益协调》，《图书馆学研究》2019 年第 4 期。

个人数据后进行商业转售，成为数据中间商。美国一家名为"信息自由
服务公司"的私人营利企业，了解了食品药品公司的市场需求后，向政
府提起了571项有关检查报告、新药申请等内容的申请，再将申请来的信
息转售给需求方，以此牟利。① 虽然公众也可以在数据开放平台上自行查
阅、下载公开的数据，但往往因为数据的分散性而导致利用率不高，数据
业者的数据整合行为为需要的人提供了便利，提高了数据的利用效率，应
保障其收益权。

---

① 高秦伟：《美国政府信息公开申请的商业利用及其应对》，《环球法律评论》2018年第
4期。

参考文献

一 中文类参考文献

（一）著作类

［澳］马克·戴维森：《数据库的法律保护》，朱理译，北京大学出版社2007年版。

［德］Christopher Kuner：《欧洲数据保护法：公司遵守与管制》，旷野、杨会永等译，法律出版社2008年版。

［德］巴特尔等：《犯罪心理学》，杨波、李林等译，中国轻工业出版社2009年第7版。

［德］伯阳：《德国公法导论》，北京大学出版社2008年版。

［德］迪特尔·梅迪库斯：《德国民法总论》，邵建东译，法律出版社2000年版。

［德］汉斯·J.沃尔夫、奥托·巴霍夫、罗尔夫·施托贝尔：《行政法（第2卷）》，高家伟译，商务印书馆2002年版。

［德］黑格尔：《法哲学原理》，范扬、张企泰译，商务印书馆1982年版。

［德］卡尔·拉伦兹：《德国民法通论》（上册），王晓晔等译，法律出版社2003年版。

［德］卡尔·拉伦兹：《法学方法论》，陈爱娥译，商务印书馆2003年版。

［德］康德：《法的形而上学原理——权利的科学》，沈叔平译，商务印书馆1991年版。

［德］耶林：《拿破仑法典以来私法的普遍变迁》，徐砥平译，中国政法大学出版社2003年版。

［法］霍尔巴赫：《自然的体系》，管士滨译，商务印书馆 1999 年版。

［法］莫里斯·奥里乌：《行政法与公法精要》，龚觅等译，辽海出版社、春风文艺出版社 1999 年版。

［美］埃德加·博登海默：《法理学——法哲学及其方法》，邓正来、姬敬武译，华夏出版社 1987 年版。

［美］德伯拉·L. 斯帕：《技术简史——从海盗船到黑色直升机》，倪正东译，中信出版社 2016 年版。

［美］路易斯·亨金：《权利的时代》，信春鹰等译，知识出版社 1997 年版。

［美］罗伯特·考特、托马斯·尤伦：《法和经济学》，史晋川、董雪兵等译，上海人民出版社 2001 年第 5 版。

［美］罗纳德·J. 博格等：《犯罪学导论：犯罪、司法与社会》，刘仁文等译，清华大学出版社 2009 年第 2 版。

［美］罗斯科·庞德：《法律的任务》，童世忠译，商务印书馆 1984 年版。

［美］斯蒂芬·E. 巴坎：《犯罪学：社会学的理解》，秦晨等译，上海人民出版社 2011 年第 4 版。

［美］亚伯拉罕·马斯洛：《动机与人格》，许金声译，中国人民大学出版社 2007 年版。

［美］詹姆斯·格雷克：《信息简史》，高博译，人民邮电出版社 2013 年版。

［日］加藤雅信：《“所有权”的诞生》，郑芙蓉译，法律出版社 2012 年版。

［日］盐野宏：《行政法》，杨建顺译，法律出版社 1999 年版。

［英］洛克：《政府论》（下篇），叶启芳、瞿菊农译，商务印书馆 1996 年版。

［英］维克托·迈尔—舍恩伯格、肯尼思·库克耶：《大数据时代：生活、工作与思维的大变革》，盛杨燕等译，浙江人民出版社 2013 年版。

陈国权等：《责任政府：从权力本位到责任本位》，浙江大学出版社 2009 年版。

刁胜先等：《个人信息网络侵权问题研究》，生活·读书·新知三联书店 2013 年版。

　　董天策：《传播学导论》，四川大学出版社 2002 年版。

　　郭明龙：《个人信息权利的侵权法保护》，中国法制出版社 2012 年版。

　　郭明瑞、房绍坤、唐广良：《民商法原理（一）：民商法总论·人身权法》，中国人民大学出版社 1999 年版。

　　郭瑜：《个人数据保护法研究》，北京大学出版社 2012 年版。

　　韩松：《民法总论》，法律出版社 2006 年版。

　　季为民、沈杰主编：《中国未成年人互联网运用和阅读实践报告（2017—2018）》，社会科学文献出版社 2017 年版。

　　蒋坡：《个人数据信息的法律保护》，中国政法大学出版社 2008 年版。

　　京东法律研究院：《欧盟数据宪章：〈一般数据保护条例〉GDPR 评述及实务指引》，法律出版社 2018 年版。

　　孔令杰：《个人资料隐私的法律保护》，武汉大学出版社 2009 年版。

　　孔祥俊：《商标与不正当竞争法：原理和判例》，法律出版社 2009 年版。

　　李明德：《欧盟知识产权法》，法律出版社 2010 年版。

　　梁慧星：《民法总论》，法律出版社 2017 年版。

　　林旸川、郭建利、王景月：《互联网+法治思维与法律热点问题探析》，法律出版社 2016 年版。

　　刘鹏、王超：《计算广告——互联网商业变现的市场与技术》，人民邮电出版社 2015 年版。

　　陆小华：《信息财产权——民法视角中的新财富保护模式》，法律出版社 2009 年版。

　　齐爱民：《大数据时代个人信息保护法国际比较研究》，法律出版社 2015 年版。

　　沈宗灵：《现代西方法理学》，北京大学出版社 1992 年第 1 版。

　　史尚宽：《民法总论》，中国政法大学出版社 2000 年版。

　　腾讯研究院：《互联网+时代的立法与公共政策》，法律出版社 2016 年版。

佟柔:《中国民法学·民法总则》,中国公安大学出版社 1990 年版。

王利明:《人格权法研究》,中国人民大学出版社 2012 年版。

王利明主编:《人格权法新论》,吉林人民出版社 1994 年版。

王利明主编:《中国民法典学者建议稿及立法理由·总则编》,法律出版社 2005 年版。

王融:《大数据时代:数据保护与流动规则》,人民邮电出版社 2017 年版。

王秀哲:《我国隐私权的宪法保护研究》,法律出版社 2011 年版。

王泽鉴:《民法物权》(第二版),北京大学出版社 2009 年版。

王治东:《技术化生存与私人生活空间——高技术应用对隐私影响的研究》,上海人民出版社 2015 年版。

魏振瀛:《民法》,北京大学出版社、高等教育出版社 2007 年版。

吴汉东:《无形财产权基本问题研究》,中国人民大学出版社 2013 年版。

谢永志:《个人数据保护法立法研究》,人民法院出版社 2013 年版。

徐子沛:《大数据:正在到来的革命,以及它如何改变政府、商业与我们的生活》,广西师范大学出版社 2012 年版。

许文义:《个人资料保护法论》,三民书局 2001 年版。

曾培炎主编:《信息化与电子政务(全国干部学习专业知识读本)》,人民出版社 2004 年版。

张雷:《注意力经济学》,浙江大学出版社 2002 年版。

张淑奇、王齐庄:《电子商务环境的信息系统》,武汉大学出版社 2000 年版。

张文显:《二十世纪西方哲学思潮研究》,法律出版社 1996 年版。

张文显:《法理学》(第四版),高等教育出版社、北京大学出版社 2012 年版。

张文显:《法哲学范畴研究》,中国政法大学出版社 2001 年版。

张新宝:《名誉权的法律保护》,中国政法大学出版社 1997 年版。

张新宝:《隐私权的法律保护》,群众出版社 1997 年版。

郑玉波:《民法总则》,中国政法大学出版社 2003 年版。

周光权:《刑法各论》,中国人民大学出版社 2016 年版。

周枏：《罗马法原论》（上册），商务印书馆 1994 年版。

周庆山主编：《信息法》，中国人民大学出版社 2003 年版。

（二）论文类

［美］理查德·A. 波斯纳：《论隐私权》，常鹏翱译，载梁慧星主编《民商法论丛》（第 21 卷），金桥文化出版有限公司 2001 年版。

［美］美路易斯·亨金：《当代中国的人权观念一种比较考察》，张志铭译，载夏勇编《公法》第 1 卷，法律出版社 1999 年版。

蔡军：《侵犯个人信息犯罪立法的理性分析——兼论对该罪立法的反思与展望》，《现代法学》2010 年第 4 期。

蔡星月：《个人隐私信息公开豁免的双重界限》，《行政法学研究》2019 年第 3 期。

曹雨佳：《政府开放数据生存状态：来自我国 19 个地方政府的调查报告》，《图书情报工作》2016 年第 14 期。

巢立明：《美国苹果解码案中的隐私权保护及其启示》，《传媒》2017 年第 1 期。

陈兵：《大数据的竞争法属性及规制意义》，《法学》2018 年第 8 期。

陈兵、顾丹丹：《数字经济下数据共享理路的反思与再造——以数据类型化考察为视角》，《上海财经大学学报》2020 年第 2 期。

陈朝兵、郝文强：《国外政府数据开放隐私影响评估的政策考察与启示——以美英澳新四国为例》，《情报资料工作》2019 年第 5 期。

陈俊华：《大数据时代数据开放共享中的数据权利化问题研究》，《图书与情报》2018 年第 4 期。

陈筱贞：《大数据权属的类型化分析——大数据产业的逻辑起点》，《法制与经济》2016 年第 3 期。

陈星：《论个人信息权：定位纷争、权利证成与规范构造》，《江汉论坛》2022 年第 8 期。

陈延寿、陈炎宾：《数据库保护若干问题的探讨》，《情报杂志》2005 年第 6 期。

陈永伟：《数据产权应划归平台企业还是消费者?》，《财经问题研究》2018 年第 2 期。

程啸：《论大数据时代的个人数据权利》，《中国社会科学》2018 年第 3 期。

程啸：《论个人信息权益》，《华东政法大学学报》2023 年第 1 期。

丁晓东：《论个人信息法律保护的思想渊源与基本原理——基于"公平信息实践"的分析》，《现代法学》2019 年第 3 期。

丁晓东：《论个人信息概念的不确定性及其法律应对》，《比较法研究》2022 年第 5 期。

丁晓东：《论企业数据权益的法律保护——基于数据法律性质的分析》，《法律科学》（西北政法大学学报）2020 年第 2 期。

杜振华、茶洪旺：《数据产权制度的现实考量》，《重庆社会科学》2016 年第 8 期。

范佳佳：《中国政府数据开放许可协议（CLOD）研究》，《中国行政管理》2019 年第 1 期。

范为：《大数据时代个人信息保护的路径重构》，《环球法律评论》2016 年第 5 期。

房绍坤、曹相见：《标表型人格权的构造与人格权商品化批判》，《中国社会科学》2018 年第 7 期。

冯晓青：《信息产权理论与知识产权制度之正当性》，《法律科学》（西北政法学院学报）2005 年第 4 期。

付宇程：《政务大数据治理中公民权利保护的国际经验》，《哈尔滨工业大学学报》（社会科学版）2019 年第 4 期。

高富平：《个人信息保护：从个人控制到社会控制》，《法学研究》2018 年第 3 期。

高富平：《数据流通理论数据资源权利配置的基础》，《中外法学》2019 年第 6 期。

高富平：《数据生产理论——数据资源权利配置的基础理论》，《交大法学》2019 年第 4 期。

高健：《法律关系客体再探讨》，《法学论坛》2008 年第 5 期。

高健：《试论民事法律关系的抽象客体》，《政法论丛》2003 年第 2 期。

高莉：《大数据伦理与权利语境——美国数据保护论争的启示》，《江海学刊》2018 年第 6 期。

高秦伟：《美国政府信息公开申请的商业利用及其应对》，《环球法律评论》2018 年第 4 期。

高一飞、吴刚：《手机解锁搜查中强制企业协助行为的法律调整》，《河北法学》2018 年第 11 期。

葛云松：《〈侵权责任法〉保护的民事权益》，《中国法学》2010 年第 3 期。

耿挺：《"大数据"应用，不应忽视商品属性》，《上海科技报》2013 年 11 月 27 日第 1 版。

关永红、陈磊甲：《论民法法益本体及其制度化应用》，《山西师大学报》（社会科学版）2009 年第 4 期。

郭建：《从"特殊权利"到反不正当竞争法保护——数据库法律保护模式的理性回归》，《浙江档案》2006 年第 4 期。

韩旭至：《信息权利范畴的模糊性使用及其后果——基于对信息、数据混用的分析》，《华东政法大学学报》2020 年第 1 期。

何渊：《政府数据开放的整体法律框架》，《行政法学研究》2017 年第 6 期。

何渊：《智能社会的治理与风险法学的建构与证成》，《东方法学》2019 年第 1 期。

胡鸿高：《论公共利益的法律界定——从要素解释的路径》，《中国法学》2008 年第 4 期。

胡建淼、邢益精：《公共利益概念透析》，《法学》2004 年第 10 期。

胡凌：《从开放资源到基础服务：平台监管的新视角》，《学术月刊》2019 年第 2 期。

黄芬：《人格要素的财产价值与人格权关系之辨》，《法律科学》（西北政法大学学报）2016 年第 4 期。

黄璜：《对"数据流动"的治理———论政府数据治理的理论嬗变与框架》，《南京社会科学》2018 年第 2 期。

黄如花、温芳芳：《我国政府数据开放共享的政策框架与内容：国家层面政策文本的内容分析》，《图书情报工作》2017 年第 20 期。

黄升民、谷虹：《数字媒体时代的平台建构与竞争》，《现代传播》2009 年第 5 期。

纪海龙：《数据的私法定位与保护》，《法学研究》2018 年第 6 期。

蒋继生：《试论数据库的信息产权》，《图书情报知识》2007 年第 4 期。

金耀：《个人信息去身份的法理基础与规范重塑》，《法学评论》2017 年第 3 期。

兰跃军：《性侵未成年被害人的立法与司法保护》，《贵州民族大学学报》（哲学社会科学版）2019 年第 4 期。

李爱君：《数据权利属性与法律特征》，《东方法学》2018 年第 3 期。

李钢：《"转换性使用"研究——以著作权合理使用判断的司法实践为基础》，博士学位论文，中南财经政法大学，2017 年。

李谦：《法律如何处理数据财产——从数据库到大数据》，《法律和社会科学》2016 年第 1 辑。

李谦：《人格、隐私与数据：商业实践及其限度：兼评中国 cookie 隐私权纠纷第一案》，《中国法律评论》2017 年第 2 期。

李晓宇：《权利与利益区分视点下数据权益的类型化保护》，《知识产权》2019 年第 3 期。

李新天、郑鸣：《论中国公众人物隐私权的构建》，《中国法学》2005 年第 5 期。

李延舜：《数据库开发与应用中的隐私权限制》，《东北大学学报》（社会科学版）2017 年第 2 期。

李扬：《数据库特殊权利保护制度的缺陷及立法完善》，《法商研究》2003 年第 4 期。

李媛：《大数据时代个人信息保护研究》，博士学位论文，西南政法大学，2016 年。

梁上上：《公共利益与利益衡量》，《政法论坛》2016 年第 6 期。

凌立志：《侵权行为法基本原则初探》，《求索》2006 年第 5 期。

刘德良：《个人信息的财产权保护》，《法学研究》2007 年第 3 期。

刘德良：《民法学上权利客体与权利对象的区分及其意义》，《暨南学报》（哲学社会科学版）2014 年第 9 期。

刘士国：《大数据背景下民法典编纂应规定的条款》，《法治研究》2016 年第 6 期。

刘铁光、吴玉宝：《大数据时代数据的保护及其二次利用侵权的规则选择——基于"卡-梅框架"的分析》，《湘潭大学学报》（哲学社会科学版）2015 年第 6 期。

刘岩、宋吉鑫：《大数据伦理问题中的权利冲突及法律规制——以个人信息权为中心》，《辽宁大学学报》（哲学社会科学版）2018 年第 6 期。

刘迎霜：《大数据时代个人信息保护再思考——以大数据产业发展之公共福利为视角》，《社会科学》2019 年第 3 期。

龙卫球：《数据新型财产权构建及其体系研究》，《政法论坛》2017 年第 4 期。

龙卫球：《再论企业数据保护的财产权化路径》，《东方法学》2018 年第 3 期。

吕炳斌：《个人信息权作为民事权利之证成：以知识产权为参照》，《中国法学》2019 年第 4 期。

吕廷君：《数据权体系及其法治意义》，《中共中央党校学报》2017 年第 5 期。

罗娇：《开放数据的著作权解决方案——ODC 协议研究》，《图书情报工作》2017 年第 9 期。

麻昌华、李明、刘引玲：《论民法中的客体利益》，《法商研究》1997 年第 2 期。

马长山：《智能互联网时代的法律变革》，《法学研究》2018 年第 4 期。

马俊驹、梅夏英：《财产权制度的历史评析和现实思考》，《中国社会科学》1999 年第 1 期。

马骏驹：《从人格利益到人格要素——人格权法律关系客体之界定》，《河北法学》2006 年第 10 期。

马特：《个人资料保护之辨》，《苏州大学学报》（哲学社会科学版）2012 年第 6 期。

梅绍祖：《个人信息保护的基础性问题研究》，《苏州大学学报》（哲学社会科学版）2005 年第 2 期。

梅夏英：《数据的法律属性及其民法定位》，《中国社会科学》2016 年第 9 期。

梅夏英、刘明：《大数据时代下的个人信息范围界定》，《社会治理法治前沿年刊》2013 年。

孟庆国：《基于三权分置的政务数据交换共享与实现机制》，《软件和集成电路》2018 年第 8 期。

莫力科、王沛民：《公共信息转变为国家战略资产的途径》，《科学学研究》2004 年第 3 期。

穆勇、王薇、赵俊：《新技术环境下政务数据资源开发利用的研究》，《电子政务》2019 年第 5 期。

裴炜：《欧盟 GDPR：数据跨境流通国际攻防战》，《网络空间战略论坛》2018 年第 7 期。

彭诚信：《论个人信息的双重法律属性》，《清华法学》2021 年第 6 期。

彭诚信、史晓宇：《个人信息财产价值外化路径新解——基于公开权路径的批判与超越》，《华东政法大学学报》2022 年第 4 期。

齐爱民：《论个人信息的法律保护》，《苏州大学学报》2005 年第 2 期。

齐爱民：《论信息财产的法律概念和特征》，《知识产权》2008 年第 2 期。

邱均平、王钰：《平衡论视角下的数据库知识产权保护》，《图书馆工作与研究》2007 年第 4 期。

冉克平：《论公物的概念、权利属性及其适用》，《重庆大学学报》（社会科学版）2009 年第 5 期。

任丹丽：《民法典框架下个人数据财产法益的体系构建》，《法学论坛》2021 年第 2 期。

任寰、魏衍亮：《国外数据库立法与案例之评析》，《知识产权》2003 年第 2 期。

任龙龙：《大数据时代的个人信息民法保护》，博士学位论文，对外经贸大学，2017 年。

申晨：《虚拟财产规则的路径重构》，《法学家》2016 年第 1 期。

申卫星：《数字权利体系再造：迈向隐私、信息与数据的差序格局》，《政法论坛》2022 年第 3 期。

沈健州：《数据财产的权利架构与规则展开》，《中国法学》2022年第4期。

石丹：《大数据时代数据权属及其保护路径研究》，《西安交通大学学报》（社会科学版）2018年第3期。

苏长江：《个人信息的法律属性探究》，《经济论坛》2013年第6期。

苏今：《大数据时代信息集合上的财产性权利之赋权基础——以数据和信息在大数据生命周期中的"关系化"为出发点》，《清华知识产权评论》2017年第1辑。

孙敏、徐玲：《数字时代个人数据产权体系研究——基于全生命周期的个人数据分类视角》2023年第2期。

孙平：《政府巨型数据库时代的公民隐私权保护》，《法学》2007年第7期。

孙宪忠：《"统一唯一国家所有权"理论的悖谬及改革切入点分析》，《法律科学》（西北政法大学学报）2013年第3期。

谭立：《信息、数据的界定与法律分析》，《社会科学战线》2022年第7期。

汤琪：《大数据交易中的产权问题研究》，《图书与情报》2016年第4期。

汤擎：《试论个人数据与相关的法律关系》，《华东政法学院学报》2000年第5期。

涂燕辉：《大数据的法律确权研究》，《佛山科学技术学院学报》（社会科学版）2016年第5期。

王利明：《论个人信息权的法律保护——以个人信息权与隐私权的界分为中心》，《现代法学》2013年第4期。

王利明：《论人格权商品化》，《法律科学》（西北政法大学学报）2013年第4期。

王成：《个人信息民法保护的模式选择》，《中国社会科学》2019年第6期。

王利明：《添附制度若干问题探讨》，《法学评论》2006年第1期。

王利明：《隐私权概念的再界定》，《法学家》2012年第1期。

王敏：《大数据时代个人隐私的分级保护研究——基于传播法规及伦

理的视角》，博士学位论文，武汉大学，2016 年。

　　王迁：《技术措施保护与合理使用的冲突及法律对策》，《法学》2017
年第 11 期。

　　王迁：《论版权法对滥用技术措施行为的规制》，《现代法学》2018
年第 4 期。

　　王迁：《论汇编作品的著作权保护》，《法学》2015 年第 2 期。

　　王融：《关于大数据交易核心法律问题——数据所有权的探讨》，《大
数据》2015 年第 2 期。

　　王熙：《史上最严数据监管法"GDPR"实施在发展与安全中寻找平
衡》，《通信世界》2018 年第 15 期。

　　王秀秀：《个人数据权：社会利益视域下的法律保护模式》，博士学
位论文，华东政法大学，2016 年。

　　王秀哲：《大数据时代个人信息法律保护制度之重构》，《法学论坛》
2018 年第 6 期。

　　王叶刚：《企业数据权益与个人信息保护关系论纲》，《比较法研究》
2022 年第 4 期。

　　王勇旗：《"5G + AI"应用场景：个人数据保护面临的新挑战及其应
对》，《图书馆》2019 年第 12 期。

　　王玉林：《信息服务风险规避视角下的大数据控制人财产权利与限制
研究》，《图书情报知识》2016 年第 5 期。

　　王玉林、高富平：《大数据的财产属性研究》，《图书与情报》2016
年第 1 期。

　　王渊、黄道丽、杨松儒：《数据权的权利性质及其归属研究》，《科学
管理研究》2017 年第 5 期。

　　王泽鉴：《人格权的具体化及其保护范围·隐私权篇》（上），《比较
法研究》2008 年第 6 期。

　　温昱：《个人数据权利体系论纲——兼论〈芝麻服务协议〉的权利空
白》，《甘肃政法学院学报》2019 年第 2 期。

　　翁孙哲：《个人信息的刑法保护探析》，《犯罪研究》2012 年第 1 期。

　　吴标兵、许和隆：《个人信息的边界、敏感度与中心度研究——基于
专家和公众认知的数据分析》，《南京邮电大学学报》（社会科学版）2018

年第 5 期。

吴甘沙：《大数据技术发展的十个前沿方向》，《大数据》2015 年第 1 期。

吴汉东：《财产的非物质化革命与革命的非物质财产法》，《中国社会科学》2003 年第 4 期。

吴汉东：《人工智能的数据垄断与反垄断法的时代使命》，《光明日报》2018 年 7 月 23 日。

吴沈括、孟洁、薛颖等：《〈2018 年加州消费者隐私法案〉中的个人信息保护》，《信息安全与通信保密》2018 年第 12 期。

吴伟光：《大数据技术下个人数据信息私权保护论批判》，《政治与法律》2016 年第 7 期。

吴晓灵：《大数据公开降低金融服务成本》，《智慧中国》2016 年第 1 期。

武长海、常铮：《大数据经济背景下公共数据获取与开放探究》，《经济体制改革》2017 年第 1 期。

夏义堃：《政府信息资源管理与公共信息资源管理比较分析》，《情报科学》2006 年第 4 期。

肖冬梅、文禹衡：《数据权谱系论纲》，《湘潭大学学报》（哲学社会科学版）2015 年第 6 期。

肖建华、柴芳墨：《论数据权利与交易规制》，《中国高校社会科学》2019 年第 1 期。

肖泽晟：《社会公共财产与国家私产的分野——对我国"自然资源国有"的一种解释》，《浙江学刊》2007 年第 6 期。

谢海定：《国家所有的法律表达及其解释》，《中国法学》2016 年第 2 期。

邢会强：《大数据交易背景下个人信息财产权的分配与实现机制》，《法学评论》2019 年第 6 期。

熊琦：《论著作权合理使用制度的适用范围》，《法学家》2011 年第 1 期。

熊谓龙：《权利，抑或法益？——一般人格权本质的再讨论》，《比较法研究》2005 年第 2 期。

徐克圣、王培梁：《基于语义的遗传算法在创新设计中的应用》，《大连交通大学学报》2009 年第 6 期。

徐亮：《论隐私权》，博士学位论文，武汉大学，2005 年。

徐实：《企业数据保护的知识产权路径及其突破》，《东方法学》2018 年第 5 期。

许娟、黎浩田：《企业数据产权与个人信息权利的再平衡 ——结合 "数据二十条" 的解读》，《上海大学学报》（社会科学版）2023 年第 2 期。

许可：《数据权属：经济学与法学的双重视角》，《电子知识产权》2018 年第 11 期。

许宪春、叶银丹、余航：《中国政府微观数据开发应用：现状、挑战与建议》，《经济学动态》2018 年第 2 期。

杨翱宇：《数据财产权益的私法规范路径》，《法律科学》（西北政法大学学报）2020 年第 2 期。

杨建生：《论美国政府信息公开诉讼中知情权与隐私权的冲突与平衡》，《河北法学》2015 年第 5 期。

杨立新：《〈民法总则〉中部分民事权利能力的概念界定及理论基础》，《法学》2017 年第 5 期。

杨咏婕：《个人信息的私法保护研究》，博士学位论文，吉林大学，2013 年。

姚建龙、刘昊：《 "梅根法" 的中国实践：争议与法理——以慈溪市〈性侵害未成年人犯罪人员信息公开实施办法〉 为分析视角》，《青少年犯罪问题》2017 年第 2 期。

尹立杰、田谧：《 "互联网+" 战略下个人数据隐私保护的政府规制》，《信息安全》2016 年第 9 期。

尹田：《论国家财产的物权法地位—— "国家财产神圣不可侵犯" 不写入物权法的法理依据》，《法学杂志》2006 年第 3 期。

游宏梁、汤珊红、高强等：《军事数据科学研究中的核心概念及关键问题思考》，《情报理论与实践》2019 年第 6 期。

于飞：《侵权法中权利与利益的区分方法》，《法学研究》2011 年第 4 期。

于志刚：《关于对犯罪记录予以隐私权保护的思索——从刑法学和犯罪预防角度进行的初步检讨》，《河南大学学报》（社会科学版）2010 年第 5 期。

于志刚：《中国犯罪记录制度的体系化构建——当前司法改革中裁判文书网络公开的忧思》，《现代法学》2014 年第 5 期。

余晓红：《对〈民法总则〉数据保护规定的检视与完善》，《湖南广播电视大学学报》2018 年第 1 期。

余筱兰：《信息权在我国民法典编纂中的立法遵从》，《法学杂志》2017 年第 4 期。

袁博：《我国水权取得的社会本位机理——基于民法上水资源国家所有权的证成》，《私法研究》2017 年第 2 期。

曾娜：《政务信息资源的权属界定研究》，《时代法学》2018 年第 4 期。

张驰、韩强：《民事权利类型及其保护》，《法学》2001 年第 12 期；

张建文：《转型时期的国家所有权问题研究》，博士学位论文，西南政法大学，2006 年。

张礼洪：《隐私权的中国命运——司法判例和法律文化的分析》，《法学论坛》2014 年第 1 期。

张力：《当代公用物法律关系的演变及其公用性的保持》，《广西社会科学》2003 年第 3 期。

张素伦：《竞争法必需设施原理在互联网行业的适用》，《河南师范大学学报》（哲学社会科学版）2017 年第 1 期。

张涛：《欧盟个人数据匿名化治理：法律、技术与风险》，《图书馆论坛》2019 年第 12 期。

张新宝：《"普遍免费+个别付费"：个人信息保护的一个新思维》，《比较法研究》2018 年第 5 期。

张新宝：《从隐私到个人信息：利益再衡量的理论与制度安排》，《中国法学》2015 年第 3 期。

张新宝：《论个人信息权益的构造》，《中外法学》2021 年第 5 期。

张亚楠：《政府数据共享：内在要义、法治壁垒及其破解之道》，《理论探索》2019 年第 5 期。

张宇:《平台经济规范发展中的公民数据权———兼析"数据公共物品"》,《江苏大学学报》(社会科学版) 2022 年第 6 期。

张玉洁、胡振吉:《我国大数据法律定位的学说论争、司法立场与立法规范》,《政治与法律》2018 年第 10 期。

郑磊:《开放不等于公开、共享和交易:政府数据开放与相近概念的界定与辨析》,《南京社会科学》2018 年第 9 期。

郑晓剑:《对民事法律关系"一元客体说"的反思——兼论我国民事法律关系客体类型的应然选择》,《现代法学》2011 年第 4 期。

郑重:《版权保护技术措施的危害及其规制》,《知识产权》2014 年第 11 期。

中国行政管理学会课题组:《我国政府数据开放顶层设计研究》,《中国行政管理》2016 年第 11 期。

周维栋:《个人数据权利的宪法体系化展开》,《法学》2023 年第 1 期。

周学峰:《网络平台对用户生成数据的权益性质》,《北京航空航天大学学报》(社会科学版) 2021 年第 4 期。

周义程:《公共利益、公共事务和公共事业的概念界说》,《南京社会科学》2007 年第 1 期。

朱贝、盛小平:《英国政府开放数据政策研究》,《图书馆论坛》2016 年第 3 期。

朱广新:《形象权在美国的发展状况及对我国立法的启示》,《暨南学报》(哲学社会科学版) 2012 年第 3 期。

二　外文类参考文献

(一) 著作类

Anita L. Allen, *Unpopular Privacy: What Must We Hide*, New York: Oxford University Press, 2011.

Arthur R. Miller, *The Assault on Privacy*, East Lansing, Michigan: University of Michigan Press, 1971.

Erik Larson, *The Naked Consumer*, Penguin USA, 1994.

Julie E. Cohen, *Configuring the Networked Self: Law, Code, and the*

Play of Everyday Practice, New Haven: Yale University Press, 2012.

Lawrence Lessig, *Code and Other Laws of Cyberspace*, NY: Basic Books, 1999.

Lehr W. and Pupillo L., eds., *Internet Policy and Economics*, Boston: Springer, MA, 2009.

Lillian Ablon, Paul Heaton and Diana Catherine Lavery, eds., *Consumer Attitudes Toward Data Breach Notiications and Loss of Personal Information*, Santa Monica, Calif: the RAND Corporation, 2016.

Luth H. A., *Behavioural Economics in Consumer Policy: The Economic A-nalysis of Standard Terms in Consumer Contracts Revisited*, Rotterdam: Erasmus University Rotterdam, 2010.

Margaret Jane Radin, *Contested Commodities*, cambridge: Harvard University Press, 1996.

（二）论文类

Acquisti A. and Grossklags J., "Privacy and Rationality in Individual Decision Making", *IEEE Security & Privacy*, Vol. 3, No. 1, 2005.

Alan Levy and Manoj Hastak, "Consumer Comprehension of Financial Privacy Notices", December 15, 2008.

Alan Mislove, B. Viswanathand K. P. Gummadi, "You Are Who You Know: Inferring User Profiles in Online Social Networks", *The WSDM' 10 Proceedings of the Third ACM International Conference on Web Search and Data Mining*, New York: ACM Press, 2010.

Aleecia M. Donaldand Lorrie Faith Cranor, "The Cost of Reading Privacy Policies", *I/S: J. L. & Pol'y For Info. Soc'y*, Vol. 4, 2008.

Alessandro Acquisti, Leslie K. Johnand George Loewenstein, "The Impact of Relative Standards on the Propensity to Disclose", *J. Marketing Research.*, Vol. 49, 2012.

Alessandro Acquistiand Jens Grossklags, "What Can Behavioral Economics Teach Us About Privacy?", in Alessandro Acquisti, eds., *Digital Privacy: Theory, Technologies, and Practices*, New York: Auerbach Publications, 2008.

Andrew Kanter et al., "Supplemental Vitamin B and Progression to AIDS and Death in Black South African Patients Infected With HIV", *Journal of Acquired Immune Deficiency Syndromes*, Vol. 21, 1999.

Anita L. Allen, "Coercing Privacy", *WM. & Mary L. Rev*, Vol. 40, 1999.

Anjanette H. Raymond, "Information and the Regulatory Landscape: A Growing Need to Reconsider Existing Legal Frameworks", *Wash. & Lee J. Civ. Rts. & Soc*, Vol. 24, 2018.

Ari Ezra Waldman, "Designing without Privacy", *Hous. L. Rev*, Vol. 55, 2018.

Barocas S. and Nissenbaum H., "Big Data's End Run around Anonymity and Consent", in Julia Lane, eds., *Privacy, Big Data, and the Public Good: Frameworks for Engagement*, Cambridge: Cambridge University Press, 2014.

Charles Duhigg, "How Companies Learn Your Secrets", *The New York Times Magazine*, February 16, 2012.

Charles Fried, "Privacy: Economics and Ethics—A Comment on Posner", *Ga. L. Rev*, Vol. 12, 1987.

Corien Prins, "Property and Privacy: European Perspectives and the Commodification of Our Identity", *Information Law Series*, Vol. 16, 2006.

Daithí Mac Síthigh, "Virtual walls? The Law of Pseudo-public Spaces", *International Journal of Law in Context*, Vol. 8, Iss. 3, September 2012.

Danah Boyd, "Networked Privacy", *Surveillance & Society*; *Kingston*, Vol. 10, Iss. 3/4, 2012.

Daniel J. Solove, "Privacy Self-management and the Consent Dilemma", *Harv. L. Rev*, Vol. 126, 2013.

Edwin C. Baker, "Paternalism, Politics, and Citizen Freedom: the Commercial Speech Quandary in Nike", *Case W. Res. L. Rev*, Vol. 54, 2004.

Eric J. Johnsonand Daniel G. Goldstein, "Do Defaults Save Lives?", *Science*, Vol. 302, December 2003.

E. Scott Maynes, "Consumer Problems in Market Economies", in Stephen Brobeck ed., *Encyclopedia of the Consumer Movement*, California:

ABC-CLIO Ltd, 1997.

Fred H. Cate, "The Failure of Fair Information Practice Principles", in Jane K. Wianneded., *Consumer Protection in The Age of "Information Economy"*, London and New York: Ashgate, 2006.

Hann I. -H., Hui K. L., Lee S. Y. T., and Png I. P. L., "Consumer Privacy and Marketing Avoidance: A Static Model", *Management Science*, Vol. 54, No. 6, 2008.

Haworth B., "Emergency Management Perspectives on Volunteered Geographic Information: Opportunities, Challenges and Change", *Computers Environment & Urban Systems*, Vol. 57, 2016.

Helen Nissenbaum, "A Contextual Approach to Privacy Online", *Daedalus*, Vol. 140, No. 4, 2011.

Ian Ayresand Matthew Funk, "Marketing Privacy", *Yale J. on Reg.*, Vol. 20, 2003.

Jeff Sovern, "Opting in, Opting out, or No Options at All: the Fight for Control of Personal Information", *Wash. L. Rev*, Vol. 74, 1999.

Jeremy Kudon, "Form over Function: Expanding the Transformative Use Test for Fair Use", *B. U. L. Rev*, Vol. 80, 2000.

Jerry Kang, "Information Privacy in Cyberspace Transactions", *Stan. L. Rev*, Vol. 50, 1998.

Jessica Litman, "Information Privacy/Information Property", *Stanford Law Review*, Vol. 52, No. 5, 2000.

John A. Rothchild, "Against Notice and Choice: The Manifest Failure of the Proceduralist Paradigm to Protect Privacy Online (or Anywhere Else)", *Clev. St. L. Rev*, Vol. 66, 2018.

Julie E. Cohen, "Examined Lives: Informational Privacy and the Subject as Object", *Stan. L. Rev*, Vol. 52, 2000.

Julie E. Cohen, "What Privacy Is For", *Harv. L. Rev*, Vol. 126, 2013.

Kenneth C. Laudon, "Markets and Privacy; Privacy Regulation in National Networks", *Comm. of the Acm*, Sept. 1996.

Kobsa A. and Teltzrow M., "Contextualized Communication of Privacy

Practices and Personalization Benefits: Impacts on Users'Data Sharing and Purchase Behavior", in D. Martin and A. Serjantov, eds., *Lecture Notes in Computer Science: Privacy Enhancing Technologies*, Berlin: Springer, 2005.

Lawrence Lessig, "The Law of the Horse, What Cyberlaw Might Teach", *Harv. L. Rev*, Vol. 113, 1999.

Lilian Edwards, "Privacy, Security and Data Protection in Smart Cities: A Critical EU Law Perspective", *Eur. Data Prot. L. Rev*, Vol. 2, 2016.

Marc Rotenberg, "Fair Information Practices and the Architecture of Privacy (What Larry Doesn't Get)", *Stan. Tech. L. Rev*, Vol. 1, 2001.

Margaret Jane Radin, "Property and Personhood", *Stan. L. Rev*, Vol. 34, 1982.

Mark A. Lemley, "Private Property: A Comment on Professor Samuelson's Contribution", *Stan. L. Rev*, Vol. 52, 2000.

Matthew A. Edwards, "Empirical and Behavioral Critiques of Mandatory Disclosure: Socio-Economics and the Quest for Truth in Lending", *Cornell J. L. & Pub. Pol'y*, Vol. 14, 2005.

Mikhed Vyacheslav and Michael Vogan, "How Data Breaches Affect Consumer Credit", *Journal of Banking & Finance*, Vol. 88, 2018.

Naveen Farag Awadand Mayuram S. Krishnan, "The personalization Privacy Paradox: an Empirical Evaluation of Information Transparency and The Willingness to Be Profiled Online for Personalization", *MIS Quarterly*, Vol. 30, No. 1, March 2006.

Nicholas Tatonetti et al., "A Novel Signal Detection Algorithm for Identifying Hidden Drug-Drug Interactions in Adverse Event Reports", *J. Am. Med. Informatice ASS'N*, Vol.12, 2011.

Pamela Samuelson, "Privacy as Intellectual Property?", *Stan. L. Rev*, Vol. 52, 2000.

Panela Samuelson, "Possible Future of Fair Use", *Wash. L. Rev*, Vol. 90, 2015.

Paul M. Schwartz and Daniel J. Solove, "The P II Problem, Privacy and a New Concept of Personally Identifiable Information", *New York University*

Law Review, Vol. 86, 2011.

Paul M. Schwartz, "Property, Privacy, and Personal Data", *Harv. L. Rev*, Vol.117, 2003.

Paul Ohm, "Broken Promises of Privacy", *UCLA Law Review*, Vol. 57, 2010.

Phelps J. E., Nowak G., and Ferrell E., "Privacy Concerns and Consumer Willingness to Provide Personal Information", *Journal of Public Policy and Marketing*, Vol. 19, No. 1, 2000.

Posner R. A., "Privacy, Surveillance, and Law", *Chicago Law Review*, Vol. 75, 2008.

Simon G. Davies, "ReEngineering the Right to Privacy: How Privacy Has Been Transformed from a Right to a Commodity", in Philip E. Agre & Marc Rotenberg eds., *Technology and privacy: The new landscape*, London: The MIT Press, 1997.

Vera Bergelson, "It's Personal but Is It Mine? Toward Property Rights in Personal Information", *U. C. Davis L. Rev*, Vol. 37, 2003.

William M. Landes and Richard A. Posner, "An Economics Analysis of Copyright Law", *Journal of Legal Studies*, Vol. 18, 1989.

后　记

感谢我的工作单位甘肃政法大学及民商经济法学院给予我的支持和包容！

感谢我的良师益友！他们严谨求实的科研思维，精益求精的治学态度，敏锐的学术眼光，给我启发，给我引导，给我力量。

感谢我的家人！他们理解和包容我，给我支持和快乐。